财经类新形态
创新示范系列教材

U0686021

成本核算
与管理

慕课版

孙玉芹 李雪梅 ◆ 主编

丁海平 李晓辉 李文 ◆ 副主编

**Cost Accounting
and Management**

人民邮电出版社
北 京

图书在版编目（CIP）数据

成本核算与管理：慕课版 / 孙玉芹，李雪梅主编
. -- 北京：人民邮电出版社，2022.11
财经类新形态创新示范系列教材
ISBN 978-7-115-59748-9

Ⅰ. ①成… Ⅱ. ①孙… ②李… Ⅲ. ①成本计算—教
材 Ⅳ. ①F231.2

中国版本图书馆CIP数据核字(2022)第125685号

内 容 提 要

本书按照"能力本位"的设计思路，以成本会计岗位工作要求为核心，将教学内容划分为生产费用的归集与分配、产品成本计算方法的选择与应用、成本报表编制与分析3个工作领域，并具体细化为12项工作任务、33项职业能力。本书重点、难点突出，细化教学活动设计，配以大量的会计凭证与账表，便于培养学生的职业能力。

本书为省级精品资源共享课程配套教材，教学资源丰富多样（配套习题、多媒体课件、课程教学平台等），适合作为高等职业院校财经类专业教材，也可作为财会人员业务学习或参加初级会计职称考试的辅导用书。

♦ 主 编 孙玉芹 李雪梅
  副 主 编 丁海平 李晓辉 李 文
  责任编辑 崔 伟
  责任印制 王 郁 彭志环
♦ 人民邮电出版社出版发行　北京市丰台区成寿寺路 11 号
  邮编 100164　电子邮件 315@ptpress.com.cn
  网址 https://www.ptpress.com.cn
  北京建宏印刷有限公司印刷
♦ 开本：787×1092 1/16
  印张：16.25　　　　　　2022 年 11 月第 1 版
  字数：420 千字　　　　2025 年 1 月北京第 3 次印刷

定价：56.00 元
读者服务热线：(010)81055256　印装质量热线：(010)81055316
反盗版热线：(010)81055315
广告经营许可证：京东市监广登字 20170147 号

前　言

党的二十大报告指出，要"坚持把发展经济的着力点放在实体经济上，推进新型工业化，加快建设制造强国、质量强国、航天强国、交通强国、网络强国、数字中国"。制造业是立国之本、强国之基。自 2010 年以来，我国制造业规模连续 14 年位居世界首位，正在从制造大国加快迈向制造强国。成本是制造业核心竞争力的重要因素，加强成本核算与管理，提升成本管控水平，能够有效推动制造业的长远、健康发展。

本书为立体化新形态教材，山东省精品资源共享课程、山东省职业教育在线精品课程配套教材。本书有机融入"1+X"职业技能等级证书考试内容与初级会计职称考试内容，在教材内容、体例、资源建设等方面力求有所突破。本书主要突出以下特色。

1. 设计思路突出"能力本位"，强化成本会计岗位职业能力培养

编者邀请行业与企业专家对成本会计岗位进行分析，确定工作领域、工作任务与职业能力，将教材内容划分为 3 个工作领域，细化为 12 项工作任务、33 项职业能力。本书尽可能减少基础知识的篇幅，细化教学活动设计，配以大量的会计凭证与账表，给学生营造真实的工作情境；同时，根据真实职场中可能会遇到的困境来设计问题情境，培养学生分析问题与解决问题的能力。

2. 开发主体产教融合、"双元"合作，突出教材的职业性与先进性

本书由潍坊工程职业学院与卡特彼勒（青州）有限公司（世界 500 强企业）、潍柴控股集团有限公司（中国 500 强企业）合作开发，注重吸收产业文化和优秀企业文化，并及时吸纳专业新知识、新方法、新规范、新标准。此外，编者将动态更新在线课程和教学资源库的内容，增强教材的职业性、先进性和信息化教学服务能力。

3. 教学资源丰富多样，便于师生开展教学活动

本书以纸质教材为核心，融合在线课程平台、智能学习移动终端、二维码等手段立体呈现多种类型的教学资源，不仅有传统的文本、图片，还有微课、动画、游戏、视频等。选用本书用作教材的院校可申请开通立体化课程资源使用权限，搭建适合本校学生需求的网络学习空间，为学生创设立体化、体验式学习环境，方便开展形式多样的教学活动，联系方式为 cuiwei@ptpress.com.cn。

4．有机融入课程思政元素，坚持立德树人根本任务

编者充分挖掘课程教学内容在家国情怀、社会责任、职业道德、工匠精神、个人修养等方面的德育元素，以教学案例、动画、微视频等形式呈现，生动形象，令人印象深刻。

本书由潍坊工程职业学院孙玉芹、李雪梅担任主编，丁海平、李晓辉、李文担任副主编。本书的编写得到了潍坊工程职业学院、卡特彼勒（青州）有限公司、潍柴控股集团有限公司等单位的大力支持。另外，编者还参考了近年来出版的成本会计类专著、教材、论文及网络资源，在此一并对相关人员表示衷心的感谢。

由于编者水平有限，书中难免有不足之处，敬请广大读者批评指正。

编　者

2022 年 8 月

CONTENTS

////////////// 目 录 //////////////

生产费用的归集与分配

本工作领域主要学习成本核算与成本管理的基本知识，包括要素费用的归集与分配、辅助生产费用的归集与分配、制造费用的归集与分配、生产损失的归集与分配、生产费用在完工产品与在产品之间的分配等内容。

通过本工作领域的学习，学生能根据给定的资料编制各种要素费用分配表；能根据企业辅助生产部门的特点和管理需要，选用适当的辅助生产费用分配方法编制辅助生产费用分配表，并能进行正确的会计处理；能根据给定的资料，对制造费用进行归集和分配；对废品损失和停工损失进行正确核算；能熟练运用约当产量比例法、在产品按定额成本计价法、定额比例法等方法将生产费用在完工产品和在产品之间进行分配，最终计算出完工产品的成本。

工作任务 1-1　要素费用的归集与分配

职业能力 1-1-1　能够正确认识成本与成本会计

核心概念

费用　成本　成本会计　成本核算程序

学习目标

- 理解费用和成本的概念以及成本会计的职能；
- 理解费用要素和成本项目的构成，能正确划分各种费用界限；
- 掌握成本核算的基本要求和一般程序；
- 传承文化根脉，坚定文化自信，树立正确的价值观。

基本知识

一、费用及其分类

费用是指企业在日常活动中发生的，会导致所有者权益减少的，与向所有者分配利润无关的经济利益的总流出。企业为了获取经营收入需要提供商品或劳务，在提供商品或劳务的生产经营过程中，会发生各种耗费，如原材料、燃料、动力、机器设备和人工的耗费等。有些耗费是为取得当期收入而发生的，有些是为以后特定期间取得收入而发生的。因此可以说，费用是企业为获得经营收入而发生的耗费。

费用可以按照不同的标准分类，其中最基本的是按照费用的经济内容和经济用途进行分类。

（一）费用按经济内容分类

生产经营过程中发生的各种费用，按其经济内容可划分为劳动对象方面的费用、劳动手段方面的费用和活劳动方面的费用三大类，即费用的三大要素。为了具体反映各种费用的构成和水平，还应在此基础上将其进一步划分为以下八个费用要素。所谓费用要素，就是将费用按其经济内容进行分类形成的项目。

1. 材料费用

材料费用是指企业为生产经营而耗用的一切原料及主要材料、半成品、辅助材料、修理用备件、包装物和低值易耗品等。

2. 燃料费用

燃料费用是指企业为生产经营而耗用的各种固体、液体和气体等燃料。燃料费用和材料费用本质上是相同的，可以归为一类，但由于对许多企业来说燃料是重要的能源，在成本中所占比重较大，故将其单独列为一类进行核算。

3. 动力费用

动力费用是指企业为进行生产经营而耗用的各种动力，如电力等。

4. 职工薪酬

职工薪酬是指企业应计入生产经营管理费用的职工报酬或补偿。

5. 折旧费用

折旧费用是指企业按规定的固定资产折旧方法计提的费用。

6. 利息费用

利息费用是指企业应计入财务费用的借入款项的利息支出减去利息收入后的净额。

7. 税金

税金是指企业按规定应该缴纳的各种税款，包括房产税、车船税、印花税和城镇土地使用税等。

8. 其他费用

其他费用是指不属于以上各要素，但应计入生产经营管理费用的支出，如差旅费、租赁费和保险费等。

通常，把按以上费用要素反映的费用，称为要素费用。

（二）费用按经济用途分类

工业企业生产经营过程中发生的费用，按照其经济用途分为计入产品成本的生产费用和不计入产品成本的期间费用两大类。

1. 生产费用

生产费用按其经济用途分类形成的项目称为产品成本项目。工业企业一般应设置以下几个产品成本项目。

（1）直接材料：指直接用于产品生产、构成产品实体的原料、主要材料，以及有助于产品形成的辅助材料等。

（2）燃料及动力：指直接用于产品生产的各种外购和自制的燃料及动力费用。

（3）直接人工：指直接参加产品生产的工人的薪酬。

（4）制造费用：指间接用于产品生产的各项费用和虽然直接用于产品生产，但不便于直接计入产品成本，因而没有专设成本项目的费用，以及企业内部的生产单位（分厂、车间）为组织和管理生产活动而发生的各种费用，如车间的水电费、固定资产折旧和车间管理人员的薪酬等。

为了使成本项目更好地适应工业企业的生产特点和管理要求，工业企业可对上述成本项目做适当调整。对于管理上需单独反映、控制和考核的费用，以及在产品成本中所占比重较大的费用，可以增设成本项目，如"废品损失""停工损失"等；相反，为了简化核算，不必专设成本项目的费用，如工艺上耗用的燃料及动力不多，则不设"燃料及动力"成本项目，将燃料费用并入"直接材料"成本项目，将动力费用并入"制造费用"成本项目。

2. 期间费用

期间费用包括管理费用、销售费用和财务费用。

二、成本

所谓成本，是指特定经济主体为达到一定目的而耗费的各种资源的货币表现。成本的含义比较宽泛，本书中所讲的成本特指产品成本。具体而言，产品成本就是生产费用，包括直接材料、燃料及动力、直接人工和制造费用。

三、成本会计

成本会计是根据会计资料和其他有关资料，按照会计有关原则和方法，对企业生产经营过程中的费用和成本进行连续、全面、系统、综合的核算和监督的一种管理活动。成本会计是现代会计的一个分支，主要包括以下七项职能。

（一）成本预测

成本预测，是根据与企业成本相关的各种资料，运用专门的方法，对企业未来成本水平和发展趋势做出科学合理的推测和估计。通过成本预测，企业可以了解未来的成本水平及变动趋势，减少生产经营管理的盲目性，提高节约成本的自觉性。

（二）成本决策

成本决策，是指企业为了实现预期成本目标，在成本预测的基础上结合企业的实际情况，对各种预测结果利用科学合理的方法进行深入分析、比较，并从中选出最优成本方案的决策过程。成本决策是企业实现事前成本控制、提高经济效益的重要途径。

（三）成本计划

成本计划，是指在成本预测和成本决策的基础上，根据未来的生产任务和利润目标，按照一定的方法做出的反映企业计划期生产费用和产品成本水平的一种预先规划。成本计划是企业进行成本控制、成本分析和成本考核的重要依据，对各个生产单位和职能部门都具有约束作用。

（四）成本控制

成本控制，是指将实际发生的成本费用与预先制定的成本费用标准进行对比，及时发现其与预定目标之间的差异并进行纠正，将实际发生的成本费用控制在预算标准范围内。成本控制是成本计划得以正常实施的重要保障。

（五）成本核算

成本核算，是指对企业生产经营过程中所发生的各项费用按照特定的方法、步骤和一定的对象进行归集、分配，最终计算出产品总成本和单位成本的过程。成本核算能够反映成本计划的执行情况，也是制定产品价格的重要依据。成本核算是成本会计工作的核心。

（六）成本分析

成本分析，是指企业根据成本核算资料和其他有关资料，采用专门的方法对企业成本构成、成本水平、变化趋势以及影响成本变动的各因素进行分析并做出评价的过程。成本分析可以为成本考核、未来的成本预测和决策、下期成本计划的编制等提供依据。

（七）成本考核

成本考核，是指结合成本核算资料，采用一定的方法对成本计划及相关经济指标的完成情况进行的考察和评价。成本考核既是衡量前期成本预测与决策是否准确、成本计划是否有序执行的标准，又是进行未来成本预测与决策、制定相关成本指标的重要依据。

四、成本核算的基本要求

企业进行成本核算时的基本要求包括以下三个方面。

（一）做好各项基础工作

（1）建立健全成本核算机构，配备成本会计人员。

（2）建立健全成本核算全过程的原始记录及科学合理的传递流程。

（3）制定企业定额管理制度、计量验收制度、内部结算价格及结算制度等。

（二）正确划分各种费用的界限

为了保证产品成本的客观正确，企业在进行成本核算时必须划清以下五个方面的费用界限。

（1）正确划分应计入费用和不应计入费用的界限。费用包括生产费用和期间费用。每个企业都应该遵守国家关于费用开支范围的规定，正确划分应该计入费用和不应该计入费用的界限。

（2）正确划分生产费用和期间费用的界限。工业企业的生产费用应计入产品成本，其他费用则作为期间费用处理，计入当期损益。企业应正确划分生产费用和期间费用的界限，以正确计算产品成本和当期损益。

（3）正确划分各个月份的费用界限。按照权责发生制原则的要求，凡是属于本月的费用，不论款项是否支付，都应由本月负担，全部计入本月生产费用或期间费用；凡是不属于本月的费用，即使款项已经支付，也不应由本月负担，不能计入本月生产费用或期间费用。

（4）正确划分各种产品的费用界限。为了正确计算各种产品的成本，企业还必须将生产费用在各种产品之间正确划分。凡属于某种产品单独发生，能够直接计入该种产品成本的费用，均应直接计入该种产品成本；凡属于几种产品共同发生，不能直接计入某种产品成本的费用，则应采用适当的分配方法，分配计入这几种产品的成本。

（5）正确划分完工产品与在产品的费用界限。期末，如果产品全部完工，则其归集的生产费用就是完工产品成本；如果产品全部未完工，则其归集的生产费用就是月末在产品成本；如果既有完工产品，又有在产品，则应采用适当的方法，将归集的生产费用在完工产品与月末在产品之间进行分配。

（三）根据生产特点和管理要求，选择适当的成本计算方法

企业不同，其产品生产组织和生产工艺过程往往也不同。成本核算应满足成本管理的需要，按照产品生产特点和管理要求，选用适当的成本计算方法，以正确、及时地计算产品成本，为成本管理提供有用的成本信息。

五、成本核算的账户设置及一般程序

（一）成本核算的账户设置

为了核算生产费用和期间费用，企业通常需要设置以下账户。

（1）"生产成本"账户。"生产成本"账户用来核算企业生产产品、自制材料、自制工具以及自制设备等所发生的各项生产费用。该账户按产品品种等成本计算对象设置明细账，账内按成本项目设置专栏并登记各种产品的月初在产品成本、本月生产成本、本月完工产品成本和月末在产品成本。生产成本明细账格式如图 1-1-1 所示。

生产成本明细账

产品名称：××产品

年		凭证		摘要	直接材料									燃料及动力									直接人工									制造费用									合计								
月	日	种类	号数		千	百	十	万	千	百	十	元	角	分	千	百	十	万	千	百	十	元	角	分	千	百	十	万	千	百	十	元	角	分	千	百	十	万	千	百	十	元	角	分	千	百	十	万	千	百	十	元	角	分

图 1-1-1　生产成本明细账

为了分别核算基本生产车间与辅助生产车间的生产成本，企业可以在"生产成本"账户下设"基本生产成本"和"辅助生产成本"两个明细账户。

① "生产成本——基本生产成本"账户。基本生产是指为完成企业主要生产目标而进行的产品生产。"生产成本——基本生产成本"账户是为归集基本生产车间所发生的各种生产费用，计算产品成本而设立的。该账户借方登记基本生产车间所发生的生产费用；贷方登记完工入库的产品成本；该账户的余额，就是基本生产在产品的成本。

该账户按产品品种等成本计算对象设置明细账，账内按成本项目设置专栏。基本生产成本明细账格式如图 1-1-2 所示。

基本生产成本明细账

产品名称：××产品

年		凭证		摘要	直接材料									燃料及动力									直接人工									制造费用									合计								
月	日	种类	号数		千	百	十	万	千	百	十	元	角	分	千	百	十	万	千	百	十	元	角	分	千	百	十	万	千	百	十	元	角	分	千	百	十	万	千	百	十	元	角	分	千	百	十	万	千	百	十	元	角	分

图 1-1-2　基本生产成本明细账

② "生产成本——辅助生产成本"账户。辅助生产是指为基本生产和行政管理服务而进行的

产品生产和劳务供应。"生产成本——辅助生产成本"账户是为归集辅助生产所发生的各种生产费用、计算辅助生产所提供的产品和劳务成本而设立的。该账户的借方登记辅助生产发生的各种费用；贷方登记完工入库产品的成本或者分配转出的劳务费用；该账户的余额，就是辅助生产在产品的成本。

"生产成本——辅助生产成本"账户按辅助生产车间设置明细账，账内按成本项目或费用项目设置专栏。辅助生产成本明细账格式如图 1-1-3 所示。

图 1-1-3　辅助生产成本明细账

（2）"制造费用"账户。"制造费用"账户用以核算生产部门所发生的间接费用。除季节性生产的企业外，该账户月末一般无余额。"制造费用"账户按车间设置明细账，账内按费用项目设置专栏。制造费用明细账格式如图 1-1-4 所示。

图 1-1-4　制造费用明细账

（3）为了归集和结转不计入产品成本的期间费用，还需要分别设置"销售费用""管理费用""财务费用"账户。企业如果需要单独核算废品损失和停工损失，还应在"生产成本—基本生产成本"账户下设置"废品损失"和"停工损失"成本项目。

（二）成本核算的一般程序

成本核算程序就是将企业生产经营过程中发生的费用，按照成本核算的要求，逐步归集和分配，最后计算出各种产品的成本和各项期间费用的过程。成本核算的一般程序可归纳如下。

（1）确定成本计算对象，设置生产成本明细账。企业的生产类型不同，对成本管理的要求不同，成本计算对象也不同。企业应根据生产类型的特点和对成本管理的要求，确定成本计算对象，并根据确定的成本计算对象设置生产成本明细账。

（2）归集和分配本月生产费用。企业应根据各项费用的原始凭证和其他有关资料，编制各项费用分配表，分配各种生产费用，并登记生产成本明细账和有关成本费用明细账。

（3）分配辅助生产费用。企业应根据辅助生产车间提供的劳务数量，将归集的辅助生产费用采用适当的方法分配给各受益对象，编制辅助生产费用分配表，并据以登记有关成本费用明细账。

（4）分配基本生产车间的制造费用。企业应将基本生产车间为组织和管理生产所发生的费用，通过制造费用明细账进行归集后，采用一定的方法在各受益产品之间进行分配，编制制造费用分配表，并据以登记生产成本明细账。

（5）计算本月完工产品成本和月末在产品成本。企业应将生产成本明细账中归集的生产费用，采用适当的方法在完工产品和月末在产品之间进行分配，计算出完工产品成本和月末在产品成本。

（6）结转完工产品成本。企业应根据生产成本明细账或产品成本计算单，汇总编制完工产品成本汇总表，计算完工产品的总成本和单位成本，并结转完工产品成本。

能力训练

一、业务场景

启扬机械有限公司202×年2月购买了一台机器设备，买价80万元，该机器设备预计使用10年，无残值；支付行政管理人员工资20万元，支付办公费1万元；支付生产工人工资12万元，生产管理人员工资3万元；支付广告费5万元，支付销售人员差旅费1.2万元；支付运动会赞助费3万元；支付行政罚款6万元；本月折旧费4万元，其中，公司管理部门1.5万元，生产车间2.5万元；本月向投资者分配利润4万元；生产领用材料30万元，购进材料45万元。（假设不考虑增值税）

要求：

（1）判断启扬机械有限公司2月发生的各项开支是否属于费用，并说明属于什么费用。

（2）计算启扬机械有限公司2月的生产费用总额。

二、注意事项

（1）正确理解成本、费用的内涵。

（2）树立精益求精的工作态度。

（3）正确计算生产费用总额。

三、操作过程

序号	操作步骤	操作方法及说明	操作标准
1	工作准备	（1）认真阅读案例资料 （2）准备计算器、笔、纸等文具	读懂案例资料，文具摆放整齐，桌面整洁、有序
2	判断每项支出是否属于费用，各属于什么费用	（1）购买机器设备支付的80万元，是固定资产，不属于费用 （2）行政管理人员工资20万元及办公费1万元都是管理费用，属于期间费用 （3）生产工人工资12万元应该计入产品的生产成本，属于生产费用	具备较强的理解能力，正确理解费用的内涵

续

序号	操作步骤	操作方法及说明	操作标准
2	判断每项支出是否属于费用,各属于什么费用	(4)生产管理人员工资3万元应该计入制造费用,属于生产费用 (5)广告费5万元和销售人员差旅费1.2万元,这两项均应计入销售费用,属于期间费用 (6)运动会赞助费3万元和行政罚款6万元,这两项均应计入营业外支出,不属于费用 (7)本月折旧费4万元,其中的管理部门折旧费1.5万元应该计入管理费用,属于期间费用;生产车间折旧费2.5万元应该计入制造费用,属于生产费用 (8)本月分配给投资者利润4万元,是利润分配,不是费用 (9)生产领用材料30万元,计入生产成本,属于生产费用;购进材料45万元,计入资产,不是费用	具备较强的理解能力,正确理解费用的内涵
3	计算生产费用	该公司2月发生的生产费用总额=12+3+2.5+30=47.5(万元)	能正确计算生产费用总额

【问题情境一】

大宇公司是一家生产小家电的企业。会计人员在进行成本核算时,将一笔12月发生的行政管理部门差旅费计入了制造费用,来年1月发现问题时,制造费用已经全部结转到了生产成本。会计人员的这项错误操作会导致怎样的后果?

提示:行政管理部门差旅费应计入管理费用,管理费用属于期间费用,而制造费用属于生产费用,两者一旦混淆核算,会影响产品成本计算。将期间费用计入制造费用,会虚增产品成本,虚减期间费用,从而影响成本分析。

【问题情境二】

长城公司在成本控制方面一直由采购部门控制材料总成本。在一次成本控制专项座谈会中,有一位管理人员质疑只由采购部门控制材料成本的方式。长城公司应如何改进成本控制方法呢?

提示:长城公司可以让采购部门控制材料价格差异,让生产部门控制材料用量差异。因为材料价格差异是节约还是超支,关键在于采购部门在采购原材料的过程中对原材料实际价格的掌握,实际价格高于计划价格,材料价格差异出现超支;相反,实际价格低于计划价格,材料价格差异出现节约。

材料用量差异应由生产部门负责,主要是因为在产品数量一定的情况下,材料的品种、结构及领用情况等都会影响材料用量。生产部门可以通过合理安排生产、减少废品产生,或者科学调整产品结构、合理使用材料等方式节约材料用量。

四、学习结果评价

序号	评价内容	评价标准	评价结果
1	理解费用的内涵	能正确区分计入费用的项目和不计入费用的项目	□是□否
		能正确区分生产费用和期间费用	□是□否
2	计算生产费用	能正确判断计入生产费用的项目	□是□否
		能准确计算生产费用	□是□否
3	总评	"是"与"否"在本次评价中所占百分比	"是"占____% "否"占____%

📄 **课后作业**

一、单项选择题

1. 用于产品生产、构成产品实体的原材料费用，应记入（　　）账户。
   A. "生产成本"　　　B. "制造费用"　　　C. "管理费用"　　　D. "销售费用"

2. 企业为筹集资金而发生的手续费，应计入（　　）。
   A. 财务费用　　　　B. 管理费用　　　　C. 制造费用　　　　D. 销售费用

3. 企业支付的广告费应计入（　　）。
   A. 财务费用　　　　B. 管理费用　　　　C. 销售费用　　　　D. 制造费用

4. 下列费用项目中不属于产品成本的是（　　）。
   A. 直接材料　　　　B. 管理费用　　　　C. 直接人工　　　　D. 制造费用

5. 下列各项中属于管理费用的是（　　）。
   A. 企业专设销售机构人员的工资　　　　B. 产品广告费用
   C. 企业的职工教育经费　　　　　　　　D. 车间的办公费用

6. 下列各项中属于直接生产费用的是（　　）。
   A. 生产车间的水电费　　　　　　　　　B. 生产产品的工人工资
   C. 行政管理部门固定资产的折旧费　　　D. 生产车间的办公费用

7. 企业为生产产品发生的原料及主要材料的耗费，应通过（　　）账户核算。
   A. "生产成本——基本生产成本"　　　　B. "生产成本——辅助生产成本"
   C. "管理费用"　　　　　　　　　　　　D. "制造费用"

8. 用来核算企业为生产产品和提供劳务而发生的各项间接费用的是（　　）账户。
   A. "生产成本——基本生产成本"　　　　B. "制造费用"
   C. "管理费用"　　　　　　　　　　　　D. "财务费用"

9. 生产车间本期应负担照明电费 1 500 元，应记入（　　）账户。
   A. "生产成本"　　　B. "制造费用"　　　C. "财务费用"　　　D. "管理费用"

二、多项选择题

1. 应计入产品成本的各种材料费用，按其经济用途进行分配，应记入（　　）账户。
   A. "管理费用"　　　　　　　　　　　　B. "生产成本——基本生产成本"
   C. "制造费用"　　　　　　　　　　　　D. "财务费用"

2. 下列支出在发生时直接确认为期间费用的有（　　）。
   A. 行政人员工资　　　　　　　　　　　B. 支付的本期广告费
   C. 车间水电费　　　　　　　　　　　　D. 车间固定资产折旧费

3. "财务费用"账户核算的内容包括（　　）。
   A. 财会人员工资　　　　　　　　　　　B. 利息支出
   C. 汇兑损益　　　　　　　　　　　　　D. 财务人员业务培训费

4. 计提固定资产折旧，可能借记（　　）账户。
   A. "生产成本——基本生产成本"　　　　B. "生产成本——辅助生产成本"
   C. "制造费用"　　　　　　　　　　　　D. "固定资产"

5. 下列固定资产中，其折旧额应作为产品成本构成内容的有（   ）。

    A．生产车间房屋   B．企业管理部门房屋

    C．生产用设备   D．专设销售机构用卡车

三、判断题

1. 成本是一个经济范畴，凡有经济活动和业务活动的地方，就有成本存在。（   ）

2. 企业为购置固定资产、无形资产和其他资产的支出，不应该计入产品成本。（   ）

3. 制造费用和管理费用均应该作为期间费用处理，不计入产品成本。（   ）

4. 本月支付的成本费用，均应该计入本月产品的成本。（   ）

5. 为了正确计算产品成本，必须正确划分完工产品和在产品的费用界限。（   ）

6. 费用界限的划分，应该贯彻受益原则，即谁受益谁负担费用，何时受益何时负担费用。
（   ）

四、案例分析题

蓝天公司 202×年 9 月发生的部分经济业务内容如下。

（1）本月购买原材料 23 000 元。

（2）支付办公费用 9 000 元。

（3）购买专用财务软件一套 150 000 元。

（4）购买一辆价值 200 000 元的小汽车供行政办公室使用。

（5）支付税收滞纳金 1 000 元。

要求：请判断以上开支是否属于费用。

职业能力 1-1-2   能够正确归集与分配材料费用

核心概念

材料定额耗用量比例法   材料定额费用比例法

学习目标

● 理解材料费用的内涵；

● 掌握材料费用的分配方法及账务处理；

● 能准确选择分配方法并对材料费用进行分配；

● 树立节约型企业意识，构造经济、生态、社会效益相统一的企业发展形态。

基本知识

材料是指企业在生产经营过程中所耗用的原料及主要材料、半成品等构成产品实体的物资，以及供生产耗用但不构成产品实体的燃料和辅助材料等。

企业在生产过程中耗用的材料品种和数量众多，无论是外购还是自制的材料，都应该根据审核后的领料单、限额领料单以及领料登记表等进行归集。月末，企业将各种领料凭证按照车间、

部门进行汇总，即可归集出各个车间、部门耗用的材料费用的数量和金额，然后通过编制材料费用分配表分配材料费用。

（1）分配材料费用时，应按照"谁受益谁负担"的原则。用于产品生产的材料费用，应记入"生产成本"总账账户及其明细账的相关成本项目；生产车间一般性耗用的材料费用，记入"制造费用"总账账户及其明细账的相关成本项目；用于产品销售以及组织和管理生产经营活动所耗用的材料费用，记入"销售费用"和"管理费用"账户的有关费用项目；建造固定资产所耗用的材料费用，记入"在建工程"账户。

（2）分配材料费用时，如果是某受益对象单独耗用的材料费用，应直接计入该受益对象的成本；当某种材料被两种或者多种受益对象共同耗用时，该材料费用属于间接计入费用，应该采用一定的分配方法在各受益对象之间合理地分配。

（3）分配材料费用时，一般可以按照产品或者受益对象的产量、体积或者重量等标准进行分配，如果企业的材料消耗定额比较准确，也可以按照材料的定额耗用量或者定额费用的比例进行分配。所谓材料消耗定额，是指在节约和合理使用材料的条件下，生产合格产品所需要消耗的一定品种规格的材料的数量标准，包括材料的使用量和必要的工艺性损耗及废料数量。制定材料消耗定额，主要是为了利用定额这个经济杠杆，对材料消耗进行控制和监督。

一、材料定额耗用量比例法

材料定额耗用量比例法是以材料定额耗用量作为分配标准来分配材料费用的一种方法。此种方法适用于各种材料消耗定额比较健全且相对准确的材料费用分配。其计算程序如下。

1. 计算某种产品的材料定额耗用量

某种产品的材料定额耗用量=该种产品实际产量×单位产品材料消耗定额

2. 以材料定额耗用量为分配标准，计算材料耗用量分配率

材料耗用量分配率=待分配的材料实际耗用总量/各产品材料定额耗用量之和

3. 计算某种产品应分配的材料数量

某种产品应分配的材料数量=该种产品材料定额耗用量×材料耗用量分配率

4. 计算某种产品应分配的材料费用

某种产品应分配的材料费用=该种产品应分配的材料数量×材料单价

二、材料定额费用比例法

在多种产品共同耗用多种材料的情况下，为了简化核算，企业可以按照材料定额费用比例法来分配材料费用。材料定额费用比例法是以材料的定额费用作为分配标准来分配材料费用的一种方法。其计算程序如下。

1. 计算某种产品某材料定额费用

某种产品某材料定额费用=该种产品实际产量×单位产品该种材料费用定额

2. 以材料定额费用为分配标准，计算材料费用分配率

材料费用分配率=待分配的材料费用总额/各产品材料定额费用之和

3. 计算某种产品应分配的材料费用

某种产品应分配的材料费用=该种产品材料定额费用×材料费用分配率

三、材料费用分配的账务处理

在实际工作中，材料费用的分配是通过编制材料费用分配表进行的。其账务处理流程包括：①根据领退料凭证和相关的记账凭证编制材料费用分配表；②根据材料费用分配表编制会计分录。

能力训练

一、业务场景

（1）启扬机械有限公司 202×年 3 月生产甲、乙两种产品，共消耗 A 材料 6 000 千克，A 材料的单价为 6 元/千克，共计 36 000 元。生产甲产品 20 件，单位材料消耗定额为 400 千克；生产乙产品 10 件，单位材料消耗定额为 200 千克。

（2）宏达机械制造有限公司 202×年 3 月生产丙、丁两种产品，共同领用 B、C 两种材料，合计金额为 172 320 元。生产丙产品 60 件，丁产品 50 件。丙产品的单位材料消耗定额为：B 材料 8 千克，C 材料 6 千克。丁产品的单位材料消耗定额为：B 材料 5 千克，C 材料 4 千克。已知 B 材料的单价为 12 元/千克，C 材料的单价为 10 元/千克。

（3）接资料（1），启扬机械有限公司 202×年 3 月除甲、乙产品共同耗用 A 材料外，其他部门领用材料情况如表 1-1-1 所示。

表 1-1-1　　　　　　　　　　　　　　发出材料汇总表

202×年 3 月

金额单位：元

领料部门		材料类别	发出数量/千克	单位成本	金额	用途
基本生产车间		A 材料	6 000	6	36 000	甲、乙产品共同耗用
辅助生产车间	机修车间	B 材料	960	5	4 800	
	运输车间	B 材料	600	5	3 000	
管理部门		B 材料	100	5	500	

要求：

（1）采用材料定额耗用量比例法计算启扬机械有限公司甲、乙产品应分配的材料费用。

（2）采用材料定额费用比例法计算宏达机械制造有限公司丙、丁产品应分配的材料费用。

（3）编制启扬机械有限公司材料费用分配表，并做出相关账务处理。

二、注意事项

（1）正确理解材料费用分配的两种方法。

（2）准确分配材料费用。

（3）做到数据计算准确，会计分录书写规范。

三、操作过程

（1）采用材料定额耗用量比例法计算启扬机械有限公司甲、乙产品应分配的材料费用。

序号	操作步骤	操作方法及说明	操作标准
1	工作准备	认真阅读案例资料，准备计算器、笔、纸等文具	读懂案例资料，文具摆放整齐，桌面整洁、有序

续

序号	操作步骤	操作方法及说明	操作标准
2	计算各产品材料定额耗用量	某种产品材料定额耗用量=该种产品实际产量×单位产品材料消耗定额 甲产品材料定额耗用量=20×400=8 000（千克） 乙产品材料定额耗用量=10×200=2 000（千克）	正确计算甲、乙两种产品的材料定额耗用量
3	计算材料耗用量分配率	材料耗用量分配率=待分配的材料实际耗用总量/各产品材料定额耗用量之和=6 000/（8 000+2 000）=0.6	掌握并运用公式，正确计算材料耗用量分配率
4	计算各产品应分配的材料数量	甲产品应分配的材料数量=8 000×0.6=4 800（千克） 乙产品应分配的材料数量=2 000×0.6=1 200（千克）	正确计算甲、乙两种产品应分配的材料数量
5	计算各产品应分配的材料费用	甲产品应分配的材料费用=4 800×6=28 800（元） 乙产品应分配的材料费用=1 200×6=7 200（元）	正确计算甲、乙两种产品应分配的材料费用
6	简化分配	可以直接按材料定额耗用量的比例分配材料费用。首先在计算出材料定额耗用量的基础上，进一步计算材料费用分配率，然后再计算甲、乙产品应分配的材料费用 材料费用分配率=待分配的材料费用总额/各产品材料定额耗用量之和=36 000/（8 000+2 000）=3.6（元/千克） 甲产品应分配的材料费用=甲产品材料定额耗用量×材料费用分配率=8 000×3.6=28 800（元） 乙产品应分配的材料费用=乙产品材料定额耗用量×材料费用分配率=2 000×3.6=7 200（元）	深入理解材料费用分配的内涵，掌握简化分配的方法

（2）采用材料定额费用比例法计算宏达机械制造有限公司丙、丁产品分配的材料费用。

序号	操作步骤	操作方法及说明	操作标准
1	工作准备	认真阅读案例资料，准备计算器、笔、纸等文具	读懂案例资料，文具摆放整齐，桌面整洁、有序
2	计算各产品材料定额费用	某种产品某材料定额费用=该种产品实际产量×单位产品该种材料费用定额 丙产品：B材料定额费用=60×8×12=5 760（元） 　　　　　C材料定额费用=60×6×10=3 600（元） 丙产品材料定额费用合计=5 760+3 600=9 360（元） 丁产品：B材料定额费用=50×5×12=3 000（元） 　　　　　C材料定额费用=50×4×10=2 000（元） 丁产品材料定额费用合计=3 000+2 000=5 000（元）	正确运用公式计算丙、丁产品的材料定额费用
3	计算材料费用分配率	材料费用分配率=待分配的材料费用总额/各产品材料定额费用之和=172 320/（9 360+5 000）=12	掌握并运用公式，正确计算材料费用分配率
4	计算各产品应分配的材料费用	丙产品应分配的材料费用=9 360×12=112 320（元） 丁产品应分配的材料费用=5 000×12=60 000（元）	正确计算丙、丁两种产品应分配的材料费用

（3）编制启扬机械有限公司材料费用分配表和会计分录。

序号	操作步骤	操作方法及说明	操作标准
1	工作准备	认真阅读案例资料，准备计算器、笔、纸等文具	读懂案例资料，文具摆放整齐，桌面整洁、有序
2	编制材料费用分配表	材料费用分配表 202×年3月　　金额单位：元 （见下表）	材料费用分配表的数值计算准确，填写规范
3	根据材料费用分配表，编制会计分录	借：生产成本——基本生产成本——甲产品　28 800 　　　　　　　　　　　　　　　——乙产品　7 200 　　生产成本——辅助生产成本——机修车间　4 800 　　　　　　　　　　　　　　　——运输车间　3 000 　　管理费用　500 　　贷：原材料——A材料　36 000 　　　　　　　——B材料　8 300	会计分录的账户及金额正确，借贷方向正确，会计分录格式规范

材料费用分配表

202×年3月　　金额单位：元

应借账户		直接耗用材料 B材料	共同耗用材料 A材料			合计
			定额耗用量/千克	分配率/（元/千克）	分配金额	
生产成本	基本生产成本 甲产品	—	8 000		28 800	28 800
	基本生产成本 乙产品	—	2 000		7 200	7 200
	基本生产成本 小计	—	10 000	3.6	36 000	36 000
	辅助生产成本 机修车间	4 800				4 800
	辅助生产成本 运输车间	3 000				3 000
	辅助生产成本 小计	7 800				7 800
管理费用		500				500
合计		8 300			36 000	44 300

【问题情境一】

企业在生产过程中耗用的材料品种和数量众多，企业在领用材料时，应该根据审核后的领料单、限额领料单以及领料登记表等进行归集。大宇公司一直采用先进先出法核算生产领用材料成本，但最近6个月以来物价持续上涨。在这种情况下，企业财务部门应该如何对发出材料进行核算？

提示：由于物价持续上涨，先购进的材料其成本相对较低，而后购进的材料成本偏高。如果继续采用先进先出法，发出材料的价值就低于市场价值，导致产品生产成本偏低，进而低估了产品销售成本，从而虚增了利润。此时，大宇公司可以采用全月一次加权平均法核算领用材料的成本，利用全月一次加权平均法，不管物价上涨还是下跌，都是比较合理的。

【问题情境二】

近年来，乳制品原材料价格不断上涨，乳制品市场竞争压力不断增加。广益乳业为了更好地发展，可以采取哪些方式降低材料成本？

提示：①加强对原材料采购价格、质量、运输成本的控制；②规范原材料使用方法，提升原材料使用效率，兼顾产品质量和生产成本，科学构建收益预估模型，对原材料投放和产出情况综合评估，选择最佳材料投放量，防止材料大量投放；③完善产业体系，控制库存，定期对库存材料进行盘点和核查，保证材料质量，降低材料成本。

四、学习结果评价

序号	评价内容	评价标准	评价结果
1	运用材料定额耗用量比例法分配材料费用	能正确计算产品材料定额耗用量	□是□否
		能正确计算材料耗用量分配率	□是□否
		能正确计算某种产品应分配的材料数量	□是□否
		能正确计算某种产品应分配的材料费用	□是□否
		能按照材料定额耗用量直接分配材料费用	□是□否
2	运用材料定额费用比例法分配材料费用	能正确计算产品材料定额费用	□是□否
		能正确计算材料费用分配率	□是□否
		能正确计算某种产品应分配的材料费用	□是□否
3	编制材料费用分配表	能正确填写材料费用分配表	□是□否
4	编制材料费用分配的会计分录	能正确设置会计科目	□是□否
		能准确、规范编制会计分录	□是□否
5	总评	"是"与"否"在本次评价中所占百分比	"是"占___% "否"占___%

课后作业

一、单项选择题

1. 几种产品共同耗用的原材料费用，属于间接计入费用，可以采用的分配方法是（　　）。

 A. 计划成本分配法　　　　　　　　　B. 材料定额费用比例法

 C. 工时比例分配法　　　　　　　　　D. 代数分配法

2. 基本生产车间修理用的原材料，应记入（　　）账户。

 A. "生产成本"　　B. "管理费用"　　C. "废品损失"　　D. "销售费用"

3. 行政管理部门耗用的材料费用，应该记入（　　）账户借方。

 A. "生产成本"　　B. "管理费用"　　C. "制造费用"　　D. "销售费用"

二、多项选择题

1. 生产经营过程中领用的材料，按照用途进行归类，则生产产品耗用、生产车间一般性耗用、企业行政管理部门耗用，应分别记入（　　）账户。

 A. "生产成本"　　B. "制造费用"　　C. "管理费用"　　D. "销售费用"

2. 常用的材料费用分配标准有（　　）。

 A. 材料定额耗用量　B. 材料定额费用　　C. 产品体积　　D. 产品重量

三、判断题

1. 用于几种产品生产共同耗用的、构成产品实体的原材料费用，可以直接计入各种产品成本。（　　）

2. 基本生产车间生产产品耗用的材料，应记入各成本计算对象的产品成本明细账。（　　）

四、案例分析题

1. 红光工厂生产甲、乙两种产品，共同耗用某种原材料，耗用量无法按产品划分。单件产品原材料消耗定额：甲产品30千克，乙产品24千克。产量：甲产品200件，乙产品100件。甲、乙两种产品实际发生原材料费用共计 42 000 元。

要求：按照材料定额耗用量比例法计算甲、乙产品分配的原材料费用。

2. 鑫光工厂生产甲、乙两种产品，耗用 C 材料 2 100 千克，单价 20 元/千克；耗用 D 材料 4 000 千克，单价 50 元/千克。本月投产甲产品 50 件，乙产品 150 件。甲产品的消耗定额为：C 材料 8 千克/件，D 材料 15 千克/件。乙产品的消耗定额为：C 材料 12 千克/件，D 材料 20 千克/件。

要求：按照材料定额费用比例法计算甲、乙产品应负担的材料费用。

3. 宏华公司设有一个基本生产车间，同时设有供电、机修两个辅助生产车间，基本生产车间生产甲、乙两种产品。202×年 6 月，两种产品共同消耗 A 材料 7 560 千克，本月共生产甲产品 500 件，乙产品 200 件，单位产品原材料消耗定额分别为 8 千克、16 千克。该公司编制的发出材料汇总表如表 1-1-2 所示。

表 1-1-2　　　　　　　　　　　　发出材料汇总表

202×年 6 月　　　　　　　　　　　　　　　　　　　　　　金额单位：元

项目	发出数量/千克	单位成本	金额	用途
A 材料	7 560	20	151 200	甲、乙产品耗用
B 材料	7 000	25	175 000	甲产品耗用
B 材料	6 000	25	150 000	乙产品耗用
C 材料	500	11	5 500	管理部门领用
辅助材料	400		800	供电车间领用
	200	2	400	机修车间领用
	60		120	基本生产车间领用
合计			483 020	

要求：

（1）请根据宏华公司发出材料汇总表及相关定额资料编制宏华公司材料费用分配表（见表 1-1-3），其中的材料费用按定额耗用量比例分配。

表 1-1-3　　　　　　　　　　　　材料费用分配表

202×年 6 月　　　　　　　　　　　　　　　　　　　　　　金额单位：元

应借账户			直接耗用材料			共同耗用材料			合计
			B 材料	C 材料	辅助材料	A 材料			
						定额耗用量/千克	分配率/（元/千克）	分配金额	
生产成本	基本生产成本	甲产品							
		乙产品							
		小计							
	辅助生产成本	供电车间							
		机修车间							
		小计							
制造费用	基本生产车间								
管理费用									
合计									

（2）根据材料费用分配表编制相应的会计分录。

职业能力 1-1-3　能够正确归集与分配燃料及动力费用

核心概念

燃料费用　动力费用

学习目标

- 理解燃料及动力成本项目的内涵；
- 掌握燃料及动力费用的分配方法；
- 能准确对燃料及动力费用进行分配；
- 树立节俭、高效的资源利用理念，贯彻落实科学发展观。

基本知识

燃料费用是指企业为生产经营所耗用的各种固体、液体和气体燃料支付的费用。燃料实际上也是材料的一种，所以燃料费用的分配及账务处理与材料费用类似。但是如果企业燃料费用占生产费用的比重较大，为了加强管理，可以将其与动力费用一起，单设"燃料及动力"成本项目进行成本核算。

动力费用是指从外部购买各种动力，如热力、电力等所支付的费用。有些外购动力费用是直接用于产品生产的，有些则是间接用于产品生产或者经营管理。动力费用应该按照相关计量仪表记录的数据进行分配；在没有安装计量仪表或者车间生产用的动力无法按照不同产品分别安装计量仪表的情况下，可以按照生产工时、机器工时以及定额消耗量的比例对动力费用进行分配。

直接用于产品生产和辅助生产，并且设有"燃料及动力"成本项目的动力费用，应根据用途和受益单位，记入"生产成本——基本生产成本""生产成本——辅助生产成本"及其所属产品成本明细账的"燃料及动力"成本项目；用于基本生产车间一般耗用及行政管理部门或者销售部门的动力费用，应分别借记"制造费用""管理费用""销售费用"及其所属明细账的有关项目。动力费用的分配是通过编制外购动力费用分配表进行的，然后根据该分配表编制相关会计分录，据以登记有关的总账和明细账。

能力训练

一、业务场景

启扬机械有限公司 202×年 5 月 28 日收到供电公司的缴费通知单，当月共发生电费 72 675 元（合同规定的电价为 0.85 元/千瓦时），各部门电表显示用电数量如下：基本生产车间生产产品用电 80 000 千瓦时，该车间主要生产 A、B 两种产品，其中 A 产品的定额工时为 200 小时，B 产品的定额工时为 300 小时，车间照明用电量为 3 000 千瓦时，行政管理部门用电量为 2 000 千瓦时，专设销售机构用电量为 500 千瓦时。假设不考虑增值税。电费已通过银行转账支付。

要求：编制外购动力费用分配表（见表 1-1-4）分配电费，并做出相关账务处理。

表 1-1-4　　　　　　　　　　外购动力费用分配表
202×年 5 月

应借账户			定额工时/小时	分配率/（元/小时）	分配金额/元
生产成本	基本生产成本	A 产品			
		B 产品			
		小计			
制造费用		基本生产车间			
管理费用					
销售费用					
合计					

二、注意事项

（1）保持严谨务实、精益求精的工作态度。

（2）准确计算外购动力费用分配率。

（3）正确填写外购动力费用分配表，规范书写会计分录。

三、操作过程

序号	操作步骤	操作方法及说明	操作标准
1	工作准备	认真阅读案例资料，准备计算器、笔、纸等文具	读懂案例资料，文具摆放整齐，桌面整洁、有序
2	编制外购动力费用分配表	外购动力费用分配表 202×年 5 月 应借账户／定额工时/小时／分配率/（元/小时）／分配金额/元 生产成本　基本生产成本　A 产品　200　　27 200 　　　　　　　　　　　B 产品　300　　40 800 　　　　　　　　　　　小计　500　136　68 000 制造费用　基本生产车间　　　　2 550 管理费用　　　　　　　　　　　1 700 销售费用　　　　　　　　　　　425 合计　　　　　　　　　　　　72 675	准确计算外购动力费用分配率，正确填写外购动力费用分配表
3	编制会计分录	借：生产成本——基本生产成本——A 产品　　27 200 　　　　　　　　　　　　　　　——B 产品　　40 800 　　制造费用——基本生产车间　　　　　　2 550 　　管理费用　　　　　　　　　　　　　　1 700 　　销售费用　　　　　　　　　　　　　　425 　　贷：银行存款　　　　　　　　　　　　72 675	会计分录账户及金额正确，格式规范

【问题情境一】

新新公司生产耗用的主要材料最多，但燃料和外购动力耗用量占比也非常大。该公司的成本会计在进行成本核算时，从简化核算方面考虑，将燃料费用全部记入"直接材料"成本项目，将动力费用全部记入"制造费用"成本项目（根据计量仪表确认其数额）。公司会计主管质疑这样的设置，新新公司应该怎样做更合适？

提示： 新新公司的现有做法是不够妥当的。在燃料和外购动力不多的情况下，可以将燃料费用记入"直接材料"成本项目，将动力费用记入"制造费用"成本项目；如果燃料和动力耗用量非常多，则应该设置"燃料及动力"成本项目进行核算。

【问题情境二】

益广热电厂是高耗能企业，在提供热电时，需要燃烧大量煤炭。随着我国对落后产能淘汰步伐的加快以及更高环保要求的提出，益广热电厂的生产陷入窘境。益广热电厂应如何提高经济效益呢？

提示： 随着时代的发展以及社会的进步，我国的环保理念逐步深入人心。在这样的背景下，为了使生产状况符合环保要求，在燃料使用方面，益广热电厂应该杜绝使用劣质燃料，选择使用煤矸石、天然气等环保燃料以达到节能降耗的目的。

四、学习结果评价

序号	评价内容	评价标准	评价结果
1	分配外购动力费用	能正确选择动力费用的分配标准	□是□否
		能正确计算某种产品应分配的动力费用	□是□否
2	编制外购动力费用分配表	能正确填写外购动力费用分配表	□是□否
3	编制分配外购动力费用的会计分录	能正确设置会计科目	□是□否
		能准确、规范编制会计分录	□是□否
4	总评	"是"与"否"在本次评价中所占百分比	"是"占___% "否"占___%

📝 课后作业

一、单项选择题

1. 直接用于产品生产的燃料，应直接记入或者分配记入（　　　　）账户。

　　A."制造费用"　　　B."管理费用"　　　C."财务费用"　　　D."生产成本"

2. 对于外购动力费用，应该借记有关的"成本费用"账户，贷记（　　　　）账户。

　　A."制造费用"　　　B."管理费用"　　　C."银行存款"　　　D."生产成本"

二、判断题

1. 用于产品生产、照明、取暖的动力费用，可以记入产品成本明细账的"燃料及动力"成本项目。（　　　）

2. 企业可以不单设"燃料及动力"成本项目，将燃料费用计入"直接材料"成本项目。（　　　）

三、案例分析题

红光工厂202×年4月共用电30 000千瓦时，每千瓦时电费为1元，共发生电费30 000元，款项已付。该企业各部门均装有电表，电表显示各部门的用电情况如下：基本生产车间生产产品用电15 000千瓦时，照明用电5 000千瓦时；辅助生产车间（修理车间）用电6 000千瓦时，企业行政管理部门用电4 000千瓦时。基本生产车间生产A、B两种产品，本月A产品的生产工时为8 000小时，B产品为2 000小时。该企业按照生产工时的比例分配动力费用（假设不考虑增值税）。

要求：编制外购动力费用分配表（见表1-1-5）分配电费，并做出相关账务处理。

表 1-1-5

外购动力费用分配表

202×年 4 月

应借账户			定额工时/小时	分配率/（元/小时）	分配金额/元
生产成本	基本生产成本	A 产品			
		B 产品			
		小计			
	辅助生产成本	修理车间			
制造费用		基本生产车间			
管理费用					
合计					

职业能力 1-1-4　能够正确归集与分配职工薪酬费用

核心概念

职工薪酬

学习目标

- 掌握职工薪酬费用的内容和范围；
- 理解职工薪酬费用的归集和分配；
- 能准确编制职工薪酬费用分配表并对职工薪酬费用进行分配；
- 树立正确的劳动观，弘扬劳动精神。

基本知识

一、职工薪酬的内容

职工薪酬，是指企业为获得职工提供的服务或者解除劳动关系而给予的各种形式的报酬或者补偿。职工薪酬包括短期薪酬、离职后福利、辞退福利和其他长期职工薪酬。本部分涉及的职工薪酬费用主要是指短期薪酬。短期薪酬是指企业在职工提供相关服务的年度报告期间结束后 12 个月内需要全部予以支付的职工薪酬，因解除与职工的劳动关系给予的补偿除外。具体来说，短期薪酬主要包括以下内容。

1. 职工工资、奖金、津贴和补贴

职工工资、奖金、津贴和补贴指的是符合国家统计局有关规定的、构成工资总额的计时工资、计件工资以及支付给职工的超额劳动报酬等。

2. 职工福利费

职工福利费是指企业内设的医务室、浴室、理发室、幼儿园等集体福利机构人员的工资，医

务经费，职工生活困难补助，以及按照国家规定开支的其他职工福利费。

3. 社会保险费

社会保险费是指企业按照国家规定的基准和比例计算，向社会保险管理机构缴纳的专项储蓄资金。

4. 住房公积金

住房公积金是指企业按照国家规定的基准和比例计算，向住房公积金管理机构缴存的专项储蓄资金。

5. 工会经费和职工教育经费

工会经费和职工教育经费是指企业用于开展工会活动和职工教育培训，根据国家规定的基准和比例，从成本费用中提取的金额。

6. 短期带薪缺勤

短期带薪缺勤是指企业支付工资或提供补偿的职工缺勤，包括年休假、病假、短期伤残、婚假、产假、丧假、探亲假等。

7. 短期利润分享计划

短期利润分享计划是指因职工提供服务而与职工达成的基于利润或其他经营成果提供薪酬的协议。

8. 其他与获得职工提供的服务相关的支出

其他与获得职工提供的服务相关的支出是指除上述七种薪酬以外为获得职工提供的服务而给予的薪酬。

二、职工薪酬费用的归集

企业财务部门应该根据职工的考勤记录和产量记录等原始资料，按照有关规定计算应付职工薪酬，并填写职工薪酬结算单，然后根据职工薪酬结算单计算、汇总，编制职工薪酬结算汇总表，并以此为依据按照人员类别和工资性质分配各项职工薪酬费用。

三、职工薪酬费用的分配

通常情况下，职工薪酬费用应该根据职工提供服务的受益对象的不同分情况进行处理。企业应当在每月终了时，根据职工薪酬结算汇总表进一步编制职工薪酬费用分配表，并根据不同的受益对象分配职工薪酬费用。产品生产人员的薪酬费用应该分配到基本生产部门各产品的成本中，记入"生产成本——基本生产成本"账户及其产品成本明细账户；辅助生产部门发生的职工薪酬费用应该由辅助生产部门承担，记入"生产成本——辅助生产成本"账户及其有关明细账户；各生产车间管理、技术人员的薪酬费用记入"制造费用"账户；其他部门人员的薪酬费用，则分别记入"销售费用""管理费用""在建工程"等账户。

对于职工薪酬费用，如果能直接确定是哪种产品耗用的，属于直接计入费用，应当直接计入该产品的成本；如果是两种或者几种产品共同耗用的，则属于间接计入费用，应当采用合理的方法分配计入各种产品的成本。对于需要分配的职工薪酬费用，常用的分配标准有生产工时、直接材料成本等，企业应根据生产经营的特点，合理地选择分配标准。

$$职工薪酬费用分配率=待分配的职工薪酬费用总额/分配标准之和$$
$$某种产品应分配的职工薪酬费用=该产品的分配标准×职工薪酬费用分配率$$

能力训练

一、业务场景

启扬机械有限公司202×年4月生产甲、乙两种产品，基本生产车间直接计入甲、乙两种产品成本的职工薪酬费用分别为59 000元和36 000元，需要分配计入的职工薪酬费用为123 000元，企业规定按照产品生产工时的比例进行分配。甲、乙两种产品的生产工时分别为8 000小时和4 000小时。其他部门的职工薪酬费用资料详见表1-1-6。

要求：

（1）计算职工薪酬费用分配率。

（2）填写职工薪酬费用分配表（见表1-1-6），分配职工薪酬费用，并做出相关账务处理。

表1-1-6

职工薪酬费用分配表

202×年4月

金额单位：元

应借账户			直接计入	分配计入			合计
				生产工时/小时	分配率/（元/小时）	分配金额	
生产成本	基本生产成本	甲产品					
		乙产品					
		小计					
	辅助生产成本	供电车间	19 000				19 000
		修理车间	14 500				14 500
		小计	33 500				33 500
制造费用		基本生产车间	50 000				50 000
管理费用			32 000				32 000
合计							

二、注意事项

（1）准确计算职工薪酬费用分配率。

（2）树立精益求精的工作态度，正确填写职工薪酬费用分配表。

（3）做到会计处理正确、分录格式规范。

三、操作过程

序号	操作步骤	操作方法及说明	操作标准
1	工作准备	认真阅读案例资料，准备计算器、笔、纸等文具	读懂案例资料，文具摆放整齐，桌面整洁、有序
2	计算职工薪酬费用分配率	职工薪酬费用分配率=待分配的职工薪酬费用总额/分配标准之和 =123 000/（8 000+4 000）=10.25（元/小时）	正确计算职工薪酬分配率
3	计算甲、乙产品应分配的职工薪酬费用	某种产品应分配的职工薪酬费用=该产品的分配标准×职工薪酬费用分配率 甲产品应分配的职工薪酬费用=8 000×10.25=82 000（元） 乙产品应分配的职工薪酬费用=4 000×10.25=41 000（元）	准确计算甲、乙两种产品应分配的职工薪酬费用

续

序号	操作步骤	操作方法及说明	操作标准
4	编制职工薪酬费用分配表	 **职工薪酬费用分配表** 202×年4月　　　金额单位：元 见下表	准确填写职工薪酬费用分配表

职工薪酬费用分配表
202×年4月　　　　　　金额单位：元

应借账户			直接计入	分配计入			合计
				生产工时/小时	分配率/（元/小时）	分配金额	
生产成本	基本生产成本	甲产品	59 000	8 000		82 000	141 000
		乙产品	36 000	4 000		41 000	77 000
		小计	95 000	12 000	10.25	123 000	218 000
	辅助生产成本	供电车间	19 000				19 000
		修理车间	14 500				14 500
		小计	33 500				33 500
制造费用		基本生产车间	50 000				50 000
管理费用			32 000				32 000
合计			210 500			123 000	333 500

序号	操作步骤	操作方法及说明	操作标准
5	编制会计分录	借：生产成本——基本生产成本——甲产品　　141 000 　　　　　　　　　　　　　　　——乙产品　　 77 000 　　　生产成本——辅助生产成本——供电车间　 19 000 　　　　　　　　　　　　　　　——修理车间　 14 500 　　　制造费用——基本生产车间　　　　　　 50 000 　　　管理费用　　　　　　　　　　　　　　 32 000 　　贷：应付职工薪酬——工资、奖金、津贴和补贴　333 500	会计分录的账户及金额正确，格式规范

【问题情境一】

星海公司是一家集纺织、印刷和制衣于一体的公司，公司对一些员工实行月薪制，对另一些员工实行计件工资制。会计小张在核算工资时，将生产工人的计件工资计入生产成本，将车间管理人员的工资计入管理费用。会计主管质疑小张的做法，小张应该如何处理？

提示：小张将生产工人的计件工资计入生产成本是正确的，但将车间管理人员的工资计入管理费用不合适，应该将其计入制造费用，在月末的时候分配计入产品成本。

【问题情境二】

蓝天公司对员工实行月薪制，但员工工作积极性不高的现象一直存在，企业管理人员苦恼不已。面对这种现象，蓝天公司可以采用什么方式提高员工的工作积极性？

提示：众所周知，人的需求是不同且有层次的。由于需求的不同，人们对同一类型报酬的评价也不尽相同。有些人重视物质奖励，有些人重视名誉、升迁等非物质奖励。因此，企业需要根据个人对组织报酬的价值观念，设置不同的职工薪酬体系，可以实行精神鼓励、级别升降等非物质奖罚措施。

四、学习结果评价

序号	评价内容	评价标准	评价结果
1	计算职工薪酬费用分配率	能区分直接计入和间接计入的职工薪酬费用	□是□否
		能正确计算职工薪酬费用分配率	□是□否
2	填写职工薪酬费用分配表	能正确计算每个部门应承担的职工薪酬费用	□是□否
		能准确填写职工薪酬费用分配表	□是□否

续

序号	评价内容	评价标准	评价结果
3	编制职工薪酬费用分配的会计分录	能正确设置会计科目	□是□否
		能准确、规范编制会计分录	□是□否
4	总评	"是"与"否"在本次评价中所占百分比	"是"占___% "否"占___%

课后作业

一、单项选择题

1. 下列人员的工资中，应记入产品成本中"直接人工"成本项目的是（   ）。
   A. 产品生产工人工资   B. 车间管理人员工资
   C. 专职销售人员工资   D. 企业管理人员工资

2. 某企业生产甲、乙两种产品，12月共发生生产工人工资 70 000 元，按照工时比例在两种产品之间分配。甲产品的生产工时为 1 200 小时，乙产品的生产工时为 800 小时，则该企业乙产品应该分配的人工费用为（   ）元。
   A. 28 000   B. 42 000   C. 32 000   D. 48 000

3. 下列人员的工资应该记入"制造费用"账户的是（   ）。
   A. 车间管理人员   B. 产品生产工人
   C. 厂部管理人员   D. 销售人员

二、多项选择题

1. 计入产品成本的各种职工薪酬费用，按照其用途应分别借记（   ）账户。
   A. "生产成本——基本生产成本"   B. "制造费用"
   C. "在建工程"   D. "销售费用"

2. 下列人员的工资及福利费应该计入产品成本的有（   ）。
   A. 车间管理人员   B. 产品生产工人
   C. 厂部管理人员   D. 销售人员

三、判断题

1. 生产人员、车间管理人员和技术人员的职工薪酬，是产品成本的重要组成部分，应该直接计入各种产品成本。（   ）

2. 企业全部人员的职工薪酬，都应该计入产品成本，因为职工薪酬是产品成本的组成部分。（   ）

3. 生产人员的职工薪酬直接计入或者分配计入各种产品成本，其他各部门人员的职工薪酬，应分别记入"制造费用""管理费用""销售费用"账户。（   ）

四、案例分析题

长城工厂基本生产车间生产 A、B 两种产品，202×年 5 月直接计入 A 产品成本的职工薪酬费用为 38 400 元，直接计入 B 产品成本的职工薪酬费用为 23 600 元；需要分配计入的职工薪酬费用为 78 000 元。A、B 两种产品的生产工时分别为 8 600 小时、4 400 小时。

要求：根据上述资料，按照生产工时比例计算 A、B 两种产品应负担的职工薪酬费用，将职工薪酬费用分配表（见表 1-1-7）填列完整，并根据职工薪酬费用分配表做出相关账务处理。

表 1-1-7　　　　　　　　　　　　　　职工薪酬费用分配表

202×年 5 月　　　　　　　　　　　　　　　　　　金额单位：元

应借账户			直接计入	分配计入			合计
				生产工时/小时	分配率/（元/小时）	分配金额	
生产成本	基本生产成本	A 产品					
		B 产品					
		小计					
	辅助生产成本	供电车间	5 000				
		供水车间	3 200				
		小计	8 200				
制造费用		基本生产车间	6 800				
管理费用			11 200				
销售费用			16 500				
合计							

职业能力 1-1-5　能够正确归集与分配其他要素费用

核心概念

折旧费用　利息费用　税金　其他费用

学习目标

- 掌握折旧费用、利息费用、税金及其他费用的核算；
- 能准确对折旧费用、利息费用、税金及其他费用进行归集和分配；
- 树立服务意识与效益意识，帮助企业降本增效。

基本知识

其他要素费用主要是指材料费用、燃料及动力费用和职工薪酬费用以外的要素费用，包括折旧费用、利息费用、税金和其他费用等。

一、折旧费用的核算

固定资产在长期使用过程中，虽然会保持实物形态不变，但是其价值会随着使用和时间的推移而逐渐减少，这部分逐渐减少的价值就是固定资产折旧。固定资产折旧应该作为折旧费用计入相关产品的成本或者管理费用、销售费用等。

折旧费用的归集，是月末由会计部门编制各个车间、部门的固定资产折旧计算表进行的。企业按照规定计算提取的折旧费用，应该根据固定资产的使用部门或者用途进行分配，编制折旧费用分配表，并分别记入相关的成本费用账户。具体规定如下：对于基本生产车间使用的固定资产，其折旧费用应该记入"制造费用"账户；对于辅助生产车间使用的固定资产，应该按辅助生产车间是否单设"制造费用"账户，将折旧费用记入"制造费用——辅助生产车间"或者"生产成本——辅助生产成本"账户；对于行政管理部门或者专设销售机构发生的固定资产折旧费用，应分别记入"管理费用""销售费用"等账户。

二、利息费用的核算

企业发生的利息费用，虽然是为了取得营业收入而发生的，但与营业收入的实现没有明显的因果关系，所以利息费用不应计入生产经营成本，只能作为期间费用，按实际发生额确认，计入当期损益。企业发生的利息费用，一般在"财务费用"账户中进行核算，并按费用种类设置明细账。

利息费用一般按季度结算支付。每月预提利息时，借记"财务费用"账户，贷记"应付利息"账户；季末支付利息时，借记"应付利息"账户，贷记"银行存款"账户。如果利息费用的数额不大，为了简化核算，也可以在季末支付时全部计入当月的财务费用，借记"财务费用"账户，贷记"银行存款"账户。

三、税金的核算

要素费用中的税金包括房产税、车船税、印花税和城镇土地使用税等，不计入产品成本，而计入税金及附加。

印花税直接计算并缴纳。缴纳时，借记"税金及附加"账户，贷记"银行存款"账户，不通过"应交税费"账户核算。

房产税、车船税和城镇土地使用税需要通过"应交税费"账户核算。计算出应缴纳的税金时，借记"税金及附加"账户，贷记"应交税费"账户；实际缴纳时，借记"应交税费"账户，贷记"银行存款"等账户。

四、其他费用的核算

其他费用是指要素费用中除了前面所述费用以外的费用，包括图书报刊费、租赁费、差旅费、排污费、误餐补助费、办公用品订购费等。这些费用没有专设成本项目，在费用实际发生时，按照发生的车间和部门，分别借记"制造费用""管理费用""销售费用"等账户，贷记"库存现金"或者"银行存款"账户。

能力训练

一、业务场景

启扬机械有限公司202×年6月末通过编制固定资产折旧计算表汇总出各部门和车间的折旧费用，并根据固定资产折旧计算表编制折旧费用分配表，如表1-1-8所示；编制其他费用分配表，如表1-1-9所示；其他费用均以银行存款支付。

表1-1-8　　　　　　　　　　　折旧费用分配表

202×年6月　　　　　　　　　　　　　　　　　　　　　　　单位：元

部门		应借账户	本月折旧额
基本生产车间	一车间		8 800
	二车间		6 900

部门		应借账户	本月折旧额
辅助生产车间	供电车间		6 500
行政管理部门	厂部		2 800
专设销售机构			3 500
合计			28 500

表1-1-9　　　　　　　　　　其他费用分配表

202×年6月　　　　　　　　　　　　　　　　单位：元

部门		费用项目	合计
基本生产车间	一车间	图书报刊费	520
		排污费	1 080
	二车间	图书报刊费	780
		排污费	1 810
辅助生产车间	供电车间	水电费	580
行政管理部门	厂部	差旅费	3 500
专设销售机构		差旅费	5 800
合计			14 070

要求：

（1）将折旧费用分配表中的应借账户补充完整（假设辅助生产车间不单独核算制造费用）。

（2）做出启扬机械有限公司分配折旧费用和其他费用的账务处理。

二、注意事项

（1）正确填列折旧费用分配表中的应借账户。

（2）树立精益求精的工作态度，正确填写折旧费用分配表。

（3）做到会计处理正确、分录格式规范。

三、操作过程

序号	操作步骤	操作方法及说明	操作标准
1	工作准备	认真阅读案例资料，准备计算器、笔、纸等文具	读懂案例资料，文具摆放整齐，桌面整洁、有序
2	补充完整折旧费用分配表	折旧费用分配表 202×年6月　　单位：元 <table><tr><td>部门</td><td></td><td>应借账户</td><td>本月折旧额</td></tr><tr><td>基本生产车间</td><td>一车间</td><td>制造费用——一车间</td><td>8 800</td></tr><tr><td></td><td>二车间</td><td>制造费用——二车间</td><td>6 900</td></tr><tr><td>辅助生产车间</td><td>供电车间</td><td>生产成本——辅助生产成本——供电车间</td><td>6 500</td></tr><tr><td>行政管理部门</td><td>厂部</td><td>管理费用</td><td>2 800</td></tr><tr><td>专设销售机构</td><td></td><td>销售费用</td><td>3 500</td></tr><tr><td>合计</td><td></td><td></td><td>28 500</td></tr></table>	正确填列应借账户

续

序号	操作步骤	操作方法及说明		操作标准
3	编制会计分录，分配折旧费用	借：制造费用——一车间 　　　　——二车间 　生产成本——辅助生产成本——供电车间 　管理费用 　销售费用 　　贷：累计折旧	8 800 6 900 6 500 2 800 3 500 28 500	会计分录的账户及金额正确，格式规范
4	编制会计分录，分配其他费用	借：制造费用——一车间 　　　　——二车间 　生产成本——辅助生产成本——供电车间 　管理费用 　销售费用 　　贷：银行存款	1 600 2 590 580 3 500 5 800 14 070	会计分录的账户及金额正确，格式规范

【问题情境】

宏达机械厂在202×年6月报废生产用机器设备一台，该设备一直采用直线法计提折旧，每月折旧额为1 500元。6月财务人员未对该设备计提折旧，这种做法是否妥当？

提示：财务人员的做法是不妥当的。会计制度规定，固定资产应当按月计提折旧，当月增加的固定资产，当月不计提折旧，从下月起计提折旧；当月减少的固定资产，当月仍计提折旧，从下月起不计提折旧。所以，财务人员在6月仍应对该生产用机器设备计提折旧。

四、学习结果评价

序号	评价内容	评价标准	评价结果
1	填写折旧费用分配表	能区分各部门折旧费用应记入的账户	□是□否
		能正确填写折旧费用分配表	□是□否
2	编制折旧费用分配的会计分录	能正确设置会计科目	□是□否
		能准确、规范编制会计分录	□是□否
3	编制其他费用分配的会计分录	能正确区分各项其他费用	□是□否
		能正确设置会计科目	□是□否
		能准确、规范编制会计分录	□是□否
4	总评	"是"与"否"在本次评价中所占百分比	"是"占___%　"否"占___%

📖 **课后作业**

一、单项选择题

1. 下列不能计入产品成本的费用是（　　　　）。
　　A. 燃料和动力　　　　　　　　　　B. 职工薪酬
　　C. 车间管理人员工资　　　　　　　D. 利息费用

2. 企业预提短期借款利息费用时，应记入（　　　　）账户的借方。
　　A. "财务费用"　　　B. "应付利息"　　　C. "管理费用"　　　D. "利息费用"

3. 企业预提利息费用，实际支付时，应记入（　　　）账户的借方。

A. "财务费用"　　　B. "应付利息"　　　C. "管理费用"　　　D. "利息费用"

4. "财务费用"账户期末结转损益后应（　　　）。

A. 无余额　　　B. 有借方余额　　　C. 有贷方余额　　　D. 有借方或贷方余额

二、多项选择题

1. 可以计入产品成本的要素费用有（　　　）。

A. 劳动保护费　　　B. 水电费　　　C. 利息费用　　　D. 折旧费用

2. 下列各项属于产品成本项目的有（　　　）。

A. 折旧费用　　　B. 燃料及动力　　　C. 直接人工　　　D. 期间费用

三、判断题

1. 利息费用应该计入产品成本。（　　　）

2. 固定资产折旧费是产品成本的组成部分，应当全部计入产品成本。（　　　）

3. 固定资产折旧费通常先按照固定资产的使用部门归集，然后再与车间、部门的其他费用一起分配计入产品成本或期间费用。（　　　）

四、案例分析题

蓝天工厂202×年11月编制的折旧费用分配表如表1-1-10所示。

表1-1-10

折旧费用分配表

202×年11月

单位：元

部门		应借账户	本月折旧额
基本生产车间		制造费用	8 800
辅助生产车间	供电车间	生产成本——辅助生产成本	3 600
	机修车间	生产成本——辅助生产成本	2 840
行政管理部门	厂部	管理费用	3 300
专设销售机构		销售费用	1 700
合计			20 240

要求：做出蓝天工厂分配折旧费用的账务处理。

工作任务 1-2 辅助生产费用的归集与分配

职业能力 1-2-1 能够正确归集辅助生产费用

✍ 核心概念

辅助生产车间　辅助生产费用

🔍 学习目标

- 理解辅助生产费用的归集程序；
- 掌握辅助生产费用归集的账务处理；
- 能根据企业的特点，采用适当的方式，正确、及时地归集辅助生产费用；
- 具有集体意识、大局意识与团队合作能力。

📖 基本知识

企业的生产车间按照其生产性质的不同，分为基本生产车间和辅助生产车间。辅助生产车间是指为基本生产车间和企业其他各部门进行产品生产和劳务供应的车间。其中，有的辅助生产车间只生产一种产品或提供一种劳务，如供电、供水、供汽、运输等车间；有的辅助生产车间则生产多种产品或提供多种劳务，如制造工具、模具、修理用备件的制造车间。辅助生产车间提供的产品和劳务，有时也对外销售，但主要为本企业服务。因为企业的辅助生产车间是为企业各职能部门和基本生产车间服务的，所以，一方面要正确地对辅助生产车间所发生的各种费用进行归集；另一方面，应采用适当的方式在各个受益对象（车间、部门）之间对归集的辅助生产费用进行分配。

一、辅助生产费用归集的程序

辅助生产费用是指企业辅助生产车间提供产品和劳务所发生的各种费用的总和。辅助生产费用应通过"生产成本"账户下设置的"辅助生产成本"账户进行归集，该账户用以核算企业辅助生产车间所发生的费用。该账户同"生产成本——基本生产成本"账户一样，一般应按照车间以及产品、劳务设置明细账，账内可按照成本项目或者费用项目设置专栏进行明细核算。

辅助生产费用归集的方式有两种，其主要区别在于辅助生产车间制造费用的归集方式。一种归集方式是辅助生产车间发生的制造费用与基本生产车间发生的制造费用的归集方法一样，在辅助生产车间单设"制造费用"账户，将辅助生产车间的制造费用先通过"制造费用——××辅助生产车间"明细账进行归集，月末再转入"生产成本——辅助生产成本"账户；另一种归集方式是辅助生产车间不单设"制造费用"账户，辅助生产车间的制造费用直接记入"生产成本——辅助生产成本"账户，对于规模较小，发生的制造费用不多，也不对外销售产品或劳务的辅助生产车间，为了简化核算工作，可以采用此种方式。

二、辅助生产费用归集的账务处理

1. 辅助生产车间设置"制造费用"账户

在辅助生产车间单设"制造费用——××辅助生产车间"明细账的情况下，专设成本项目的费用（如材料费用、动力费用、职工薪酬等）应直接或者分配记入"生产成本——辅助生产成本"账户和所属明细账的借方；辅助生产车间发生的制造费用，应记入"制造费用——××辅助生产车间"明细账，月末再直接或分配转入"生产成本——辅助生产成本"账户及其明细账的借方，从而计算出辅助生产产品或劳务的成本。在该种方式下，辅助生产成本明细账的设置与基本生产成本明细账相似，一般应分车间、按产品或劳务设置，明细账内再按规定的成本项目设置专栏。辅助生产成本明细账如图 1-2-1 所示。

辅助生产成本明细账

车间名称：××车间

年		凭证		摘要	直接材料	燃料及动力	直接人工	制造费用	合计
月	日	种类	号数		千百十万千百十元角分	千百十万千百十元角分	千百十万千百十元角分	千百十万千百十元角分	千百十万千百十元角分

图 1-2-1　辅助生产成本明细账——设置"制造费用"账户

2. 辅助生产车间不设置"制造费用"账户

在辅助生产车间不单设"制造费用——××辅助生产车间"明细账的情况下，企业可将产品或劳务的成本项目与制造费用项目结合起来，在辅助生产成本明细账中设专栏或专行，即"生产成本——辅助生产成本"明细账按照成本项目与费用项目相结合的方式设置专栏，而不再按照成本项目设置专栏。这样，发生的所有辅助生产费用均记入辅助生产成本账户及其明细账的有关项目。辅助生产成本明细账如图 1-2-2 所示。

辅助生产成本明细账

车间名称：××车间

年		凭证		摘要	材料费用	职工薪酬	水电费	折旧费	办公费	其他	合计
月	日	种类	号数		千百十万千百十元角分	千百十万千百十元角分	千百十万千百十元角分	千百十万千百十元角分	千百十万千百十元角分	千百十万千百十元角分	千百十万千百十元角分

图 1-2-2　辅助生产成本明细账——不设置"制造费用"账户

辅助生产车间完工的产品或劳务的成本，均应从"生产成本——辅助生产成本"账户的贷方转出。期末此账户如有借方余额，则为辅助生产车间的在产品成本。

能力训练

一、业务场景

启扬机械有限公司辅助生产车间生产低值易耗品——专用工具一批，202×年4月该车间发生费用如下。

（1）2日，为生产专用工具领用原材料26 800元，车间一般性消耗原材料3 600元。

（2）15日，以银行存款支付水电费1 600元。

（3）30日，计提本月生产工人工资19 400元，其他人员工资4 000元。

（4）30日，计提固定资产折旧费2 200元。

要求：请分别按照辅助生产车间设置"制造费用"账户与不设置"制造费用"账户两种方式，完成以下任务。

（1）归集该公司4月的辅助生产费用并编制记账凭证。

（2）登记该公司的辅助生产成本明细账。

二、注意事项

（1）应正确理解辅助生产费用的内涵。

（2）树立精益求精的工作态度，正确地归集辅助生产费用。

（3）做到会计凭证填写规范、账簿登记准确。

三、操作过程

（1）辅助生产车间设置"制造费用"账户时的业务操作。

序号	操作步骤	操作方法及说明	操作标准
1	工作准备	认真阅读案例资料，准备计算器、笔、纸等文具，准备记账凭证5张、多栏式明细账1张	读懂案例资料，文具及凭证、账页等摆放整齐，桌面整洁、有序
2	归集辅助生产费用并填写记账凭证	（1）2日，为生产专用工具领用原材料26 800元，车间一般性消耗原材料3 600元 	归集方式运用正确；会计凭证账户及金额正确，借贷方向正确，会计凭证格式书写规范

续

序号	操作步骤	操作方法及说明	操作标准
2	归集辅助生产费用并填写记账凭证	（2）15日，以银行存款支付水电费1 600元 **记 账 凭 证** 202×年4月15日　记字第2号 	摘要	会计科目	明细科目	借方金额	贷方金额
支付水电费	制造费用	辅助生产车间	160000	
支付水电费	银行存款			160000
合计			¥160000	¥160000 | 财务主管　记账　出纳　审核　制单 （3）30日，计提本月生产工人工资19 400元，其他人员工资4 000元 **记 账 凭 证** 202×年4月30日　记字第3号 | 摘要	会计科目	明细科目	借方金额	贷方金额
计提本月工资	生产成本	辅助生产成本	1940000	
计提本月工资	制造费用	辅助生产车间	400000	
计提本月工资	应付职工薪酬	工资、奖金、津贴和补贴		2340000
合计			¥2340000	¥2340000 | 财务主管　记账　出纳　审核　制单 （4）30日，计提固定资产折旧费2 200元 **记 账 凭 证** 202×年4月30日　记字第4号 | 摘要	会计科目	明细科目	借方金额	贷方金额
计提固定资产折旧	制造费用	辅助生产车间	220000	
计提固定资产折旧	累计折旧			220000
合计			¥220000	¥220000 | 财务主管　记账　出纳　审核　制单 （5）月末将制造费用转入辅助生产费用，并计算该车间本月归集的辅助生产费用总额 该车间本月发生的制造费用总额=3 600+1 600+4 000+2 200=11 400（元） **记 账 凭 证** 202×年4月30日　记字第5号 | 摘要	会计科目	明细科目	借方金额	贷方金额
结转制造费用	生产成本	辅助生产成本	1140000	
结转制造费用	制造费用	辅助生产车间		1140000
合计			¥1140000	¥1140000	 财务主管　记账　出纳　审核　制单	归集方式运用正确；会计凭证账户及金额正确，借贷方向正确，会计凭证格式书写规范

续

序号	操作步骤	操作方法及说明	操作标准
3	登记辅助生产成本明细账	该车间本月归集的辅助生产费用=26 800+19 400+11 400=57 600（元） **辅助生产成本明细账** 车间名称：辅助生产车间 （账页：202×年，凭证月、日，种类、号数，摘要，直接材料，燃料及动力，直接人工，制造费用，合计） 4 月 2 日 记 1 领用原材料 2 680 000 … 合计 2 680 000 30 日 记 3 计提本月工资 直接人工 1 940 000 合计 1 940 000 30 日 记 5 结转制造费用 制造费用 1 140 000 合计 1 140 000	辅助生产成本明细账登记金额正确，格式规范

（2）辅助生产车间不设置"制造费用"账户时的业务操作。

序号	操作步骤	操作方法及说明	操作标准
1	工作准备	认真阅读案例资料，准备计算器、笔、纸等文具，准备记账凭证 4 张、多栏式明细账 1 张	读懂案例资料，文具及凭证、账页等摆放整齐，桌面整洁、有序
2	归集辅助生产费用并填写记账凭证	（1）2 日，为生产专用工具领用原材料 26 800 元，车间一般性消耗原材料 3 600 元 **记 账 凭 证** 202×年 4 月 2 日 记字第 1 号 摘要：领用原材料 会计科目：生产成本 明细科目：辅助生产成本 借方金额 3 040 000 领用原材料 原材料 贷方金额 3 040 000 合计 ¥3 040 000 ¥3 040 000 财务主管 略 记账 略 出纳 审核 略 制单 略 附单据 略 张 （2）15 日，以银行存款支付水电费 1 600 元 **记 账 凭 证** 202×年 4 月 15 日 记字第 2 号 摘要：支付水电费 会计科目：生产成本 明细科目：辅助生产成本 借方金额 160 000 支付水电费 银行存款 贷方金额 160 000 合计 ¥160 000 ¥160 000 财务主管 略 记账 略 出纳 审核 略 制单 略 附单据 略 张	归集方式运用正确；会计凭证账户及金额正确，借贷方向正确，会计凭证格式书写规范

续

序号	操作步骤	操作方法及说明	操作标准
2	归集辅助生产费用并填写记账凭证	（3）30日，计提本月生产工人工资 19 400 元，其他人员工资 4 000 元 **记 账 凭 证** 202× 年 4 月 30 日　记字第 3 号 摘要：计提本月工资　生产成本　辅助生产成本　借方金额 2 340 000 计提本月工资　应付职工薪酬　工资、奖金、津贴和补贴　贷方金额 2 340 000 合计 ￥2 340 000　￥2 340 000 （4）30日，计提固定资产折旧费 2 200 元 **记 账 凭 证** 202× 年 4 月 30 日　记字第 4 号 摘要：计提固定资产折旧　生产成本　辅助生产成本　借方金额 220 000 计提固定资产折旧　累计折旧　贷方金额 220 000 合计 ￥220 000　￥220 000 （5）月末计算该车间本月归集的辅助生产费用总额 本月归集的辅助生产费用=30 400+1 600+23 400+2 200=57 600（元）	归集方式运用正确；会计凭证账户及金额正确，借贷方向正确，会计凭证格式书写规范
3	登记辅助生产成本明细账	车间名称：辅助生产车间 **辅助生产成本明细账** | 202×年	凭证	摘要	材料费用	职工薪酬	水电费	折旧费	办公费	其他	合计
---	---	---	---	---	---	---	---	---	---
4月2日	记1	领用原材料	30 400 00						30 400 00
15日	记2	支付水电费			160 000				160 000
30日	记3	计提本月工资		2 340 000					2 340 000
30日	记4	计提固定资产折旧				220 000			220 000		辅助生产成本明细账登记金额正确，格式规范

【问题情境一】

蓝丰公司的成本会计小张在月末结转修理车间的辅助生产成本时，发现"生产成本——辅助生产成本"账户有借方余额。蓝丰公司只有一个辅助生产车间，会计主管小李认为小张的核算肯定是某个环节出了问题。小李应如何对小张说明问题所在？

提示： 小李的判断是正确的。"生产成本——辅助生产成本"账户月末一般没有余额，如果有余额，代表的是辅助生产车间的在产品成本。对于只提供一种劳务而不进行产品生产的辅助生产车间，该车间的辅助生产劳务是为受益单位服务的，月末应将其结转出去，所以修理车间的"生产成本——辅助生产成本"账户应没有余额。

【问题情境二】

A 公司是一家钢铁厂，202×年发生的辅助生产费用超过了前两年的总计金额。张翔作为公司的成本会计，想要改进辅助生产费用的管理机制。他应该如何做呢？

提示：张翔可以建议由主管生产经营的业务部门牵头，协同财务部门组织对辅助生产单位发生的成本费用情况进行摸底，配比评估辅助生产费用的合理性；根据摸底情况，建立辅助生产费用管理制度，明确辅助生产费用管理和控制的直接责任部门，并落实到单位、岗位和个人；及时对公司的辅助生产费用进行跟踪和管理，定期核查，保证其入账正确、及时，这样才能保证公司的生产费用核算的准确性。

四、学习结果评价

序号	评价内容		评价标准	评价结果
1	辅助生产车间设置"制造费用"账户时的会计处理	归集辅助生产费用	能正确归集辅助生产费用	□是□否
			能正确、规范编制会计分录	□是□否
			能准确、规范填写会计凭证	□是□否
		结转制造费用	能准确计算制造费用的数额	□是□否
			能正确地将制造费用结转至辅助生产成本	□是□否
		登记辅助生产成本明细账	能正确设置辅助生产成本明细账的专栏	□是□否
			能准确登记辅助生产成本明细账各个专栏的金额	□是□否
			能规范填写辅助生产成本明细账	□是□否
		计算归集的辅助生产费用总额	能准确确定归集的辅助生产费用的金额	□是□否
2	辅助生产车间不设置"制造费用"账户时的会计处理	归集辅助生产费用	能正确归集辅助生产费用	□是□否
			能正确、规范编制会计分录	□是□否
			能准确、规范填写会计凭证	□是□否
		登记辅助生产成本明细账	能正确设置辅助生产成本明细账的专栏	□是□否
			能准确登记辅助生产成本明细账各个专栏的金额	□是□否
			能规范填写辅助生产成本明细账	□是□否
		计算归集的辅助生产费用总额	能准确确定归集的辅助生产费用的金额	□是□否
3	总评		"是"与"否"在本次评价中所占百分比	"是"占___% "否"占___%

📝 课后作业

一、单项选择题

1. 如果辅助生产车间规模不大，制造费用不多，为了简化核算工作，其制造费用可直接记入（　　）账户。

　　A. "制造费用"　　　B. "辅助生产成本"　　C. "基本生产成本"　　D. "本年利润"

2. 辅助生产车间领用的直接材料费用，应记入（　　）账户。

　　A. "管理费用"　　　B. "辅助生产成本"　　C. "制造费用"　　　　D. "销售费用"

二、多项选择题

1. 辅助生产车间不设置"制造费用"账户核算是因为（　　）。

　　A. 辅助生产车间规模小，发生制造费用较少　　B. 辅助生产车间不生产产品

　　C. 为了简化核算工作　　　　　　　　　　　　D. 辅助生产车间间接费用很多

2. 辅助生产车间发生的固定资产折旧费，可能借记（　　　）账户。

A. "制造费用"　　　　　　　　　　　B. "辅助生产成本"

C. "基本生产成本"　　　　　　　　　D. "管理费用"

三、判断题

1. 辅助生产车间必须设置"制造费用"账户。（　　　）

2. 辅助生产车间的制造费用要转入"辅助生产成本"账户。（　　　）

3. 所有车间发生的各种间接费用均通过"制造费用"账户核算。（　　　）

四、实训项目

（一）实训目的

学生能熟悉辅助生产费用的归集程序，熟练掌握辅助生产费用归集的账务处理及辅助生产成本明细账的登记。

（二）实训资料

长城工厂有供电和机修车间两个辅助生产车间（辅助生产车间不单独核算制造费用），202×年8月发生以下业务。

（1）1日，基本生产车间为生产产品领用原材料96 500元，供电车间耗用辅助材料25 000元，机修车间领用辅助材料6 000元。

（2）7日，开出转账支票支付供电车间办公费6 000元、机修车间办公费2 000元。

（3）27日，以银行存款1 600元支付机修车间水电费。

（4）31日，计提本月固定资产折旧共60 270元。其中：供电车间20 000元，机修车间3 270元，基本生产车间35 000元，管理部门2 000元。

（5）31日，分配本月工资费用共60 000元。其中：基本生产车间生产工人工资30 000元，基本生产车间管理人员工资6 000元，供电车间人员工资8 000元，机修车间人员工资3 000元，行政管理部门人员工资13 000元。

（三）实训程序和要求

（1）归集该工厂8月的辅助生产费用并编制记账凭证。

（2）登记供电车间和机修车间的辅助生产成本明细账。

（四）实训设计

（1）实训形式：本实训由成本核算员1人独立完成。

（2）实训时间：约需1课时。

（3）实训用纸：记账凭证5张，辅助生产成本明细账2张。

职业能力1-2-2　能够运用直接分配法分配辅助生产费用

核心概念

直接分配法

学习目标

- 理解辅助生产费用分配的程序；
- 掌握直接分配法的内涵、优缺点以及适用范围；
- 能采用直接分配法对归集的辅助生产费用进行分配；
- 弘扬科学、精准、高效的职业精神。

基本知识

辅助生产费用的分配就是将归集在"生产成本——辅助生产成本"账户及其明细账中的辅助生产费用，按照一定的方法，分配转入相应受益部门的成本。

一、辅助生产费用分配的程序

辅助生产费用的分配程序因辅助生产车间提供的产品（劳务）的不同而不同。

如果辅助生产车间提供工具、模具、修理用备件等产品，在产品完工时，应作为自制工具或者材料入库，将产品成本从"生产成本——辅助生产成本"账户转到"原材料""周转材料——低值易耗品"等账户中，当有关车间、部门领用时，再从"原材料""周转材料——低值易耗品"等账户转到"生产成本——基本生产成本""制造费用""销售费用""管理费用"等账户中。

如果辅助生产车间提供水、电、汽等产品或者运输、修理等劳务，则辅助生产费用应该在受益单位之间按照所耗产品或劳务数量的比例进行分配。分配时，辅助生产费用直接从"生产成本——辅助生产成本"账户及其明细账的贷方转到"生产成本——基本生产成本""管理费用""销售费用""制造费用"等账户的借方。

二、辅助生产费用分配的方法

辅助生产车间提供的产品或劳务，主要为基本生产车间和企业管理部门等服务，但在某些情况下，辅助生产车间之间也会相互提供劳务。为了正确计算辅助生产产品或劳务的成本，并且将辅助生产费用准确地分配计入基本生产成本和经营管理费用，就必须采取一定的方法在各受益单位之间分配辅助生产费用。

辅助生产费用的分配方法有直接分配法、顺序分配法、交互分配法、计划成本分配法和代数分配法五种。本节主要介绍直接分配法，其他方法将在后面的内容中详细介绍。

三、直接分配法

直接分配法是指将各辅助生产车间发生的费用，直接分配给辅助生产车间以外的各受益单位，辅助生产车间相互提供的劳务忽略不计，辅助生产车间之间不相互分配费用。

直接分配法计算公式如下。

辅助生产费用分配率=待分配的辅助生产费用/辅助生产车间以外各受益单位耗用的产品或劳务数量之和

某受益单位应分配的辅助生产费用=该受益单位耗用的产品或劳务数量×辅助生产费用分配率

采用直接分配法，由于各辅助生产车间只对辅助生产车间以外的受益单位分配费用，计算简便；但当辅助生产车间相互提供产品或劳务数量较多时，分配结果往往与实际不符，因此该方法只适宜在辅助生产车间内部不相互提供产品、劳务或者提供产品、劳务较少的情况。

📑 能力训练

一、业务场景

启扬机械有限公司设有供水和供电两个辅助生产车间，主要为基本生产车间、行政管理部门、专设销售机构等提供服务。202×年11月，根据辅助生产成本明细账可知，供水车间本月发生的费用总计22 800元，供电车间本月发生的费用总计50 000元。供水、供电车间提供劳务数量如表1-2-1所示。

表1-2-1　　　　　　　　　　供水、供电车间提供劳务数量

202×年11月

受益对象	供水车间提供劳务数量/立方米	供电车间提供劳务数量/千瓦时
供水车间		5 000
供电车间	500	
基本生产车间——甲产品	2 400	35 000
基本生产车间——乙产品	1 600	30 000
基本生产车间一般耗用	800	15 000
行政管理部门	400	10 000
专设销售机构	300	5 000
合计	6 000	100 000

要求：采用直接分配法对启扬机械有限公司的辅助生产费用进行分配，具体要求如下。

（1）计算供水车间和供电车间的辅助生产费用分配率。

（2）编制辅助生产费用分配表（见表1-2-2），分配供水车间和供电车间的辅助生产费用。

（3）编制分配辅助生产费用的会计分录。

表1-2-2　　　　　　　　　　辅助生产费用分配表（直接分配法）

202×年11月

项目		供水车间	供电车间	分配金额合计
待分配辅助生产费用/元				
供应辅助生产以外的劳务量				—
分配率（单位成本）				—
基本生产车间——甲产品	耗用数量			—
	分配金额/元			
基本生产车间——乙产品	耗用数量			—
	分配金额/元			
基本生产车间一般耗用	耗用数量			—
	分配金额/元			
行政管理部门	耗用数量			—
	分配金额/元			
专设销售机构	耗用数量			—
	分配金额/元			
合计/元				

二、注意事项

（1）具备较强的数据计算能力，准确计算辅助生产费用分配率，分配率精确到小数点后四位。

（2）树立精益求精的工作态度，正确填写辅助生产费用分配表。

（3）做到会计处理正确、分录格式规范。

三、操作过程

序号	操作步骤	操作方法及说明	操作标准
1	工作准备	认真阅读案例资料，准备计算器、笔、纸等文具	读懂案例资料，文具摆放整齐，桌面整洁、有序
2	计算辅助生产费用分配率	辅助生产费用分配率=待分配的辅助生产费用/辅助生产车间以外各受益单位耗用的产品或劳务数量之和 供水车间分配率=22 800/（6 000-500）=4.145 5（元/立方米） 供电车间分配率=50 000/（100 000-5 000）=0.526 3（元/千瓦时）	公式运用正确，供水车间和供电车间的辅助生产费用分配率计算正确
3	填写辅助生产费用分配表	见下表	辅助生产费用分配表的数值计算准确，填写规范

辅助生产费用分配表（直接分配法）
202×年 11 月

项目		供水车间	供电车间	分配金额合计
待分配辅助生产费用/元		22 800	50 000	72 800
供应辅助生产以外的劳务量		5 500 立方米	95 000 千瓦时	—
分配率（单位成本）		4.145 5元/立方米	0.526 3元/千瓦时	—
基本生产车间——甲产品	耗用数量	2 400 立方米	35 000 千瓦时	—
	分配金额/元	9 949.2	18 420.5	28 369.7
基本生产车间——乙产品	耗用数量	1 600 立方米	30 000 千瓦时	—
	分配金额/元	6 632.8	15 789	22 421.8
基本生产车间一般耗用	耗用数量	800 立方米	15 000 千瓦时	—
	分配金额/元	3 316.4	7 894.5	11 210.9
行政管理部门	耗用数量	400 立方米	10 000 千瓦时	—
	分配金额/元	1 658.2	5 263	6 921.2
专设销售机构	耗用数量	300 立方米	5 000 千瓦时	—
	分配金额/元	1 243.4	2 633	3 876.4
合计/元		22 800	50 000	72 800

序号	操作步骤	操作方法及说明	操作标准
4	编制会计分录	借：生产成本——基本生产成本——甲产品 28 369.7 　　　　　　　　　　　　　　——乙产品 22 421.8 　　制造费用——基本生产车间 11 210.9 　　管理费用 6 921.2 　　销售费用 3 876.4 　　贷：生产成本——辅助生产成本——供水车间 22 800 　　　　　　　　　　　　　　　　——供电车间 50 000	账户及金额正确，借贷方向正确，会计分录格式规范

【问题情境一】

天泰纺织厂设有一个辅助生产车间——机修车间，该辅助生产车间规模较小，在辅助生产车间设置了"制造费用"账户。小田是该厂新入职的成本核算员，他向财务主管建议不在辅助生产车间设置"制造费用"账户，财务主管是否可以采纳小田的建议呢？

提示： 辅助生产车间可以不设置"制造费用"账户的情况有三种。一是辅助生产车间规模比较小，制造费用很少；二是辅助生产车间不对外提供劳务和产品；三是为了简化核算工作。企业在满足以上某个条件时，可以不设置"制造费用"账户，将制造费用统一记入"辅助生产成本"账户，故财务主管可以采纳小田的建议。

【问题情境二】

小张应聘到鑫升设备制造公司担任成本核算员，该公司当月新增加了一个辅助生产车间——供汽车间。供汽车间主要生产蒸汽，用的燃料是原煤，生产的蒸汽供机械加工车间、冲压车间以及供电、修理等辅助生产车间使用。各个辅助生产车间相互提供劳务比较多。小张在查阅公司的财务资料时，发现核算供汽车间的辅助生产费用采用的是直接分配法。小张认为这种方法不合适，他应该如何向财务主管说明情况？

提示： 小张可以在对公司的情况进行一定了解的基础上，直接提出自己的建议。采用直接分配法分配辅助生产费用，虽然计算过程比较简单，但在各个辅助生产车间相互提供的劳务比较多的情况下，此种方法的计算结果不够准确，也不利于调动各个辅助生产车间降低消耗的积极性。该公司应该根据具体情况，采取更合适的方法分配辅助生产费用。

四、学习结果评价

序号	评价内容	评价标准	评价结果
1	计算辅助生产费用分配率	能正确计算供水车间的辅助生产费用分配率	□是□否
		能正确计算供电车间的辅助生产费用分配率	□是□否
2	填写辅助生产费用分配表	能正确计算每个部门应承担的辅助生产费用	□是□否
		能准确填写辅助生产费用分配表	□是□否
3	编制辅助生产费用分配的会计分录	能正确设置会计科目	□是□否
		能准确、规范编制会计分录	□是□否
4	总评	"是"与"否"在本次评价中所占百分比	"是"占____% "否"占____%

📄 **课后作业**

一、单项选择题

1. 辅助生产费用直接分配法的特点是辅助生产费用（　　　）。

    A. 直接记入"生产成本——辅助生产成本"账户

    B. 直接分配给所有受益单位

    C. 直接分配给辅助生产车间以外的各受益单位

    D. 直接记入辅助生产提供的劳务

2. 只提供劳务的辅助生产车间，"辅助生产成本"账户月末（　　　）。

    A. 一定没有余额   B. 如有余额，余额一定在借方

    C. 如有余额，余额一定在贷方   D. 可能有借方或贷方余额

3. 将辅助生产车间的各项费用直接分配给辅助生产车间以外各受益单位，这种分配方法为（　　　）。

    A. 计划成本分配法   B. 直接分配法   C. 顺序分配法   D. 代数分配法

4. 辅助生产费用的归集和分配是通过（　　　）账户进行的。

    A. "辅助生产"　　　　　　　　　　　　B. "生产成本"

    C. "生产成本——辅助生产成本"　　　　D. "基本生产成本"

二、多项选择题

1. 下列方法中，属于辅助生产费用分配方法的有（　　　）。

    A. 直接分配法　　　　B. 交互分配法　　　　C. 顺序分配法　　　　D. 代数分配法

2. 下列属于直接分配法特点的是（　　　）。

    A. 各辅助生产车间只对辅助生产车间以外的受益单位分配费用，计算工作简便

    B. 适宜在辅助生产车间内部不相互提供产品、劳务或者提供产品、劳务较少的情况

    C. 需要确定辅助生产车间的分配顺序

    D. 适用于各辅助生产车间相互受益程度有明显差异的企业

三、判断题

1. 提供供电劳务的辅助生产部门发生的费用，在分配给各受益对象后，辅助生产成本明细账应无余额。（　　　）

2. 采用直接分配法分配辅助生产费用，简单又准确。（　　　）

四、案例分析题

红光工厂有运输和机修两个辅助生产车间，202×年12月各辅助生产车间提供的劳务数量如表1-2-3所示。运输车间本月发生的费用总计56 700元，机修车间本月发生的费用总计28 800元。该工厂分配辅助生产费用时采用直接分配法。

表1-2-3　　　　　　　　　　　　运输、机修车间提供劳务数量

202×年12月

受益对象	运输车间提供的劳务数量/千米	机修车间提供的劳务数量/小时
运输车间	—	1 000
机修车间	3 000	—
基本生产车间——A产品	40 000	6 000
基本生产车间——B产品	60 000	8 000
基本车间一般耗用	1 000	400
管理部门	4 000	600
劳务供应量合计	108 000	16 000

要求：

（1）计算运输车间和机修车间的辅助生产费用分配率。

（2）编制辅助生产费用分配表（见表1-2-4），分配运输车间和机修车间的辅助生产费用。

（3）编制分配辅助生产费用的会计分录。

表1-2-4　　　　　　　　　　辅助生产费用分配表（直接分配法）

202×年12月

项目	运输车间	机修车间	合计
待分配辅助生产费用/元			
供应辅助生产以外劳务数量			—

续表

项目		运输车间	机修车间	合计
分配率				—
基本生产车间——A 产品	数量			—
	金额/元			
基本生产车间——B 产品	数量			—
	金额/元			
基本生产车间一般耗用	数量			
	金额/元			
管理部门	数量			—
	金额/元			
合计/元				

职业能力 1-2-3　能够运用顺序分配法分配辅助生产费用

核心概念

顺序分配法

学习目标

- 理解顺序分配法的内涵；
- 掌握顺序分配法的核算步骤、优缺点以及适用范围；
- 能对辅助生产车间受益多少进行准确判断并采用顺序分配法对归集的辅助生产费用进行分配；
- 具有科学研究精神、数据分析能力和辩证思维能力。

基本知识

顺序分配法是指在设置多个辅助生产车间且辅助生产车间相互提供产品或劳务的企业里，按照各辅助生产车间相互提供产品或劳务的价值量多少，顺序将辅助生产费用分配给其他辅助生产车间、基本生产车间和管理部门等部门的一种辅助生产费用分配方法。

采用顺序分配法分配辅助生产费用时，各辅助生产车间按相互提供产品或劳务金额多少的顺序依次排列，受益少的辅助生产车间排在前，先将费用分配出去，在分配时向排列在后的辅助生产车间分配；受益多的排在后，将本车间的辅助生产费用加上前面车间分配过来的费用一起分配出去，但排列在后的辅助生产车间不能向排列在前的辅助生产车间分配费用。

例如，假设某企业有修理和供电两个辅助生产车间，修理车间耗用电费少，供电车间耗用修理费多，这时就可以按照"先修理、后供电"的顺序排列，先分配修理费，再分配电费。

顺序分配法的核算步骤如下。

1. 判断辅助生产车间分配的先后顺序

在判断多个辅助生产车间相互提供劳务的多少时，依据是相互提供劳务的金额而不是数量。因此，需要根据辅助生产车间的单位成本计算耗用的该辅助生产车间的劳务金额，即受益金额。具体计算过程如下。

某辅助生产车间单位成本=该辅助生产车间待分配的辅助生产费用/该辅助生产车间提供的产品或劳务总量

其他辅助生产车间受益该辅助生产车间的金额=其他辅助生产车间耗用该辅助生产车间产品或劳务的数量×该辅助生产车间单位成本

2. 按照辅助生产车间的分配顺序计算辅助生产费用分配率并分配辅助生产费用

某辅助生产车间辅助生产费用分配率=（该辅助生产车间分配前费用+从排在前面的辅助生产车间分进的费用）/（该辅助生产车间劳务总量-提供给排列在前面的辅助生产车间的劳务数量）

某受益单位应分配的辅助生产费用=该受益单位耗用的产品或劳务数量×辅助生产费用分配率

采用顺序分配法，各辅助生产车间只分配一次辅助生产费用，计算比较简便。但这种方法使得排在前面的辅助生产车间不负担排在后面的辅助生产车间的费用，导致排在前面的辅助生产车间的费用归集不完整，不能全面反映辅助生产车间相互提供劳务或者产品的关系，影响了分配结果的准确性。这种方法适用于各辅助生产车间相互受益程度有明显差异的企业。

📝 能力训练

一、业务场景

启扬机械有限公司设有供水和供电两个辅助生产车间，主要为基本生产车间、行政管理部门、专设销售机构等提供劳务。202×年11月，根据辅助生产成本明细账可知，供水车间本月发生的费用总计 22 800 元，供电车间本月发生的费用总计 50 000 元。供水、供电车间提供的劳务数量如表 1-2-5 所示。

表 1-2-5　　　　　　　　　　供水、供电车间提供的劳务数量

202×年11月

受益对象	供水车间提供的劳务数量/立方米	供电车间提供的劳务数量/千瓦时
供水车间		5 000
供电车间	500	
基本生产车间——甲产品	2 400	35 000
基本生产车间——乙产品	1 600	30 000
基本生产车间一般耗用	800	15 000
行政管理部门	400	10 000
专设销售机构	300	5 000
合计	6 000	100 000

要求：采用顺序分配法对启扬机械有限公司的辅助生产费用进行分配，具体要求如下。

（1）判断供水车间和供电车间分配的先后顺序。

（2）计算供水车间和供电车间的辅助生产费用分配率。

（3）编制辅助生产费用分配表（见表1-2-6），分配供水车间和供电车间的辅助生产费用。

（4）编制分配辅助生产费用的会计分录。

表1-2-6　　　　　　　　辅助生产费用分配表（顺序分配法）

202×年11月

项目		_____车间		_____车间		合计/元
		劳务数量	分配金额/元	劳务数量	分配金额/元	
直接发生的费用						
分配转入的费用						
待分配费用						
劳务总量						
费用分配率						
受益对象	供水车间					
	供电车间					
	基本生产车间——甲产品					
	基本生产车间——乙产品					
	基本生产车间一般耗用					
	行政管理部门					
	专设销售机构					

二、注意事项

（1）准确判断辅助生产车间分配的先后顺序。

（2）准确计算辅助生产费用分配率。

（3）树立精益求精的工作态度，正确填写辅助生产费用分配表。

（4）做到会计处理正确、分录格式规范。

三、操作过程

序号	操作步骤	操作方法及说明	操作标准
1	工作准备	认真阅读案例资料，准备计算器、笔、纸等文具	读懂案例资料，文具摆放整齐，桌面整洁、有序
2	判断供水车间和供电车间分配的先后顺序	供水车间的单位成本=22 800/6 000=3.8（元/立方米） 供电车间的单位成本=50 000/100 000=0.5（元/千瓦时） 供水车间应负担的供电车间的费用=5 000×0.5=2 500（元） 供电车间应负担的供水车间的费用=500×3.8=1 900（元） 由此可见，供电车间受益少，供水车间受益多。所以，在分配时，分配顺序为：先分配供电车间的费用，再分配供水车间的费用	供水车间和供电车间的单位成本计算准确，能正确确定两个辅助生产车间分配的先后顺序

续

序号	操作步骤	操作方法及说明	操作标准
3	按照辅助生产车间的分配顺序计算辅助生产费用分配率	（1）供电车间费用分配率=50 000/100 000=0.5（元/千瓦时） 供电车间分配给供水车间的费用=5 000×0.5=2 500（元） （2）供水车间待分配金额=22 800+2 500=25 300（元） 供水车间费用分配率=25 300/（6 000-500）=4.6（元/立方米）	公式运用正确，供水车间和供电车间的辅助生产费用分配率计算正确

4　填写辅助生产费用分配表

操作标准：辅助生产费用分配表的数值计算准确，填写规范

辅助生产费用分配表（顺序分配法）

202×年11月

项目		供电车间		供水车间		合计
		劳务数量/千瓦时	分配金额/元	劳务数量/立方米	分配金额/元	
直接发生的费用		100 000	50 000	6 000	22 800	
分配转入的费用					2 500	
待分配费用			50 000		25 300	
劳务总量		100 000		5 500		
费用分配率		0.5		4.6		
受益对象	供水车间	5 000	2 500			2 500
	供电车间					
	基本生产车间——甲产品	35 000	17 500	2 400	11 040	28 540
	基本生产车间——乙产品	30 000	15 000	1 600	7 360	22 360
	基本生产车间一般耗用	15 000	7 500	800	3 680	11 180
	行政管理部门	10 000	5 000	400	1 840	6 840
	专设销售机构	5 000	2 500	300	1 380	3 880

序号	操作步骤	操作方法及说明	操作标准
5	编制会计分录	借：生产成本——辅助生产成本——供水车间　2 500 　　生产成本——基本生产成本——甲产品　28 540 　　　　　　　　　　　　　　　　　——乙产品　22 360 　　制造费用——基本生产车间　11 180 　　管理费用　6 840 　　销售费用　3 880 　　贷：生产成本——辅助生产成本——供电车间　50 000 　　　　　　　　　　　　　　　——供水车间　25 300	账户及金额正确，借贷方向正确，会计分录格式规范

【问题情境】

双福工厂有两个辅助生产车间，辅助生产车间相互提供劳务，其中一个辅助生产车间耗用另外一个辅助生产车间的劳务量比较大。成本核算员王方为了简化核算的工作量，决定将辅助生产费用总额一次性分配给辅助生产车间以外的各受益部门。公司的实习生小刘认为王方的处理不合理，他应该如何向王方说明？

提示： 王方采用的是直接分配法分配辅助生产费用，直接分配法适用于辅助生产车间内部不相互提供产品、劳务或者提供产品、劳务较少的情况。而双福工厂的两个辅助生产车间相互提供劳务，并且其中一个辅助生产车间耗用另外一个辅助生产车间的劳务量比较大，采用直接分配法是不合适的，应采用其他分配方法，如顺序分配法。

四、学习结果评价

序号	评价内容	评价标准	评价结果
1	判断供水车间和供电车间分配的先后顺序	能正确计算供水车间的单位成本	□是□否
		能正确计算供电车间的单位成本	□是□否
		能正确计算供水车间和供电车间的受益金额	□是□否
		能正确根据供水车间和供电车间受益金额的大小判断分配的先后顺序	□是□否
2	按照辅助生产车间的分配顺序计算辅助生产费用分配率	能正确计算供水车间的辅助生产费用分配率	□是□否
		能正确计算供电车间的辅助生产费用分配率	□是□否
3	填写辅助生产费用分配表	能正确计算每个部门应承担的辅助生产费用	□是□否
		能准确填写辅助生产费用分配表	□是□否
4	编制辅助生产费用分配的会计分录	能正确设置会计科目	□是□否
		能准确、规范编制会计分录	□是□否
5	总评	"是"与"否"在本次评价中所占百分比	"是"占___% "否"占___%

课后作业

一、单项选择题

1. 辅助生产费用的顺序分配法，要求辅助生产车间的费用分配按受益顺序排列，（   ）。
   A. 受益多的排列在前　　　　B. 受益少的排列在前
   C. 供电车间排列在前　　　　D. 供水车间排列在前

2. 下列属于辅助生产费用分配方法的是（   ）。
   A. 约当产量比例法　　　　B. 工作量法
   C. 定额法　　　　D. 顺序分配法

二、多项选择题

1. 采用顺序分配法分配辅助生产费用时，辅助生产车间应该（   ）。
   A. 按车间规模大小顺序排列
   B. 按车间受益多少顺序排列
   C. 按车间规模大小或受益多少顺序排列
   D. 受益少的车间先将费用分配出去

2. 根据规定，辅助生产费用按顺序分配法分配时，下列各项中表述正确的有（   ）。
   A. 受益多的辅助生产部门不接受受益少的辅助生产部门的分配
   B. 受益少的辅助生产部门不接受受益多的辅助生产部门的分配
   C. 应先分配受益多的，后分配受益少的
   D. 应先分配受益少的，后分配受益多的

三、判断题

1. 顺序分配法按照辅助生产车间受益数量的多少来确定分配顺序。（   ）
2. 顺序分配法的使用前提是各辅助生产车间之间相互受益程度有明显的差异。（   ）

四、案例分析题

红光工厂有运输和机修两个辅助生产车间，202×年 12 月各辅助生产车间提供的劳务量如表 1-2-7 所示。运输车间本月发生的费用总计 56 700 元，机修车间本月发生的费用总计 28 800 元。该工厂辅助生产费用的分配采用顺序分配法。

表 1-2-7　　　　　　　　　　劳务供应及费用汇总

202×年 12 月

受益对象	运输劳务量/千米	机修劳务量/小时
运输车间	—	1 000
机修车间	3 000	—
基本生产车间——A 产品	40 000	6 000
基本生产车间——B 产品	60 000	8 000
基本生产车间一般耗用	1 000	400
行政管理部门	4 000	600
劳务供应量合计	108 000	16 000

要求：

（1）确定运输车间和机修车间辅助生产费用的分配顺序。

（2）计算运输车间和机修车间的辅助生产费用分配率。

（3）编制辅助生产费用分配表（见表 1-2-8），分配运输车间和机修车间的辅助生产费用。

（4）编制分配辅助生产费用的会计分录。

表 1-2-8　　　　　　　辅助生产费用分配表（顺序分配法）

202×年 12 月

项目		＿＿＿＿车间		＿＿＿＿车间		合计/元
		劳务数量	分配金额/元	劳务数量	分配金额/元	
直接发生的费用						
分配转入的费用						
待分配费用						
劳务总量						
费用分配率						
受益对象	运输车间					
	机修车间					
	基本生产车间——A 产品					
	基本生产车间——B 产品					
	基本生产车间一般耗用					
	行政管理部门					

职业能力 1-2-4 能够运用交互分配法分配辅助生产费用

核心概念

交互分配法

学习目标

- 掌握交互分配法的基本原理；
- 理解交互分配法的优缺点及适用范围；
- 能运用交互分配法对辅助生产费用进行分配；
- 自觉践行绿色发展理念，增强环保意识。

基本知识

交互分配法是指先将各辅助生产车间发生的费用，在各辅助生产车间之间交互分配，再将各辅助生产车间交互分配后的实际费用直接分配给其他受益单位的分配方法。

在交互分配法下，分两次分配各辅助生产车间所发生的费用。第一次仅在各辅助生产车间之间交互分配，将各辅助生产车间交互分配前的费用按其提供的劳务总量计算出费用分配率，并以此为标准计算出应分配给其他各受益辅助生产车间的费用；第二次进行对外分配，先将各辅助生产车间交互分配前的费用，加上该辅助生产车间交互分配转入的费用，减去该辅助生产车间交互分配转出的费用，计算出各辅助生产车间的实际费用，再将各辅助生产车间的实际费用分配给除辅助生产车间以外的各受益单位。交互分配法的程序和计算公式如下。

第一步，在辅助生产车间之间交互分配。

某辅助生产车间费用分配率=该辅助生产车间交互分配前的费用/该辅助生产车间提供的劳务总量

某辅助生产车间应负担的其他辅助生产车间的费用=该辅助生产车间受益的劳务数量×其他辅助生产车间费用分配率

第二步，将交互分配后的费用进行对外分配。

某辅助生产车间交互分配后的实际费用=该辅助生产车间交互分配前的费用+该辅助生产车间交互分配转入的费用-该辅助生产车间交互分配转出的费用

某辅助生产车间对外分配费用的分配率=该辅助生产车间交互分配后的实际费用/辅助生产车间外其他受益单位或部门耗用的劳务总量

某基本生产车间或行政管理部门应分配的辅助生产车间的费用=该基本生产车间或行政管理部门受益的劳务量×该辅助生产车间对外分配费用的分配率

交互分配法克服了直接分配法在辅助生产车间之间不分配费用的缺点，从而提高了辅助生产费用分配结果的准确性；同时，这种方法有利于考核各辅助生产车间的耗费水平，便于加强管理。但是，采用交互分配法需要进行两次分配，计算两次费用分配率，加大了计算工作量。因此，各辅助生产车间之间相互提供产品或劳务较多、有必要全面反映各辅助生产车间耗费水平的企业适合采用交互分配法。

能力训练

一、业务场景

启扬机械有限公司设有供水和供电两个辅助生产车间，主要为基本生产车间、行政管理部门、专设销售机构等提供劳务。202×年11月，根据辅助生产成本明细账可知，供水车间本月发生的费用总计22 800元，供电车间本月发生的费用总计50 000元。供水和供电车间提供的劳务数量如表1-2-9所示。

表1-2-9　　　　　　　　供水和供电车间提供的劳务数量

202×年11月

受益对象	供水车间提供的劳务数量/立方米	供电车间提供的劳务数量/千瓦时
供水车间		5 000
供电车间	500	
基本生产车间——甲产品	2 400	35 000
基本生产车间——乙产品	1 600	30 000
基本生产车间一般耗用	800	15 000
行政管理部门	400	10 000
专设销售机构	300	5 000
合计	6 000	100 000

要求：采用交互分配法对启扬机械有限公司的辅助生产费用进行分配。

二、注意事项

（1）保持严谨细致的工作态度，做到计算准确、账务处理规范。

（2）注意交互分配法下交互分配后辅助生产车间实际费用的计算。

（3）注意交互分配法下两个费用分配率计算的不同之处。

（4）分配率精确到小数点后四位，金额保留两位小数。

三、操作过程

序号	操作步骤	操作方法及说明	操作标准
1	工作准备	认真阅读案例资料，理清思路，准备好笔、纸、计算器等文具	读懂案例资料，文具摆放整齐，桌面整洁、有序
2	进行交互分配	（1）计算辅助生产车间费用分配率 供水车间费用分配率=供水车间交互分配前的费用/供水车间提供的劳务总量 =22 800/6 000=3.8（元/立方米） 供电车间费用分配率=供电车间交互分配前的费用/供电车间提供的劳务总量 =50 000/100 000=0.5（元/千瓦时）	公式运用正确，辅助生产车间费用分配率计算准确
		（2）计算辅助生产车间应负担的其他辅助生产车间的费用 供水车间应负担的供电车间的费用=供水车间受益的劳务数量×供电车间费用分配率=5 000×0.5=2 500（元） 供电车间应负担的供水车间的费用=供电车间受益的劳务数量×供水车间费用分配率=500×3.8=1 900（元）	公式运用正确，供水车间、供电车间应负担的辅助生产费用计算准确

序号	操作步骤	操作方法及说明	操作标准
2	进行交互分配	（3）编制辅助生产费用分配表 辅助生产费用分配表（交互分配法） 202×年11月 （见下表） （4）编制交互分配的会计分录 借：生产成本——辅助生产成本——供水车间　2 500 　　　　　　　　　　　　　——供电车间　1 900 　　贷：生产成本—辅助生产成本——供水车间　　1 900 　　　　　　　　　　　　　　——供电车间　　2 500	表内数据对应正确，金额计算准确 账户名称使用正确，借贷方向正确，金额正确，会计分录格式规范

辅助生产费用分配表（交互分配法）　202×年11月

项目		供水车间			供电车间			合计/元
		劳务数量/立方米	分配率/（元/立方米）	分配金额/元	劳务数量/千瓦时	分配率/（元/千瓦时）	分配金额/元	
待分配辅助生产费用		6 000	3.8	22 800	100 000	0.5	50 000	
交互分配	供水车间				5 000	0.5	2 500	
	供电车间	500	3.8	1 900				

序号	操作步骤	操作方法及说明	操作标准
3	进行对外分配	（1）计算辅助生产车间交互分配后的实际费用 供水车间交互分配后的实际费用=供水车间交互分配前的费用+供水车间交互分配转入的费用-供水车间交互分配转出的费用=22 800+2 500-1 900=23 400（元） 供电车间交互分配后的实际费用=供电车间交互分配前的费用+供电车间交互分配转入的费用-供电车间交互分配转出的费用=50 000+1 900-2 500=49 400（元）	公式运用正确，供水车间、供电车间交互分配后的实际费用计算准确
		（2）计算辅助生产车间对外分配费用的分配率 供水车间对外分配费用的分配率=供水车间交互分配后的实际费用/辅助生产车间外其他受益单位或部门耗用的水量=23 400/（6 000-500）=4.254 5（元/立方米） 供电车间对外分配费用的分配率=供电车间交互分配后的实际费用/辅助生产车间外其他受益单位或部门耗用的电量=49 400/（100 000-5 000）=0.52（元/千瓦时）	公式运用正确，供水车间、供电车间对外分配费用的分配率计算准确
		（3）编制辅助生产费用分配表 辅助生产费用分配表（交互分配法）202×年11月 （见下表）	表内数据对应正确，金额计算准确

辅助生产费用分配表（交互分配法）　202×年11月

项目		供水车间			供电车间			合计/元
		劳务数量/立方米	分配率/（元/立方米）	分配金额/元	劳务数量/千瓦时	分配率/（元/千瓦时）	分配金额/元	
待分配辅助生产费用		6 000	3.8	22 800	100 000	0.5	50 000	
交互分配	供水车间				5 000	0.5	2 500	
	供电车间	500	3.8	1 900				
对外分配的辅助生产费用		5 500	4.254 5	23 400	95 000	0.52	49 400	
对外分配	基本生产车间——甲产品	2 400	4.254 5	10 210.80	35 000	0.52	18 200	28 410.80
	基本生产车间——乙产品	1 600	4.254 5	6 807.20	30 000	0.52	15 600	22 407.20
	基本生产车间一般耗用	800	4.254 5	3 403.60	15 000	0.52	7 800	11 203.60
	行政管理部门	400	4.254 5	1 701.80	10 000	0.52	5 200	6 901.80
	专设销售机构	300	4.254 5	1 276.60	5 000	0.52	2 600	3 876.60
	合计	5 500	4.254 5	23 400	95 000	0.52	49 400	72 800

序号	操作步骤	操作方法及说明	操作标准
		（4）编制对外分配的会计分录 借：生产成本——基本生产成本——甲产品　28 410.80 　　　　　　　　　　　　　——乙产品　22 407.20 　　制造费用——基本生产车间　11 203.60 　　管理费用　6 901.80 　　销售费用　3 876.60 　　贷：生产成本——辅助生产成本——供水车间　23 400 　　　　　　　　　　　　　　——供电车间　49 400	账户名称使用正确，借贷方向正确，金额正确，会计分录格式规范

【问题情境一】

宏达机械制造有限公司原设有供电车间和修理车间两个辅助生产车间,辅助生产车间之间相互提供的劳务不多,所以宏达机械制造有限公司采用直接分配法对辅助生产费用进行分配。现因公司业务扩展,新增加了一个辅助生产车间——供汽车间,该车间主要生产蒸汽供机械加工、冲压、供电、修理等车间使用。各辅助生产车间之间相互提供劳务的情况明显增多,仍然采用直接分配法是否合适?该公司可以采用哪种辅助生产费用分配方法?

提示: 不合适。直接分配法不考虑辅助生产车间之间相互提供的劳务,只对辅助生产车间以外的各受益单位分配费用,适合辅助生产车间之间相互提供劳务不多的情况。现在宏达机械制造有限公司新增加了一个辅助生产车间且各辅助生产车间之间提供的劳务明显增多,仍然采用直接分配法,不利于调动各辅助生产车间降低消耗的积极性,辅助生产费用分配的结果也不够准确。鉴于宏达机械制造有限公司各辅助生产车间之间相互提供劳务的情况较多,公司可以采用交互分配法、代数分配法、顺序分配法分配辅助生产费用。

【问题情境二】

与直接分配法相比,交互分配法充分考虑了辅助生产车间之间相互提供产品或劳务的情况,因此交互分配法的分配结果完全准确?

提示: 交互分配法考虑到了辅助生产车间之间相互提供产品或劳务的情况,将辅助生产车间的费用进行了两次分配,克服了直接分配法在辅助生产车间之间不分配辅助生产费用的缺点,提高了分配结果的准确性,但是不能说交互分配法的分配结果完全准确。这是因为在第一次分配辅助生产费用时,辅助生产车间归集的费用总额不包括耗用其他辅助生产车间的费用,所以,计算出来的交互分配率不是实际的分配率,准确性要差一些。也就是说,交互分配法分配的结果较为准确,但也不是完全准确的。

四、学习结果评价

序号	评价内容	评价标准	评价结果
1	进行交互分配	能正确计算辅助生产车间交互分配前的分配率	□是□否
		能正确计算辅助生产车间应负担的其他辅助生产车间的费用	□是□否
		能正确编制交互分配的辅助生产费用分配表	□是□否
		能正确编制交互分配的会计分录	□是□否
2	进行对外分配	能正确计算辅助生产车间交互分配后的实际费用	□是□否
		能正确计算辅助生产车间对外分配费用的分配率	□是□否
		能正确编制对外分配的辅助生产费用分配表	□是□否
		能正确编制对外分配的会计分录	□是□否
3	总评	"是"与"否"在本次评价中所占百分比	"是"占___% "否"占___%

📝 课后作业

一、单项选择题

1. 采用交互分配法交互分配辅助生产费用时是在( )之间进行分配。

    A. 各受益单位　　　　　　　　　　B. 各受益的辅助生产车间

    C. 各受益的基本生产车间　　　　　D. 辅助生产车间以外的各受益单位

2. 采用交互分配法，交互分配辅助生产费用后的实际费用应当在（ ）之间分配。

  A. 各受益单位   B. 各受益的辅助生产车间

  C. 各受益的基本生产车间   D. 辅助生产车间以外的各受益单位

3. 采用交互分配法时，某辅助生产车间对外分配的费用总额为（ ）。

  A. 该辅助生产车间交互分配前的费用

  B. 该辅助生产车间交互分配前的费用加上交互分配转入的费用

  C. 该辅助生产车间交互分配前的费用减去交互分配转入的费用

  D. 该辅助生产车间交互分配前的费用加上交互分配转入的费用，再减去交互分配转出的费用

二、多项选择题

1. 采用交互分配法分配辅助生产费用时，应该（ ）。

  A. 先在企业内部各受益单位之间进行一次交互分配

  B. 先在各受益辅助生产车间之间进行一次交互分配

  C. 再将交互分配后的实际费用向辅助生产车间以外的各受益单位进行分配

  D. 再将辅助生产费用总额向辅助生产车间以外的各受益单位进行分配

2. 采用交互分配法分配辅助生产费用，两次分配中的费用分配率分别为（ ）。

  A. 费用分配率=交互分配前的辅助生产费用/该车间提供的劳务总量

  B. 费用分配率=交互分配前的辅助生产费用/对辅助生产车间以外的各受益单位提供的劳务量

  C. 费用分配率=（交互分配前的辅助生产费用+分配转入费用-分配转出费用）/该车间提供的劳务总量

  D. 费用分配率=（交互分配前的辅助生产费用+分配转入费用-分配转出费用）/对辅助生产车间以外的各受益单位提供的劳务量

三、判断题

1. 辅助生产费用的交互分配法，是仅在辅助生产车间之间交互分配的方法。（ ）

2. 采用交互分配法分配辅助生产费用，计算交互分配率时应当用该辅助生产车间归集的费用总额除以该车间提供的劳务总量。（ ）

四、案例分析题

蓝天工厂设有供电车间和修理车间两个辅助生产车间（均提供单一劳务），202×年9月供电车间和修理车间发生的费用如下：供电车间耗用材料14 600元，支付工资5 000元，计提折旧费3 000元，支付水电费2 500元，支付其他费用1 000元；修理车间耗用材料12 000元，支付工资5 700元，计提折旧费2 500元，支付水电费4 000元，支付其他费用2 200元。供电车间和修理车间向各受益对象提供的劳务数量如表1-2-10所示。

表1-2-10   供电和修理车间提供的劳务数量

202×年9月

受益对象	供电车间提供的劳务数量/千瓦时	修理车间提供的劳务数量/小时
供电车间		100
修理车间	5 000	
基本生产车间——A产品	20 000	
基本生产车间——B产品	15 000	

受益对象	供电车间提供的劳务数量/千瓦时	修理车间提供的劳务数量/小时
基本生产车间一般耗用	4 000	900
行政管理部门	1 000	200
合计	45 000	1 200

要求：

（1）请归集供电车间和修理车间本月发生的辅助生产费用。

（2）请运用交互分配法分配供电车间和修理车间的辅助生产费用，并编制辅助生产费用分配表（见表 1-2-11，分配率精确到小数点后四位）。

表 1-2-11 　　　　　　　　　辅助生产费用分配表（交互分配法）

202×年9月　　　　　　　　　　　　　　　　　　　　　　　　　　　　金额单位：元

项目		供电车间			修理车间			合计
		劳务数量/千瓦时	分配率/（元/千瓦时）	分配金额	劳务数量/小时	分配率/（元/小时）	分配金额	
待分配辅助生产费用								
交互分配	供电车间							
	修理车间							
对外分配的辅助生产费用								
对外分配	基本生产车间——A产品							
	基本生产车间——B产品							
	基本生产车间一般耗用							
	行政管理部门							
	合计							

五、实训项目

（一）实训目的

学生能熟练掌握辅助生产费用的交互分配法及其账务处理。

（二）实训资料

（1）西华机械厂设有供电车间和运输车间两个辅助生产车间；采用交互分配法进行辅助生产费用的分配。

（2）西华机械厂 202×年 12 月辅助生产车间提供的劳务数量情况见表 1-2-12。供电车间本月发生的费用共计 24 000 元，运输车间本月发生的费用共计 11 250 元。

表 1-2-12 　　　　　　　　　辅助生产车间提供的劳务数量

202×年12月

项目		供电车间提供的劳务数量/千瓦时	运输车间提供的劳务数量/小时
各受益对象接受的劳务量	供电车间		300
	运输车间	2 000	
	基本生产车间——甲产品	18 000	1 700
	基本生产车间——乙产品	15 000	1 500
	基本生产车间一般耗用	3 000	600
	行政管理部门	2 000	400
	合计	40 000	4 500

（三）实训程序和要求

（1）采用交互分配法分配辅助生产费用，并编制辅助生产费用分配表（见表 1-2-13，分配率精确到小数点后四位，尾差计入管理费用）。

（2）根据辅助生产费用分配表填制记账凭证。

（四）实训设计

（1）实训形式：本次实训由 1 人独立完成。

（2）实训时间：约需 45 分钟。

（3）实训用纸：记账凭证 2 张。

表 1-2-13　　　　　　　　辅助生产费用分配表（交互分配法）

202×年 12 月　　　　　　　　　　　　　　　　　　　金额单位：元

项目		供电车间			运输车间			合计
		劳务数量/千瓦时	分配率/（元/千瓦时）	分配金额	劳务数量/小时	分配率/（元/小时）	分配金额	
待分配辅助生产费用								
交互分配	供电车间							
	运输车间							
对外分配的辅助生产费用								
对外分配	基本生产车间——甲产品							
	基本生产车间——乙产品							
	基本生产车间一般耗用							
	行政管理部门							
	合计							

职业能力 1-2-5　能够运用计划成本分配法分配辅助生产费用

核心概念

计划成本分配法

学习目标

- 掌握计划成本分配法的基本原理；
- 理解计划成本分配法的优缺点及适用范围；
- 能运用计划成本分配法对辅助生产费用进行分配；
- 具有严谨细致、精益求精的职业素养。

基本知识

计划成本分配法是指企业在分配辅助生产车间的费用时，按照预先确定的计划单位成本和各车间、部门耗用的产品或劳务数量，将辅助生产费用分配给各受益单位的方法。

在计划成本分配法下，辅助生产车间的费用是按照预先确定的计划单位成本计算分配的，具体来说，计划成本分配法的步骤如下。

第一步，按照各车间（包括辅助生产车间）、部门耗用的某一辅助生产车间的产品或劳务数量，分别乘以预先确定的计划单位成本，计算各车间、部门应分配的辅助生产费用。

第二步，计算各辅助生产车间实际发生的费用与按照计划单位成本分配转出的费用之间的差额，通常情况下，为了简化核算，各辅助生产车间的成本差异可全部记入"管理费用"账户。如果是超支差，应增加管理费用；如果是节约差，则应冲减管理费用。

相关计算公式如下。

各受益车间、部门应分配的辅助生产费用=该车间、部门耗用的产品或劳务数量×辅助生产车间产品或劳务的计划单位成本

某辅助生产车间按照计划单位成本分配转出的费用总额=该辅助生产车间提供的产品或劳务总量×该辅助生产车间产品或劳务的计划单位成本

某辅助生产车间实际发生的费用总额=该辅助生产车间待分配的费用+按照计划单位成本从其他辅助生产车间转入的费用

某辅助生产车间成本差异=该辅助生产车间实际发生的费用总额-该辅助生产车间按照计划单位成本分配转出的费用总额

采用计划成本分配法，由于按照预先确定的计划单位成本分配辅助生产费用，不用计算费用分配率，并且辅助生产费用只分配计算一次，大大简化了计算工作。同时，比较辅助生产车间实际发生的费用与按照计划单位成本分配转出的费用，便于分析和考核各辅助生产车间计划的执行情况，有利于加强成本控制。此外，按照计划单位成本分配辅助生产费用，各受益单位的成本不受辅助生产车间实际费用高低的影响，便于考核各受益单位的经济责任承担情况。但是，如果辅助生产车间产品或劳务的计划单位成本制定得不准确，就会影响辅助生产费用分配的准确性。因此，计划成本分配法适用于计划成本资料健全、计划单位成本制定得比较准确的企业。

能力训练

一、业务场景

启扬机械有限公司设有供水和供电两个辅助生产车间，主要为基本生产车间、行政管理部门、专设销售机构等提供劳务。202×年11月，根据辅助生产成本明细账可知，供水车间本月发生的费用总计 22 800 元，供电车间本月发生的费用总计 50 000 元。供水和供电车间提供的劳务数量如表 1-2-14 所示。假设供水车间每立方米水的计划单位成本为 4 元，供电车间每千瓦时电量的计划单位成本为 0.6 元。

表 1-2-14　　　　　　　　　供水和供电车间提供的劳务数量

202×年11月

受益对象	供水车间提供的劳务数量/立方米	供电车间提供的劳务数量/千瓦时
供水车间		5 000

受益对象	供水车间提供的劳务数量/立方米	供电车间提供的劳务数量/千瓦时
供电车间	500	
基本生产车间——甲产品	2 400	35 000
基本生产车间——乙产品	1 600	30 000
基本生产车间一般耗用	800	15 000
行政管理部门	400	10 000
专设销售机构	300	5 000
合计	6 000	100 000

要求：采用计划成本分配法对启扬机械有限公司的辅助生产费用进行分配。

二、注意事项

（1）保持严谨细致的工作态度，做到计算准确、账务处理规范。

（2）注意计划成本分配法下各辅助生产车间实际发生费用的计算。

（3）注意计划成本分配法下辅助生产车间成本差异的处理。

三、操作过程

序号	操作步骤	操作方法及说明	操作标准
1	工作准备	认真阅读案例资料，理清思路，准备好笔、纸、计算器等文具	读懂案例资料，文具摆放整齐，桌面整洁、有序
2	计算各受益单位应分配的辅助生产费用	（1）编制辅助生产费用分配表 辅助生产费用分配表（计划成本分配法） 202×年11月 （见下表）	表内数据对应正确，金额计算准确

辅助生产费用分配表（计划成本分配法）
202×年11月

项目		供水车间		供电车间		合计/元
		数量/立方米	金额/元	数量/千瓦时	金额/元	
待分配数量和金额		6 000	22 800	100 000	50 000	72 800
计划单位成本		4 元/立方米		0.6 元/千瓦时		
辅助生产车间	供水车间			5 000	3 000	3 000
	供电车间	500	2 000			2 000
基本生产车间	甲产品	2 400	9 600	35 000	21 000	30 600
	乙产品	1 600	6 400	30 000	18 000	24 400
	一般耗用	800	3 200	15 000	9 000	12 200
行政管理部门		400	1 600	10 000	6 000	7 600
专设销售机构		300	1 200	5 000	3 000	4 200

（2）计算各辅助生产车间按计划单位成本分配转出的费用总额 供水车间按照计划单位成本分配转出的费用总额=供水车间提供的产品或劳务总量×供水车间产品或劳务的计划单位成本=6 000×4=24 000（元） 供电车间按照计划单位成本分配转出的费用总额=供电车间提供的产品或劳务总量×供电车间产品或劳务的计划单位成本=100 000×0.6=60 000（元）		公式运用正确，供水车间、供电车间按照计划单位成本分配转出的费用总额计算准确

续

序号	操作步骤	操作方法及说明	操作标准
2	计算各受益单位应分配的辅助生产费用	（3）编制辅助生产费用分配的会计分录 借：生产成本——辅助生产成本——供水车间　　3 000 　　　　　　　　　　　　——供电车间　　2 000 　　　生产成本——基本生产成本——甲产品　　30 600 　　　　　　　　　　　　——乙产品　　24 400 　　　制造费用——基本生产车间　　12 200 　　　管理费用　　7 600 　　　销售费用　　4 200 　　　　贷：生产成本—辅助生产成本——供水车间　　24 000 　　　　　　　　　　　　——供电车间　　60 000	账户名称使用正确，借贷方向正确，金额正确，会计分录格式规范
3	计算各辅助生产车间成本差异并进行处理	（1）计算各辅助生产车间实际发生的费用 供水车间实际发生的费用总额=供水车间待分配的费用+按照计划单位成本从供电车间转入的费用=22 800+3 000=25 800（元） 供电车间实际发生的费用总额=供电车间待分配的费用+按照计划单位成本从供水车间转入的费用=50 000+2 000=52 000（元）	公式运用正确，供水车间、供电车间实际发生的费用计算准确
		（2）计算各辅助生产车间成本差异 供水车间成本差异=供水车间实际发生的费用总额-供水车间按照计划单位成本分配转出的费用总额=25 800-24 000=1 800（元） 供电车间成本差异=供电车间实际发生的费用总额-供电车间按照计划单位成本分配转出的费用总额=52 000-60 000=-8 000（元）	公式运用正确，供水车间、供电车间成本差异计算准确

（3）编制辅助生产费用分配表

辅助生产费用分配表（计划成本分配法）

202×年11月

项目		供水车间		供电车间		合计/元
		数量/立方米	金额/元	数量/千瓦时	金额/元	
待分配数量和金额		6 000	22 800	100 000	50 000	72 800
计划单位成本		4 元/立方米		0.6 元/千瓦时		
辅助生产车间	供水车间			5 000	3 000	3 000
	供电车间	500	2 000			2 000
基本生产车间	甲产品	2 400	9 600	35 000	21 000	30 600
	乙产品	1 600	6 400	30 000	18 000	24 400
	一般耗用	800	3 200	15 000	9 000	12 200
行政管理部门		400	1 600	10 000	6 000	7 600
专设销售机构		300	1 200	5 000	3 000	4 200
按计划成本分配金额合计			24 000		60 000	
辅助生产车间实际费用			25 800		52 000	
辅助生产车间成本差异			1 800		-8 000	-6 200

操作标准：表内数据对应正确，金额计算准确

（4）编制处理辅助生产成本差异的会计分录
借：管理费用　　6 200
　　　贷：生产成本——辅助生产成本——供水车间　　1 800
　　　　　　　　　　　　——供电车间　　8 000

操作标准：账户名称使用正确，借贷方向正确，金额正确，会计分录格式规范

【问题情境一】

某工厂设有供汽车间、供电车间和修理车间三个辅助生产车间，采用计划成本分配法分配辅助生产费用。自202×年10月起，煤炭价格持续走高，该工厂经理认为暂时无须调整辅助生产车间的计划单位成本，这样可以保证产品在市场上的竞争力。你认为该经理的做法是否正确？

提示： 不正确。计划单位成本是企业根据历史的成本资料预估的，并不能真实反映企业当期实际的耗费水平。当市场条件发生变化，就应及时调整计划单位成本，以使企业的产品成本符合实际情况。不能为了隐瞒成本、调节利润等就人为调整计划单位成本，否则不仅会导致产品成本偏离实际情况，还会误导以后期间的成本分析与考核。

【问题情境二】

鑫光机械有限公司设有供水、供电和修理三个辅助生产车间，辅助生产车间之间相互提供的劳务较多，该公司采用交互分配法分配辅助生产费用。随着该公司经济效益日益提高，生产规模逐步扩大，成本核算越来越复杂，遂实行厂部、车间两级成本核算，但各辅助生产车间只能在接到财会部门转来其他辅助生产车间分入费用后，才能计算出实际费用，进而进行交互分配和对外分配，因此，影响了成本计算的及时性。该公司如何解决这一问题呢？

提示： 为了加速成本核算，该公司可以采用计划成本分配法分配辅助生产费用。按照事先制定的计划单位成本乘以各车间、部门耗用的产品或劳务数量，即可计算出各受益单位应分配的辅助生产费用，月末再将各辅助生产车间实际发生的费用与按计划分配转出的费用之间的差额记入"管理费用"账户。

四、学习结果评价

序号	评价内容	评价标准	评价结果
1	计算各受益单位应分配的辅助生产费用	能正确编制计划成本分配法下的辅助生产费用分配表	□是□否
		能正确计算各辅助生产车间按计划单位成本分配转出的费用总额	□是□否
		能正确编制按计划成本分配辅助生产费用的会计分录	□是□否
2	计算各辅助生产车间成本差异并进行处理	能正确计算各辅助生产车间实际发生的费用	□是□否
		能正确计算各辅助生产车间成本差异	□是□否
		能正确编制辅助生产费用分配表	□是□否
		能正确编制处理辅助生产成本差异的会计分录	□是□否
3	总评	"是"与"否"在本次评价中所占百分比	"是"占____% "否"占____%

📄 **课后作业**

一、单项选择题

1. 采用计划成本分配法分配辅助生产费用时，某辅助生产车间实际发生的费用总额为（　　　）。

    A. 该车间待分配费用加上分配转入的费用

    B. 该车间待分配费用减去分配转出的费用

C. 该车间待分配费用加上分配转出的费用减去分配转入的费用

D. 该车间待分配费用加上分配转入的费用减去分配转出的费用

2. 采用计划成本分配法分配辅助生产费用的特点是（　　　）。

A. 分配结果最准确　　　　　　　　B. 能反映和考核成本计划执行情况

C. 能反映各受益单位的成本　　　　D. 便于分清各部门之间的责任

3. 在采用计划成本分配法时，为了简化辅助生产费用的分配，辅助生产成本差异一般全部记入（　　　）账户。

A. "基本生产成本"　B. "营业外支出"　　C. "管理费用"　　　　D. "制造费用"

4. 下列关于计划成本分配法的说法，错误的是（　　　）。

A. 辅助生产费用只分配一次　　　　B. 需要单独计算费用分配率

C. 简化了计算工作　　　　　　　　D. 便于考核和分析各受益单位的经济责任

5. 采用计划成本分配法分配辅助生产费用的优点不包括（　　　）。

A. 分配结果最准确　　　　　　　　B. 简化了成本计算工作

C. 便于考核成本计划执行情况　　　D. 利于分清各受益单位的经济责任

二、判断题

1. 采用计划成本分配法分配辅助生产费用产生的成本差异是完全正确的成本差异。（　　　）

2. 采用计划成本分配法分配辅助生产费用时，不必在辅助生产车间之间进行交互分配。（　　　）

三、案例分析题

蓝天工厂设有两个辅助生产车间——供电车间和修理车间（均提供单一劳务），202×年9月供电车间和修理车间发生的费用如下：供电车间耗用材料14 600元，支付工资5 000元，计提折旧费3 000元，支付水电费2 500元，支付其他费用1 000元；修理车间耗用材料10 500元，支付工资4 800元，计提折旧费3 500元，支付水电费3 000元，支付其他费用1 800元；假设供电车间每千瓦时电量的计划单位成本为0.6元，修理车间每小时修理费的计划单位成本为22元。供电车间和修理车间向各受益对象提供的劳务数量如表1-2-15所示。

表1-2-15　　　　　　　　供电和修理车间提供的劳务数量

202×年9月

受益对象	供电车间提供的劳务数量/千瓦时	修理车间提供的劳务数量/小时
供电车间		100
修理车间	5 000	
基本生产车间——A产品	20 000	
基本生产车间——B产品	15 000	
基本生产车间一般耗用	4 000	900
行政管理部门	1 000	200
合计	45 000	1 200

要求：

（1）请归集供电车间和修理车间本月发生的辅助生产费用。

（2）请运用计划成本分配法分配供电车间和修理车间的辅助生产费用，并编制辅助生产费用分配表（见表1-2-16，分配率精确到小数点后四位）。

（3）根据辅助生产费用分配表做出相应的账务处理。

表 1-2-16 　　　　　　　辅助生产费用分配表（计划成本分配法）

202×年 9 月 　　　　　　　　　　　金额单位：元

项目		供电车间		修理车间		合计
		数量/千瓦时	金额	数量/小时	金额	
待分配辅助生产费用						
计划单位成本						
辅助生产车间	供电车间					
	修理车间					
基本生产车间	A 产品					
	B 产品					
	一般耗用					
行政管理部门						
按计划成本分配金额合计						
辅助生产车间发生的实际费用						
辅助生产车间成本差异						

职业能力 1-2-6　能够运用代数分配法分配辅助生产费用

核心概念

代数分配法

学习目标

- 掌握代数分配法的基本原理；
- 理解代数分配法的优缺点及适用范围；
- 能运用代数分配法对辅助生产费用进行分配；
- 弘扬科学、精准、高效的职业精神。

基本知识

代数分配法是指通过建立多元一次联立方程组计算出各辅助生产车间产品或劳务的单位成本，进而计算出各受益单位应分配费用的一种辅助生产费用分配方法。

在代数分配法下，首先设各辅助生产车间产品或劳务的单位成本为未知数，根据各辅助生产车间相互提供的产品或劳务的数量建立多元一次联立方程组，通过求解未知数即可计算出各辅助生产车间产品或劳务的单位成本；再根据各受益单位耗用产品或劳务的数量和辅助生产车间产品或劳务的单位成本，计算出各受益单位应分配的辅助生产费用。

在建立多元一次联立方程组时，每一组方程都是按下列公式建立的。

某辅助生产车间提供产品或劳务的总量×辅助生产车间产品或劳务的单位成本=该辅助生产车间待分配的费用+耗用其他辅助生产车间产品或劳务的数量×其他辅助生产车间产品或劳务的单位成本

运用代数分配法对辅助生产车间的费用进行分配，分配结果最为准确。但是如果企业的辅助生产车间较多，需要设立和求解的未知数就较多，计算工作量很大。因此，这种方法适合辅助生产车间不多或者实施会计信息化的企业。

📝 能力训练

一、业务场景

启扬机械有限公司设有供水和供电两个辅助生产车间，主要为基本生产车间、行政管理部门、专设销售机构等提供劳务。202×年11月，根据辅助生产成本明细账可知，供水车间本月发生的费用总计22 800元，供电车间本月发生的费用总计50 000元。供水和供电车间提供的劳务数量如表1-2-17所示。

表1-2-17　　　　　　　　　供水和供电车间提供的劳务数量

202×年11月

受益对象	供水车间提供的劳务数量/立方米	供电车间提供的劳务数量/千瓦时
供水车间		5 000
供电车间	500	
基本生产车间——甲产品	2 400	35 000
基本生产车间——乙产品	1 600	30 000
基本生产车间一般耗用	800	15 000
行政管理部门	400	10 000
专设销售机构	300	5 000
合计	6 000	100 000

要求：采用代数分配法对启扬机械有限公司的辅助生产费用进行分配。

二、注意事项

（1）保持严谨细致的工作态度，做到计算准确、账务处理规范。

（2）注意代数分配法下多元一次联立方程组的建立和求解。

（3）辅助生产车间产品或劳务的单位成本精确到小数点后四位，金额保留两位小数。

三、操作过程

序号	操作步骤	操作方法及说明	操作标准
1	工作准备	认真阅读案例资料，理清思路，准备好笔、纸、计算器等文具	读懂案例资料，文具摆放整齐，桌面整洁、有序

续

序号	操作步骤	操作方法及说明	操作标准
2	建立多元一次联立方程组	设 X 为供水车间每立方米水的单位成本，Y 为供电车间每千瓦时电的单位成本，建立以下方程：$$\begin{cases} 6\,000X=22\,800+5\,000Y \\ 100\,000Y=50\,000+500X \end{cases}$$ 解得：$X=4.234\,3$，$Y=0.521\,2$ 所以，供水车间的单位成本为 4.234 3 元/立方米，供电车间的单位成本为 0.521 2 元/千瓦时	正确建立多元一次联立方程组，辅助生产车间产品或劳务的单位成本计算准确

编制辅助生产费用分配表

辅助生产费用分配表（代数分配法）

202×年11月　　　　　　金额单位：元

项目	供水车间 数量/立方米	供水车间 单位成本（元/立方米）	供水车间 分配金额	供电车间 数量/千瓦时	供电车间 单位成本（元/千瓦时）	供电车间 分配金额	合计
待分配辅助生产费用	6 000		22 800	100 000		50 000	72 800
供水车间				5 000	0.521 2	2 606	2 606
供电车间	500	4.234 3	2 117.15				2 117.15
基本生产车间——甲产品	2 400	4.234 3	10 162.32	35 000	0.521 2	18 242	28 404.32
基本生产车间——乙产品	1 600	4.234 3	6 774.88	30 000	0.521 2	15 636	22 410.88
基本生产车间一般耗用	800	4.234 3	3 387.44	15 000	0.521 2	7 818	11 205.44
行政管理部门	400	4.234 3	1 693.72	10 000	0.521 2	5 212	6 905.72
专设销售机构	300	4.234 3	1 270.49	5 000	0.521 2	2 603.15	3 873.64
合计	6 000		25 406	100 000		52 117.15	77 523.15

序号3　操作步骤：计算各受益单位应分配的辅助生产费用　操作标准：表内数据对应正确，金额计算准确

序号4　操作步骤：编制会计分录

编制按代数分配法分配辅助生产费用的会计分录

借：生产成本——辅助生产成本——供水车间　　2 606
　　　　　　　　　　　　　　——供电车间　　2 117.15
　　生产成本——基本生产成本——甲产品　　28 404.32
　　　　　　　　　　　　　　——乙产品　　22 410.88
　　制造费用——基本生产车间　　11 205.44
　　管理费用　　6 905.72
　　销售费用　　3 873.64
　　贷：生产成本——辅助生产成本——供水车间　　25 406
　　　　　　　　　　　　　　　——供电车间　　52 117.15

操作标准：账户名称使用正确，借贷方向正确，金额正确，会计分录格式规范

【问题情境】

　　启扬机械有限公司设有三个辅助生产车间为各车间和部门提供劳务。该公司使用交互分配法分配辅助生产费用，年底进行成本考核时，各车间和部门产生了较大分歧，认为交互分配法计算出来的两个分配率不同，造成辅助生产费用分配不公平。为了使辅助生产费用分配得更为准确和公平，该公司可以采用哪种辅助生产费用分配方法？

提示：交互分配法对辅助生产车间的费用进行两次分配，计算两次费用分配率，且对内分配率与对外分配率有所不同，造成同一个企业不同受益单位采用不同的分配标准，这就导致分配结果不公平。为此，启扬机械有限公司可以采用代数分配法来分配辅助生产费用。代数分配法通过建立多元一次联立方程组求出各辅助生产车间产品或劳务的单位成本，只计算一个分配率，分配结果更加公平，也更为准确。

四、学习结果评价

序号	评价内容	评价标准	评价结果
1	建立多元一次联立方程组	能正确建立多元一次联立方程组	□是□否
		能正确求解未知数	□是□否
2	分配辅助生产费用	能正确计算各受益单位应分配的辅助生产费用	□是□否
		能正确编制辅助生产费用分配表	□是□否
3	编制会计分录	能正确设置会计科目	□是□否
		能准确、规范编制会计分录	□是□否
4	总评	"是"与"否"在本次评价中所占百分比	"是"占＿＿% "否"占＿＿%

📝 课后作业

一、单项选择题

1. 分配辅助生产费用的代数分配法，适用于（　　　）。

　A. 辅助生产车间较多的企业

　B. 已经实施会计信息化的企业

　C. 辅助生产车间内部相互提供产品或劳务较少的企业

　D. 辅助生产车间内部相互提供产品或劳务较多的企业

2. 下列辅助生产费用的分配方法中，分配结果最准确的是（　　　）。

　A. 直接分配法　　　B. 交互分配法　　　C. 顺序分配法　　　D. 代数分配法

3. 代数分配法是通过建立多元一次联立方程组将辅助生产费用（　　）进行分配的方法。

　A. 先在各辅助生产车间内部进行分配，然后对外

　B. 在辅助生产车间以外各受益单位之间直接

　C. 计算辅助生产车间产品或劳务的单位成本，然后根据受益单位耗用的数量和单位成本

　D. 在各受益单位之间直接

二、判断题

1. 采用代数分配法分配辅助生产费用时，由于要计算两次费用分配率，进行两次分配，因此计算结果最准确。（　　　）

2. 代数分配法适用于辅助生产车间较多的企业。（　　　）

三、案例分析题

蓝天工厂设有供电车间和修理车间两个辅助生产车间（均提供单一劳务），202×年9月供电车间和修理车间发生的费用如下：供电车间耗用材料14 600元，支付工资5 000元，计提折旧费3 000元，支付水电费2 500元，支付其他费用1 000元；修理车间耗用材料12 000元，支付工资5 700元，计提折旧费2 500元，支付水电费4 000元，支付其他费用2 200元。供电车间和修理车间向各受益对象提供的劳务数量如表1-2-18所示。

表 1-2-18　　　　　　　　供电和修理车间提供的劳务数量

202×年 9 月

受益对象	供电车间提供的劳务数量/千瓦时	修理车间提供的劳务数量/小时
供电车间		100
修理车间	5 000	
基本生产车间——A 产品	20 000	
基本生产车间——B 产品	15 000	
基本生产车间一般耗用	4 000	900
行政管理部门	1 000	200
合计	45 000	1 200

要求：

（1）请归集供电车间和修理车间本月发生的辅助生产费用。

（2）请运用代数分配法分配供电车间和修理车间的辅助生产费用，并编制辅助生产费用分配表（见表 1-2-19，辅助生产车间产品或劳务的单位成本精确到小数点后四位）。

（3）根据辅助生产费用分配表编制会计分录。

表 1-2-19　　　　　　　　辅助生产费用分配表（代数分配法）

202×年 9 月　　　　　　　　　　　　　　　　　　　　金额单位：元

项目	供电车间			修理车间			合计
	数量/千瓦时	单位成本	分配金额	数量/小时	单位成本	分配金额	
待分配辅助生产费用							
供电车间							
修理车间							
基本生产车间——A 产品							
基本生产车间——B 产品							
基本生产车间一般耗用							
行政管理部门							
合计							

工作任务 1-3 制造费用的归集与分配

职业能力 1-3-1 能够正确归集制造费用

核心概念

制造费用

学习目标

- 掌握制造费用的内容及账户设置；
- 理解制造费用归集的程序；
- 能正确、及时地归集制造费用；
- 坚定制度自信与道路自信，厚植爱国主义情怀。

基本知识

企业在产品生产过程中，除了产品直接耗用的各种材料费用、发生的人工费用和其他费用以外，企业各个生产部门（分厂、车间）还会发生各种间接费用。间接费用是指企业各生产部门为组织和管理生产所发生的费用，包括生产车间管理人员的职工薪酬、办公费、水电费、机器设备的折旧费、机物料消耗、劳动保护费、低值易耗品摊销等。因此，正确地核算这些费用，对准确计算产品的生产成本十分重要。

一、制造费用的内容

制造费用指企业为生产产品和提供劳务而发生的各项间接费用，包括企业生产部门（如生产车间）发生的水电费、固定资产折旧、管理人员的职工薪酬、劳动保护费、国家规定的有关环保费用、季节性和修理期间的停工损失等。

制造费用的内容很多，按照用途的不同，可归纳为以下三类。

（1）直接用于产品生产，但是管理上不做要求，或者由于计算过于烦琐不便于单独核算，而没有专设成本项目的费用，如各生产车间发生的机物料消耗、车间生产用机器设备的折旧费以及生产用低值易耗品摊销等。

（2）间接用于产品生产的费用，如车间生产用房屋等建筑物的折旧费、保险费，车间生产用的照明费，劳动保护费及季节性停工损失等。

（3）车间为组织和管理生产而发生的费用，如车间管理人员的职工薪酬，车间管理用房屋的折旧费，车间办公费，取暖费及差旅费等。

制造费用的具体内容多而复杂，实务中，为简化核算工作，一般将性质相同的费用进行归类合并，设立以下费用项目进行归集。

（1）机物料消耗，指车间为使机器设备保持正常运行而消耗的各种物料费用。

（2）职工薪酬，指生产车间除基本生产工人以外的所有人员的职工薪酬，如管理人员、质检人员、勤杂人员的职工薪酬等。

（3）折旧费，指车间生产、管理用固定资产的折旧费等。

（4）租赁费，指车间从外部经营性租入固定资产支付的租金。

（5）保险费，指企业为车间财产等投保而支付的费用。

（6）低值易耗品摊销，指车间生产或管理用低值易耗品的摊销费用。

（7）水电费，指车间因耗用水电而支付的费用。

（8）劳动保护费，指车间为保护工人劳动安全而发生的不构成固定资产的安全装置、卫生设备、工作服和工作鞋帽等费用。

（9）办公费，指生产车间发生的各种办公费用。

（10）运输费，指车间负担的厂内运输部门或厂外运输单位提供运输劳务而发生的费用。

（11）差旅费，指车间发生的各种差旅费用。

（12）停工损失，指因季节性原因停工和机器设备修理期间停工而发生的各项费用。

（13）其他，指未列入以上各费用项目的制造费用。

在实际工作中，企业可根据制造费用的实际发生情况和管理要求，对上述费用项目进行合并或增设其他费用项目，但一经确定，不应随意变动。

二、制造费用归集的账户设置

制造费用应该根据费用的发生地点以车间、部门为单位进行归集。为总括反映各车间和部门制造费用的发生及分配情况，企业需设置"制造费用"账户进行核算。该账户应按车间、部门设立明细账，账内按照费用项目设置专栏；费用发生时，记入本账户的借方；月末，按一定的方法将费用在有关受益产品之间进行分配后，从本账户的贷方转入有关产品成本账户的借方。

制造费用明细账的格式如图 1-3-1 所示。

制造费用明细账

车间名称：××车间

年		凭证		摘要	机物料消耗	职工薪酬	折旧费	水电费	保险费	低值易耗品摊销	其他
月	日	种类	号数		千百十万千百十元角分	千百十万千百十元角分	千百十万千百十元角分	千百十万千百十元角分	千百十万千百十元角分	千百十万千百十元角分	千百十万千百十元角分

图 1-3-1 制造费用明细账

三、制造费用归集的程序

企业发生的制造费用，按照其发生的地点和用途，根据有关付款凭证、转账凭证以及材料费用分配表、职工薪酬费用分配表、折旧费用分配表等有关凭据，记入"制造费用"账户的借方，并记入制造费用明细账相应的费用项目中；同时根据具体情况，记入"原材料""应付职工薪酬""累计折旧""银行存款"等账户的贷方。

期末要将制造费用按照一定的标准，从"制造费用"账户的贷方转出，转入"生产成本——基本生产成本"等账户。除季节性生产的车间外，"制造费用"账户期末应没有余额。

📑 **能力训练**

一、业务场景

天成食品有限公司设有一个基本生产车间，生产 A、B 两种产品。202×年 5 月本车间发生经济业务如下。

（1）3 日，为生产产品领用原材料共计 12 000 元。其中 A 产品领用 6 000 元，B 产品领用 4 000 元，车间机物料消耗 2 000 元。

（2）22 日，用银行存款支付车间水电费 1 000 元。

（3）31 日，计提本月职工工资 10 000 元。其中生产 A 产品工人工资 5 000 元，生产 B 产品工人工资 3 000 元，车间管理人员工资 2 000 元。

（4）31 日，计提车间固定资产折旧 3 000 元。

（5）31 日，用银行存款支付其他费用 4 000 元。

要求：

（1）归集该公司 5 月的制造费用并编制记账凭证。

（2）登记该基本生产车间的制造费用明细账。

（3）准备记账凭证 5 张、多栏式明细账 1 张。

二、注意事项

（1）正确理解制造费用的内涵。

（2）树立精益求精的工作态度，正确地归集制造费用。

（3）做到会计凭证填写规范、账簿登记准确。

三、操作过程

序号	操作步骤	操作方法及说明	操作标准
1	工作准备	认真阅读案例资料，准备计算器、笔、纸等文具，准备记账凭证 5 张、多栏式明细账 1 张	读懂案例资料，文具及凭证、账页等摆放整齐，桌面整洁、有序
2	归集制造费用并编制会计分录	（1）3 日，为生产产品领用原材料共计 12 000 元。其中 A 产品领用 6 000 元，B 产品领用 4 000 元，车间机物料消耗 2 000 元 记　账　凭　证 202× 年 5 月 3 日　　记字第 1 号 摘要：领用原材料　会计科目：生产成本　明细科目：基本生产车间（A产品）　借方金额 600000 领用原材料　生产成本　基本生产车间（B产品）　借方金额 400000 领用原材料　制造费用　基本生产车间　借方金额 200000 领用原材料　原材料　　　贷方金额 1200000 合计　借方 ￥1200000　贷方 ￥1200000 财务主管 略　记账 略　出纳 略　审核 略　制单 略	会计凭证账户及金额正确，借贷方向正确，会计凭证格式书写规范

序号	操作步骤	操作方法及说明	操作标准
2	归集制造费用并编制会计分录	（2）22日，用银行存款支付车间水电费1 000元 **记 账 凭 证** 202×年 5月 22日 记字第 2号 摘要 / 会计科目 / 明细科目 / 借方金额 / 贷方金额 支付水电费 / 制造费用 / 某某生产车间 / 100000 支付水电费 / 银行存款 / / / 100000 合计 / ¥100000 / ¥100000 财务主管 略 记账 略 出纳 略 审核 略 制单 略 （3）31日，计提本月职工工资10 000元。其中生产A产品工人工资5 000元，生产B产品工人工资3 000元，车间管理人员工资2 000元 **记 账 凭 证** 202×年 5月 31日 记字第 3号 摘要 / 会计科目 / 明细科目 / 借方金额 / 贷方金额 计提工资 / 生产成本 / 某某生产成本（A产品）/ 500000 计提工资 / 生产成本 / 某某生产成本（B产品）/ 300000 计提工资 / 制造费用 / 某某生产车间 工资、奖金 / 200000 计提工资 / 应付职工薪酬 / 津贴和补贴 / / 1000000 合计 / ¥1000000 / ¥1000000 财务主管 略 记账 略 出纳 略 审核 略 制单 略 （4）31日，计提车间固定资产折旧3 000元 **记 账 凭 证** 202×年 5月 31日 记字第 4号 摘要 / 会计科目 / 明细科目 / 借方金额 / 贷方金额 计提固定资产折旧 / 制造费用 / 某某生产车间 / 300000 计提固定资产折旧 / 累计折旧 / / / 300000 合计 / ¥300000 / ¥300000 财务主管 略 记账 略 出纳 略 审核 略 制单 略 （5）31日，用银行存款支付其他费用4 000元 **记 账 凭 证** 202×年 5月 31日 记字第 5号 摘要 / 会计科目 / 明细科目 / 借方金额 / 贷方金额 支付其他费用 / 制造费用 / 某某生产车间 / 400000 支付其他费用 / 银行存款 / / / 400000 合计 / ¥400000 / ¥400000 财务主管 略 记账 略 出纳 略 审核 略 制单 略 该公司本月发生的制造费用总额=2 000+1 000+2 000+3 000+4 000=12 000（元）	会计凭证账户及金额正确，借贷方向正确，会计凭证格式书写规范

续

序号	操作步骤	操作方法及说明	操作标准
3	登记制造费用明细账	根据以上记账凭证，登记制造费用明细账 **制造费用明细账** 车间名称：基本生产车间 	制造费用明细账登记金额正确，格式规范

【问题情境一】

天诺电工股份有限公司是一家生产电缆的企业，材料费用占电缆生产成本的90%，电缆生产成本还包括人工成本和制造费用。该公司新入职的成本会计王鑫在审阅公司资料时发现，该公司将发生的制造费用在车间进行归集后，直接在库存商品与已销售商品之间进行分配。王鑫认为这样做是不合理的。天诺电工股份有限公司的制造费用应该如何处理才正确？

提示： 天诺电工股份有限公司将发生的制造费用直接在库存商品和已销售商品之间分配，容易产生人为调节本期销货成本以及利润总额的现象。制造费用应该在归集以后，月末全部转入产品的生产成本，再在完工产品和在产品之间进行分配。

【问题情境二】

张超应聘到一家竹胶板厂担任成本会计。竹胶板主要用于建筑工地，是一种新型建筑模板。竹胶板用毛竹篾编制成覆面，用竹片编制成芯，使用酚醛树脂经高温压制黏合而成。张超查阅资料发现，该厂基本生产车间发生的费用中，制造费用比重非常高，但是有部分制造费用被直接计入了管理费用。张超认为这是不合理的，他应当怎样向财务主管说明？

提示： 竹胶板厂将部分制造费用计入管理费用，人为地减少了生产成本中制造费用的金额，最终导致少计产品成本，这样是不合理的。应该合理划分生产费用和期间费用的界限，保证会计核算的准确性。

四、学习结果评价

序号	评价内容	评价标准	评价结果
1	归集制造费用	能理解制造费用的归集程序	□是□否
		掌握制造费用归集的账户设置	□是□否
2	编写制造费用归集的会计分录	能正确设置会计科目	□是□否
		能准确、规范编制会计分录	□是□否
3	填写制造费用归集的记账凭证	记账凭证内容完整	□是□否
		记账凭证填写规范	□是□否
4	登记制造费用明细账	能正确设置制造费用明细账的专栏	□是□否
		能正确登记各个专栏的金额	□是□否
5	总评	"是"与"否"在本次评价中所占百分比	"是"占___%　"否"占___%

📄 课后作业

一、单项选择题

1. 下列项目应当记入"制造费用"账户的是（　　　　）。

  A. 生产车间机器设备折旧   B. 广告费

  C. 行政管理部门工资   D. 销售人员工资

2. 基本生产车间计提的固定资产折旧费，应借记（　　）账户。

  A. "生产成本" B. "管理费用" C. "制造费用" D. "销售费用"

3. 下列项目中属于制造费用的是（　　）。

  A. 生产工人的计时工资   B. 企业管理人员的工资

  C. 车间管理人员的工资   D. 生产工人的计件工资

4. 车间生产领用的一般性工具和用具应该记入（　　）账户。

  A. "销售费用" B. "基本生产成本" C. "制造费用" D. "管理费用"

5. 基本生产车间因生产产品、提供劳务而发生的各项间接费用，包括职工薪酬、折旧费等，属于（　　）成本项目。

  A. "管理费用" B. "制造费用" C. "直接人工" D. "直接材料"

6. 基本生产车间耗用的低值易耗品，应记入（　　）账户的借方。

  A. "生产成本" B. "制造费用" C. "管理费用" D. "辅助生产成本"

二、多项选择题

1. 生产经营过程中领用的材料，按照用途进行归类，生产产品直接耗用、生产车间一般性耗用、企业行政管理部门耗用，应分别记入（　　）账户。

  A. "生产成本" B. "制造费用" C. "管理费用" D. "销售费用"

2. 制造费用是企业为生产产品和提供劳务而发生的各项间接费用，包括（　　）。

  A. 生产车间生产工人工资   B. 生产车间固定资产折旧费

  C. 企业经营管理人员工资   D. 基本生产车间的办公费

3. 下列费用中，属于制造费用的有（　　）。

  A. 机器设备折旧费   B. 车间照明用电费用

  C. 产品"三包"费用   D. 产品包装费用

4. 企业的制造费用包括（　　）。

  A. 直接用于产品生产但未专设成本项目的费用

  B. 间接用于产品生产的费用

  C. 企业管理部门组织和管理生产而发生的费用

  D. 生产部门为组织和管理生产而发生的费用

三、判断题

1. 直接生产产品的工人的职工薪酬应记入"制造费用"账户。（　　）

2. 所有车间发生的各种间接费用，一律通过"制造费用"账户核算。（　　）

四、实训项目

（一）实训目的

学生能熟悉制造费用的归集程序，熟练掌握制造费用归集的账务处理及制造费用明细账的登记。

（二）实训资料

长城工厂基本生产车间 202×年 7 月发生以下业务。

（1）1 日，为生产甲产品领用原材料 48 000 元，为生产乙产品领用原材料 36 000 元，车间机物料消耗 5 200 元。

（2）5 日，开出转账支票支付车间水电费合计 2 500 元。

（3）13 日，购买车间办公用品 300 元，用库存现金支付。

（4）31 日，计提本月固定资产折旧共 10 800 元。其中，基本生产车间 8 500 元，管理部门 1 000 元，销售部门 1 300 元。

（5）31 日，分配本月工资费用共 49 000 元。其中基本生产车间生产甲产品工人工资 16 000 元，生产乙产品工人工资 14 000 元，基本生产车间管理人员工资 6 000 元，行政管理部门人员工资 13 000 元。

（三）实训程序和要求

（1）归集长城工厂基本生产车间的制造费用并编制记账凭证；

（2）登记制造费用明细账。

（四）实训设计

（1）实训形式：本实训由成本核算员 1 人独立完成。

（2）实训时间：约需 1 课时。

（3）实训用纸：记账凭证 5 张，多栏式明细账 1 张。

职业能力 1-3-2　能够正确分配制造费用

核心概念

生产工人工时比例法　生产工人工资比例法　机器工时比例法　按年度计划分配率分配法

学习目标

- 掌握制造费用不同分配方法的基本原理；
- 理解不同分配方法的优缺点与适用范围；
- 能结合不同企业的特点，采用适当的方法对制造费用进行分配；
- 增强时间观念和效率意识，提高劳动生产率。

基本知识

企业为了正确计算产品成本，必须合理分配制造费用。由于各个车间（部门）的制造费用水平不同，制造费用的分配应当按照车间（部门）分别进行，而不应将各个车间（部门）的制造费用汇总起来，在整个企业范围内统一分配。

企业应当在月末将归集的制造费用分别转入有关产品的生产成本或者劳务成本。基本生产车间的制造费用是产品成本的组成部分。在只生产一种产品的车间，发生的制造费用可以直接计入该种产品的成本；在生产多种产品的车间，企业应当采用合理的方法，将发生的制造费用分配计入相关产品的生产成本。

分配制造费用，需要按照一定的标准进行，常用的分配方法有生产工人工时比例法、生产工人工资比例法、机器工时比例法、按年度计划分配率分配法等。分配方法一经确定，不得随意变更。

一、生产工人工时比例法

生产工人工时比例法，是按照生产各种产品所用生产工人实际工时的比例分配制造费用的方法。其计算公式如下。

制造费用分配率=制造费用总额/各产品生产工时总额

某种产品应分配的制造费用=该种产品生产工时×制造费用分配率

如果某种产品的定额工时比较准确，制造费用也可以按照定额工时的比例分配。

按照生产工人工时比例法分配制造费用，能将劳动生产率和产品负担的费用水平联系起来，如果劳动生产率提高，则产品耗用的生产工时减少，所负担的制造费用也就降低，因而分配结果较为合理；但采用这种方法，企业必须做好生产工时的记录工作。此种方法适用于机械化程度较低或各种产品工艺机械化程度大致相同的企业。

二、生产工人工资比例法

生产工人工资比例法，是按照各种产品的生产工人工资比例分配制造费用的方法。其计算公式如下。

制造费用分配率=制造费用总额/各产品生产工人工资总额

某种产品应分配的制造费用=该种产品生产工人工资×制造费用分配率

生产工人工资的资料可以在工资费用分配表中得到，因此按照生产工人工资比例法分配制造费用，核算过程比较简便，但分配结果的正确性受机械化程度的影响较大。该方法适用于各种产品的机械化程度或者工人的操作技能大致相同的情况。

三、机器工时比例法

机器工时比例法，是按照各种产品所耗用的机器工时比例分配制造费用的方法。其计算公式如下。

制造费用分配率=制造费用总额/各产品耗用机器工时之和

某种产品应分配的制造费用=该种产品耗用的机器工时×制造费用分配率

对于机械化程度比较高的车间，制造费用中机器设备的折旧费占有相当大的比重，采用这种方法可以使机器设备折旧费得到较合理的分摊。因此，在机械化程度较高的车间使用机器工时比例法分配制造费用比较合理。但是，采用这种方法，企业必须做好各种产品耗用机器工时的记录工作，以保证工时的准确性。

四、按年度计划分配率分配法

按年度计划分配率分配法，是按照确定的年度计划分配率分配制造费用的方法。采用这种分配方法，无论各月实际发生的制造费用是多少，每月各种产品的制造费用都按照年度计划分配率分配。但在年度内如果发现全年实际发生的制造费用数额与计划数额可能产生较大差额时，应及时调整年度计划分配率。

其计算公式如下。

年度计划分配率=年度制造费用计划总额/年度各产品计划产量的定额工时总数

某月某种产品应分配的制造费用=该月该产品实际产量的定额工时数×年度计划分配率

采用这种分配方法时，制造费用明细账及总账账户不仅可能有月末余额，而且余额既有可能在借方，也有可能在贷方。借方余额表示实际发生的制造费用超过计划数额的预付费用，为资产；贷方余额表示按计划应付而未付的费用，为负债。各月余额不必处理，累积到年底。

按年度计划分配率分配法核算简便，特别适用于季节性生产企业，可以使企业旺季与淡季的制造费用比较均衡地计入产品成本；但采用这种方法，企业必须具有较高的计划管理水平，否则会影响制造费用分配的准确性。

能力训练

一、业务场景

（1）启扬机械有限公司设有一个基本生产车间，生产 A、B 两种产品，202×年 5 月本车间共发生制造费用 12 000 元。经测定，本月 A 产品实际生产工人工时为 800 小时，B 产品实际生产工人工时为 400 小时；A 产品的生产工人工资为 8 000 元，B 产品的生产工人工资为 7 000 元；A 产品耗用的机器工时为 200 小时，B 产品耗用的机器工时为 300 小时。

（2）宏达机械制造有限公司基本生产车间全年制造费用计划为 52 800 元。全年各种产品的计划产量为：A 产品 1 000 件，B 产品 900 件。单件产品的工时定额为：A 产品 3 小时，B 产品 4 小时。202×年 6 月的实际产量为：A 产品 100 件，B 产品 80 件。该月实际制造费用为 4 000 元。

要求：

（1）分别运用生产工人工时比例法、生产工人工资比例法、机器工时比例法对启扬机械有限公司的制造费用进行分配。

（2）运用按年度计划分配率分配法对宏达机械制造有限公司的制造费用进行分配。

二、注意事项

（1）保持严肃认真、精益求精的工作态度。

（2）做到金额计算准确、会计处理规范。

三、操作过程

（1）运用生产工人工时比例法对启扬机械有限公司的制造费用进行分配。

序号	操作步骤	操作方法及说明	操作标准
1	工作准备	认真阅读案例资料，准备计算器、笔、纸等文具	读懂案例资料，文具摆放整齐，桌面整洁、有序
2	计算制造费用分配率	制造费用分配率=制造费用总额/各产品生产工时总额=12 000/（800+400）=10（元/小时）	公式运用正确，分配率计算准确
3	计算 A、B 产品应分配的制造费用	A 产品应分配的制造费用=A 产品生产工时×制造费用分配率=800×10=8 000（元） B 产品应分配的制造费用=B 产品生产工时×制造费用分配率=400×10=4 000（元）	公式运用正确，A、B 产品应分配的制造费用计算准确
4	编制会计分录	借：生产成本——基本生产成本——A 产品　　　8 000 　　　　　　　　　　　　——B 产品　　　4 000 　　贷：制造费用　　　　　　　　　　　　　12 000	账户及金额正确，借贷方向正确，会计分录格式规范

（2）运用生产工人工资比例法对启扬机械有限公司的制造费用进行分配。

序号	操作步骤	操作方法及说明	操作标准
1	工作准备	认真阅读案例资料，准备计算器、笔、纸等文具	读懂案例资料，文具摆放整齐，桌面整洁、有序
2	计算制造费用分配率	制造费用分配率=制造费用总额/各产品生产工人工资总额=12 000/（8 000+7 000）=0.8	公式运用正确，分配率计算准确
3	计算 A、B 产品应分配的制造费用	A 产品应分配的制造费用=A 产品生产工人工资×制造费用分配率=8 000×0.8=6 400（元） B 产品应分配的制造费用=B 产品生产工人工资×制造费用分配率=7 000×0.8=5 600（元）	公式运用正确，A、B 产品应分配的制造费用计算准确

4	编制会计分录	借：生产成本——基本生产成本——A 产品 6 400
		                   ——B 产品 5 600
		  贷：制造费用 12 000
			账户及金额正确，借贷方向正确，会计分录格式规范

（3）运用机器工时比例法对启扬机械有限公司的制造费用进行分配。

序号	操作步骤	操作方法及说明	操作标准
1	工作准备	认真阅读案例资料，准备计算器、笔、纸等文具	读懂案例资料，文具摆放整齐，桌面整洁、有序
2	计算制造费用分配率	制造费用分配率=制造费用总额/各产品耗用机器工时之和=12 000/（200+300）=24（元/小时）	公式运用正确，分配率计算准确
3	计算 A、B 产品应分配的制造费用	A 产品应分配的制造费用=A 产品耗用的机器工时×制造费用分配率=200×24=4 800（元） B 产品应分配的制造费用=B 产品耗用的机器工时×制造费用分配率=300×24=7 200（元）	公式运用正确，A、B 产品应分配的制造费用计算准确

4	编制会计分录	借：生产成本——基本生产成本——A 产品 4 800
		                   ——B 产品 7 200
		  贷：制造费用 12 000
			账户及金额正确，借贷方向正确，会计分录格式规范

（4）运用按年度计划分配率分配法对宏达机械制造有限公司的制造费用进行分配。

序号	操作步骤	操作方法及说明	操作标准
1	工作准备	认真阅读案例资料，准备计算器、笔、纸等文具	读懂案例资料，文具摆放整齐，桌面整洁、有序
2	计算 A、B 产品年度计划产量的定额工时	A 产品年度计划产量的定额工时=1 000×3=3 000（小时） B 产品年度计划产量的定额工时=900×4=3 600（小时）	公式运用正确，A、B 产品定额工时计算准确
3	计算年度计划分配率	年度计划分配率=年度制造费用计划总额/年度各产品计划产量的定额工时总数=52 800/（3 000+3 600）=8（元/小时）	公式运用正确，年度计划分配率计算准确
4	计算 A、B 产品应分配的制造费用	本月 A 产品应分配的制造费用=本月 A 产品实际产量的定额工时数×年度计划分配率=3×100×8=2 400（元） 本月 B 产品应分配的制造费用=本月 B 产品实际产量的定额工时数×年度计划分配率=4×80×8=2 560（元）	公式运用正确，A、B 产品应分配的制造费用计算准确

5	编制会计分录	借：生产成本——基本生产成本——A 产品 2 400
		                   ——B 产品 2 560
		  贷：制造费用 4 960
			账户及金额正确，借贷方向正确，会计分录格式规范

【问题情境一】

在运用按年度计划分配率分配法对宏达机械制造有限公司的制造费用进行分配时，如果宏达机械制造有限公司基本生产车间 12 月末"制造费用"账户贷方余额为 5 496.44 元（A 产品已分配制造费用 24 800 元，B 产品已分配 30 000 元）。这个余额应该怎样处理？

提示：在按年度计划分配率分配法下，"制造费用"账户如果有年末余额，就是全年制造费用实际发生额与计划分配额的差额，一般应在年末调整计入 12 月的产品成本，借记"生产成本——基本生产成本"账户，贷记"制造费用"账户。如果实际发生额大于计划分配额，用蓝字补记；如果实际发生额小于计划分配额，用红字冲减。其计算公式如下。

$$差异额分配率=差异额/按年度计划分配率分配的制造费用$$

$$某产品应分配的差异额=该产品按年度计划分配率分配的制造费用×差异额分配率$$

其计算过程如下。

步骤一：计算制造费用差异额的分配率。

12 月末，该公司基本生产车间"制造费用"账户贷方余额为 5 496.44 元，说明计划分配额大于实际发生额。

差异额分配率=-5 496.44÷（24 800+30 000）=-0.100 3

步骤二：计算 A、B 产品应分配的差异额。

A 产品应分配的差异额=-0.100 3×24 800=-2 487.44（元）

B 产品应分配的差异额=-0.100 3×30 000=-3 009（元）

步骤三：编制调整制造费用差异额的会计分录。

因为年末"制造费用"账户余额在贷方，所以应用红字冲减成本中的制造费用数额。会计分录如下。

借：生产成本——基本生产成本——A 产品　　2 487.44
　　　　　　　　　　　　　——B 产品　　3 009.00
　　贷：制造费用　　　　　　　　　　　　　　5 496.44

【问题情境二】

某企业采用生产工人工时比例法分配基本生产车间的制造费用。202×年，因生产工艺改善，生产车间的机械化程度大幅提高，采用生产工人工时比例法分配制造费用将会导致计算结果很不准确，企业可以改为机器工时比例法吗？

提示：企业可以根据生产特点，灵活选取生产工人工时比例法、生产工人工资比例法、机器工时比例法、按年度计划分配率分配法等分配制造费用。但是分配方法一经确定，不得随意变更。如果需要变更，企业应当在会计报表附注中予以说明。

四、学习结果评价

序号	评价内容	评价标准	评价结果
1	运用生产工人工时比例法分配制造费用	能正确计算制造费用分配率	□是□否
		能正确计算每种产品应负担的制造费用	□是□否
2	运用生产工人工资比例法分配制造费用	能正确计算制造费用分配率	□是□否
		能正确计算每种产品应负担的制造费用	□是□否
3	运用机器工时比例法分配制造费用	能正确计算制造费用分配率	□是□否
		能正确计算每种产品应负担的制造费用	□是□否

续

序号	评价内容	评价标准	评价结果
4	运用按年度计划分配率分配法分配制造费用	能正确计算每种产品年度计划产量的定额工时	□是□否
		能正确计算年度计划分配率	□是□否
		能正确计算每种产品应分的制造费用	□是□否
5	编制制造费用分配的会计分录	能正确设置会计科目	□是□否
		能准确、规范编制会计分录	□是□否
6	总评	"是"与"否"在本次评价中所占百分比	"是"占____%　"否"占____%

课后作业

一、单项选择题

1. 适用于季节性生产企业的制造费用分配方法是（　　）。
   - A. 按年度计划分配率分配法
   - B. 生产工人工时比例法
   - C. 机器工时比例法
   - D. 生产工人工资比例法

2. "制造费用"账户月末（　　）。
   - A. 一定没有余额
   - B. 若有余额一定在借方
   - C. 若有余额一定在贷方
   - D. 余额可能在借方，也可能在贷方

3. 下列制造费用分配方法中，可能会使"制造费用"账户出现余额的是（　　）。
   - A. 生产工人工时比例法
   - B. 生产工人工资比例法
   - C. 机器工时比例法
   - D. 按年度计划分配率分配法

4. 某公司是季节性生产企业，且管理比较先进。该企业为正确核算产品成本，应当采用的制造费用分配方法是（　　）。
   - A. 生产工人工时比例法
   - B. 生产工人工资比例法
   - C. 机器工时比例法
   - D. 按年度计划分配率分配法

5. 如果同一车间生产若干产品的机械化程度较高，则对该车间发生的制造费用宜采用的分配方法是（　　）。
   - A. 生产工人工时比例法
   - B. 生产工人工资比例法
   - C. 机器工时比例法
   - D. 按年度计划分配率分配法

6. 某基本生产车间本月归集制造费用 15 000 元，本月生产了 A、B 两种产品，产量分别为 200 件和 300 件。本月该车间为生产 A、B 产品共耗用生产工时 8 000 小时，其中，A 产品 3 000 小时，B 产品 5 000 小时。该车间采用生产工人工时比例法分配制造费用，其分配率为（　　）。
   - A. 30 元/小时
   - B. 5 元/小时
   - C. 3 元/小时
   - D. 1.875 元/小时

7. 某车间采用按年度计划分配率分配法分配制造费用。该车间全年制造费用计划为 3 780 元。全年各种产品的计划产量为：甲产品 200 件，乙产品 400 件。单件产品的工时定额为：甲产品 5 小时，乙产品 2 小时。据此计算的该车间制造费用年度计划分配率是（　　）。
   - A. 540 元/件
   - B. 6.3 元/件
   - C. 2.1 元/件
   - D. 0.9 元/件

二、多项选择题

1. 制造费用的分配方法有（　　）。
   - A. 生产工人工时比例法
   - B. 按年度计划分配率分配法

  C. 机器工时比例法　　　　　　　　D. 生产工人工资比例法

 2. 关于按年度计划分配率分配法，下列说法正确的有（　　　）。

  A. "制造费用"账户可能有月末余额　　B. "制造费用"账户月末没有余额

  C. 适用于季节性生产企业　　　　　　D. "制造费用"账户年末没有余额

三、判断题

 1. "制造费用"账户月末一定没有余额。（　　　）

 2. 采用按年度计划分配率分配法分配制造费用时，在年度内如果发现全年实际发生的制造费用数额与计划数额可能产生较大差额时，应及时调整年度计划分配率。（　　　）

四、案例分析题

 1. 蓝天工厂基本生产车间甲产品生产工时为 12 000 小时，乙产品生产工时为 8 000 小时，车间共发生制造费用 21 000 元。

  要求：请用生产工人工时比例法分配甲、乙产品应负担的制造费用。

 2. 鑫光工厂基本生产车间生产 A、B 两种产品，按生产工人工资比例法分配制造费用。3 月，A 产品生产工人工资 8 000 元，B 产品生产工人工资 4 000 元，本月制造费用合计 42 000 元。

  要求：请计算 3 月 A、B 产品应负担的制造费用。

 3. 光明公司基本生产车间 12 月制造费用总额为 29 760 元，其中，甲产品耗用的机器工时为 12 200 小时，乙产品耗用的机器工时为 6 400 小时。

  要求：请用机器工时比例法分配甲、乙产品应负担的制造费用。

 4. 长城工厂季节性生产车间全年制造费用计划为 88 000 元，全年各种产品的计划产量为：A 产品 2 000 件，B 产品 1 200 件。单件产品的工时定额为：A 产品 4 小时，B 产品 8 小时。10 月该车间的实际产量为：A 产品 120 件，B 产品 90 件。实际发生的制造费用为 6 200 元。

  要求：

  （1）计算制造费用年度计划分配率（列出计算过程）。

  （2）计算 10 月应分配转出的制造费用，并编制相关会计分录。

五、实训项目

（一）实训目的

 学生能熟悉制造费用的归集程序，熟练掌握制造费用的分配方法及账务处理。

（二）实训资料

 （1）202×年 6 月，西华机械厂铸造车间和金工车间发生的制造费用见图 1-3-2、图 1-3-3。

 （2）铸造车间制造费用按机器工时比例法分配，金工车间制造费用按生产工人工时比例法分配。

 （3）铸造车间产品机器工时和金工车间产品生产工时见表 1-3-1。

（三）实训程序和要求

 （1）编制铸造车间和金工车间的制造费用分配表，见表 1-3-2、表 1-3-3。

 （2）根据制造费用分配表填制记账凭证，把制造费用明细账登记完整。

（四）实训设计

 （1）实训形式：本实训由成本核算员 1 人独立完成。

 （2）实训时间：约需 1 课时。

 （3）实训用纸：制造费用明细账 2 张、记账凭证 2 张。

制造费用明细账

车间名称：铸造车间

202×年 月	日	凭证 种类	号数	摘要	机物料消耗	职工薪酬	折旧费	水电费	保险费	低值易耗品摊销	其他
6	1	记	1	领用材料	3200000						
	5	记	5	支付水电费				580000			
	10	记	7	支付保险费					1200000		
	15	记	13	领用低值易耗品						920000	
	21	记	16	购买办公用品							260000
	26	记	30	计提职工工资		3600000					
	28	记	30	计提折旧费			5400000				

图 1-3-2　制造费用明细账（铸造车间）

制造费用明细账

车间名称：金工车间

202×年 月	日	凭证 种类	号数	摘要	机物料消耗	职工薪酬	折旧费	水电费	保险费	低值易耗品摊销	其他
6	1	记	1	领用材料	6800000						
	5	记	5	支付水电费				760000			
	10	记	7	支付保险费					1560000		
	15	记	13	领用低值易耗品						550000	
	21	记	16	购买办公用品							390000
	26	记	30	计提职工工资		6900000					
	28	记	30	计提折旧费			7600000				

图 1-3-3　制造费用明细账（金工车间）

表 1-3-1　　　　　铸造车间产品机器工时和金工车间产品生产工时

单位：小时

车间	铸造车间		金工车间	
	生产工时	机器工时	生产工时	机器工时
铁铸件		300	200	
铝铸件		500	300	
合计		800	500	

表 1-3-2　　　　　　　　　制造费用分配表

车间：铸造车间　　　　　　　　　　年　　月　　日

项目	机器工时/小时	分配率/（元/小时）	分配金额/元
铁铸件			
铝铸件			
合计			

表 1-3-3　　　　　　　　　制造费用分配表

车间：金工车间　　　　　　　　　　年　　月　　日

项目	生产工时/小时	分配率/（元/小时）	分配金额/元
铁铸件			
铝铸件			
合计			

工作任务 1-4　生产损失的归集与分配

职业能力 1-4-1　能够正确核算废品损失并进行账务处理

核心概念

废品　废品损失

学习目标

- 理解废品的概念及其分类；
- 掌握废品损失的概念及其账户设置；
- 掌握不可修复废品损失的核算；
- 掌握可修复废品损失的核算；
- 能正确登记发生废品损失的产品基本生产成本明细账；
- 具有社会责任感与团队合作精神。

基本知识

废品是指生产造成的不符合规定的技术标准、不能按原定用途使用，或需要加工修理后才能正常使用的在产品、半成品或产成品，包括生产过程中发现的废品和入库后发现的废品，不包括可以降价销售的不合格品、合格品入库后因保管不善发生损坏变质的产品，以及实行"三包"（包退、包修、包换）的企业在产品销售后发现的废品。

废品按照能否和是否有必要修复分为可修复废品与不可修复废品两类。可修复废品是指经过加工修理后可以按原定用途使用，而且在经济上合算的废品；不可修复废品是指在技术上无法修复，或修复成本过高，在经济上不合算的废品。

废品按照产生的原因分工废和料废两类。工废是工人操作造成的废品，其产生属于操作工人的责任；料废是原材料或半成品的质量不符合要求造成的废品，其产生不属于操作工人的责任。

废品损失是指在生产过程中发现的和入库后发现的不可修复废品的生产成本，以及可修复废品的修复费用，扣除回收的废品残料价值和应收赔款后的损失。经质量检验部门鉴定不需要返修可以降价出售的不合格品，其降价损失应在销售损益中体现，不应作为废品损失处理；产品入库后由于保管不善等发生损坏变质的产品，其损失属于管理上的问题，应作为管理费用处理而不作为废品损失；实行"三包"（包退、包修、包换）的企业在产品销售后发现的问题产品，其损失作为销售费用处理，也不作为废品损失。

质量检验部门发现废品时，应该填制废品通知单，列明废品的种类和数量、废品产生的原因和过失人等。成本会计人员应当会同质量检验人员对废品通知单所列废品产生的原因和过失人等项目进行审核，只有经过审核的废品通知单，才能作为核算废品损失的依据。

为了单独核算废品损失，应增设"废品损失"账户，在成本项目中增设"废品损失"成本项目。"废品损失"账户按生产车间设置明细账，账内按产品品种和成本项目登记废品损失的详细资料。"废品损失"账户的借方登记不可修复废品的生产成本和可修复废品的修复费用。不可修复废品的生产成本，应根据不可修复废品损失计算表，借记"废品损失"账户，贷记"生产成本——基本生产成本"账户；可修复废品的修复费用，应根据各种费用分配表列示的废品损失金额，借记"废品损失"账户，贷记"原材料""应付职工薪酬""制造费用"等账户。"废品损失"账户的贷方登记废品残料收回价值、应收赔款以及应由本月生产的同种合格产品成本负担的废品损失，即借记"原材料""其他应收款""生产成本——基本生产成本"等账户，贷记"废品损失"账户。经过归集和分配，"废品损失"账户月末无余额。

一、不可修复废品损失的核算

不可修复废品损失是指不可修复废品的生产成本扣除废品残料价值、应收赔款后的废品净损失。企业应根据不可修复废品损失计算表，以及回收的废品残料价值或应收赔款等，编制以下会计分录。

转出废品生产成本时：

借：废品损失——××产品

  贷：生产成本——基本生产成本——××产品

收回残料价值或应收赔款时：

借：原材料（或其他应收款）

  贷：废品损失——××产品

结转由同种合格产品成本负担的废品损失时：

借：生产成本——基本生产成本——××产品

  贷：废品损失——××产品

不可修复废品的生产成本与合格品的生产成本一起归集在相同产品的基本生产成本明细账中，因此需采取一定的方法将不可修复废品的生产成本从产品基本生产成本明细账中转出。不可修复废品的生产成本，可按废品所耗实际费用计算，也可按废品所耗定额费用计算。

1. 按废品所耗实际费用计算

按废品所耗实际费用计算时，要将废品报废时与合格品一起归集的全部实际费用，采用恰当的分配方法，在废品与合格品之间进行分配，计算出废品的实际成本，从"生产成本——基本生产成本"账户的贷方转入"废品损失"账户的借方。

如果废品是在完工以后发现的，这时单位废品负担的各项生产费用应与单位合格品完全相同，可按合格品产量和废品的数量比例分配各项生产费用，计算废品的实际成本。按废品所耗实际费用计算和分配废品损失，符合实际，但核算工作量较大。

2. 按废品所耗定额费用计算

按废品所耗定额费用计算时，按不可修复废品的数量和各项费用定额计算废品的定额成本，从废品的定额成本中扣除废品残料回收价值，算出废品损失，而不考虑废品实际发生的费用。

按废品所耗定额费用计算和分配废品损失，核算工作比较简便，有利于考核和分析废品损失和产品成本。但企业必须具备准确的消耗定额和费用定额资料，否则会影响成本计算的正确性。

二、可修复废品损失的核算

可修复废品损失是指可修复废品在修复过程中发生的各项修复费用。返修前发生的各项生产费用，在产品基本生产成本明细账中不必转出，因为它不是废品损失。对于发生的修复费用，应根据各种费用分配表列示的废品损失金额，编制以下会计分录。

发生各项修复费用时：

借：废品损失——××产品

　　贷：原材料（或应付职工薪酬、制造费用等）

收回残料价值或应收赔款时：

借：原材料（或其他应收款）

　　贷：废品损失——××产品

结转由同种合格产品成本负担的废品损失时：

借：生产成本——基本生产成本——××产品

　　贷：废品损失——××产品

不单独核算废品损失的企业，不设"废品损失"账户和"废品损失"成本项目。只在回收废品残料价值时，借记"原材料"账户，贷记"生产成本——基本生产成本"账户，并从所属有关产品成本明细账的"直接材料"成本项目中扣除残料价值。"生产成本——基本生产成本"账户和所属有关产品成本明细账归集的完工产品总成本，除以扣除废品数量后的合格品数量，就是合格品的单位成本。这样处理很简便，但由于合格品的各成本项目中都包含不可修复废品的生产成本和可修复废品的修复费用，没有对废品损失进行单独的反映，因而会对废品损失的分析和控制产生不利影响。辅助生产车间一般不单独核算废品损失。

能力训练

一、业务场景

启扬机械有限公司生产甲、乙、丙三种产品，202×年9月的具体生产情况如下。

（1）本月生产甲产品400件，生产过程中发现不可修复废品10件，按其所耗实际费用计算废品的生产成本。甲产品成本明细账所列合格品和废品的全部生产费用为：直接材料20 000元，直接人工12 120元，制造费用7 200元，共计39 320元。原材料在生产开始时一次投入。材料费用按产品数量比例分配，其他费用按生产工时比例分配。产品生产工时为：合格品11 700小时，废品300小时。回收废品残料价值120元。

（2）本月生产乙产品200件，生产过程中发现不可修复废品8件，按其所耗定额费用计算废品的生产成本。其原材料费用定额为50元，废品的定额工时为200小时，每小时费用定额为：直接人工3.50元，制造费用1.20元。回收残料价值200元。乙产品成本明细账所列合格品和废品的全部生产费用为：直接材料10 000元，直接人工16 250元，制造费用6 400元，共计32 650元。

（3）本月生产丙产品340件，生产过程中发现可修复废品10件。丙产品成本明细账所列合格品和废品的全部生产费用为：直接材料46 800元，直接人工41 290元，制造费用15 800元，共计103 890元。在可修复废品的修复过程中发生的成本费用为：原材料600元，人工费用830元，制造费用210元。回收残料价值380元，应收责任人赔款500元。

要求：

（1）填写不可修复废品损失计算表（按实际费用计算，见表 1-4-1），编制甲产品不可修复废品相关的会计分录，登记甲产品的基本生产成本明细账（见表 1-4-2）。

（2）填写不可修复废品损失计算表（按定额费用计算，见表 1-4-3），编制乙产品不可修复废品相关的会计分录，登记乙产品的基本生产成本明细账（见表 1-4-4）。

（3）编制丙产品可修复废品相关的会计分录，登记丙产品的基本生产成本明细账（见表 1-4-5）。

表 1-4-1　　　　　　　　　　不可修复废品损失计算表（按实际费用计算）

产品名称：甲产品　　　　　　　　　　　　202×年 9 月　　　　　　　　　　　　金额单位：元

项目	数量/件	直接材料	生产工时/小时	直接人工	制造费用	成本合计
合格品和废品生产费用						
费用分配率						
废品生产成本						
减：废品残料						
废品损失						

表 1-4-2　　　　　　　　　　基本生产成本明细账

产品名称：甲产品　　　　　　　　　　　　　　　　　　　　　　　　　　　　　单位：元

202×年		凭证号数	摘要	成本项目				合计
月	日			直接材料	直接人工	制造费用	废品损失	
9	30	略	分配材料费用	20 000				20 000
	30		分配人工费用		12 120			12 120
	30		分配制造费用			7 200		7 200

表 1-4-3　　　　　　　　　　不可修复废品损失计算表（按定额费用计算）

产品名称：乙产品　　　　　　　　　　　　202×年 9 月　　　　　　　　　　　　金额单位：元

项目	数量/件	直接材料	生产工时/小时	直接人工	制造费用	成本合计
每件或每小时费用定额						
废品定额成本						
减：废品残料						
废品损失						

表 1-4-4　　　　　　　　　　基本生产成本明细账

产品名称：乙产品　　　　　　　　　　　　　　　　　　　　　　　　　　　　　单位：元

202×年		凭证号数	摘要	成本项目				合计
月	日			直接材料	直接人工	制造费用	废品损失	
9	30	略	分配材料费用	10 000				10 000
	30		分配人工费用		16 250			16 250
	30		分配制造费用			6 400		6 400

表 1-4-5　　　　　　　　　　　　基本生产成本明细账

产品名称：丙产品　　　　　　　　　　　　　　　　　　　　　　　　单位：元

202×年		凭证号数	摘要	成本项目				合计
月	日			直接材料	直接人工	制造费用	废品损失	
9	30	略	分配材料费用	46 800				46 800
	30		分配人工费用		41 290			41 290
	30		分配制造费用			15 800		15 800

二、注意事项

（1）保持细致严谨的工作态度。

（2）做到金额计算准确、分录书写正确、单据填写完整、账簿登记规范。

三、操作过程

（1）按所耗实际费用核算甲产品不可修复废品损失。

序号	操作步骤	操作方法及说明	操作标准
1	工作准备	认真阅读案例资料，准备计算器、笔、纸等文具	读懂案例资料，文具准备齐全
2	计算费用分配率	直接材料分配率=20 000÷400=50（元/件） 直接人工分配率=12 120÷（11 700+300）=1.01（元/小时） 制造费用分配率=7 200÷（11 700+300）=0.60（元/小时）	各成本项目费用分配率计算正确
3	计算不可修复废品的生产成本	不可修复废品的生产成本=10×50+300×1.01+300×0.60=983（元）	不可修复废品的生产成本计算正确
4	计算不可修复废品净损失	不可修复废品净损失=983-120=863（元）	不可修复废品净损失计算正确
5	填写不可修复废品损失计算表	不可修复废品损失计算表（按实际费用计算） 产品名称：甲产品　　202×年9月　　金额单位：元 见下表	各成本项目金额填写正确
6	编制会计分录	见下方分录	账户及金额正确，借贷方向正确，会计分录格式规范

不可修复废品损失计算表（按实际费用计算）

产品名称：甲产品　　　　202×年9月　　　　金额单位：元

项目	数量/件	直接材料	生产工时/小时	直接人工	制造费用	成本合计
合格品和废品生产费用	400	20 000	12 000	12 120	7 200	39 320
费用分配率		50		1.01	0.60	
废品生产成本	10	500	300	303	180	983
减：废品残料		120				120
废品损失		380		303	180	863

转出废品生产成本时：

借：废品损失——甲产品　　　　　　　983

　　贷：生产成本——基本生产成本——甲产品　　　　　983

收回残料价值时：

借：原材料　　　　　　　　　　　　120

　　贷：废品损失——甲产品　　　　　　　　　120

结转由合格产品成本负担的废品损失时：

借：生产成本——基本生产成本——甲产品　　　　863

　　贷：废品损失——甲产品　　　　　　　　863

续

序号	操作步骤	操作方法及说明	操作标准
7	填制甲产品的基本生产成本明细账	基本生产成本明细账 产品名称：甲产品　　　　　　　　　　　单位：元 （见下表）	正确添加"废品损失"成本项目，各成本项目金额填写正确

基本生产成本明细账

产品名称：甲产品　　　　　　　　　　　单位：元

202×年 月	日	凭证号数	摘要	直接材料	直接人工	制造费用	废品损失	合计
9	30	略	分配材料费用	20 000				20 000
	30		分配人工费用		12 120			12 120
	30		分配制造费用			7 200		7 200
	30		转出不可修复废品生产成本	500	303	180		983
	30		转入不可修复废品净损失				863	863
	30		本月完工合格品成本	19 500	11 817	7 020	863	39 200
	30		合格品单位成本	50	30.30	18	2.21	100.51

（2）按所耗定额费用核算乙产品不可修复废品损失。

序号	操作步骤	操作方法及说明	操作标准
1	工作准备	认真阅读案例资料，准备计算器、笔、纸等文具	读懂案例资料，文具准备齐全
2	计算不可修复废品的定额成本	不可修复废品的定额成本=8×50+200×3.50+200×1.20=1 340（元）	不可修复废品的定额成本计算正确
3	计算不可修复废品净损失	不可修复废品净损失=1 340-200=1 140（元）	不可修复废品净损失计算正确
4	填写不可修复废品损失计算表	不可修复废品损失计算表（按定额费用计算） 产品名称：乙产品　　202×年9月　　金额单位：元 （见下表）	各成本项目金额填写正确

不可修复废品损失计算表（按定额费用计算）

产品名称：乙产品　　202×年9月　　金额单位：元

项目	数量/件	直接材料/元	生产工时/小时	直接人工	制造费用	成本合计
每件或每小时费用定额	8	50	200	3.50	1.20	
废品定额成本		400		700	240	1 340
减：废品残料		200				200
废品损失		200		700	240	1 140

序号	操作步骤	操作方法及说明	操作标准
5	编制会计分录	转出废品生产成本时： 　借：废品损失——乙产品　　　　　　　　　1 340 　　　贷：生产成本——基本生产成本——乙产品　　1 340 收回残料价值时： 　借：原材料　　　　　　　　　　　　　　200 　　　贷：废品损失——乙产品　　　　　　　　　200 结转由合格产品成本负担的废品损失时： 　借：生产成本——基本生产成本——乙产品　1 140 　　　贷：废品损失——乙产品　　　　　　　　　1 140	账户及金额正确，借贷方向正确，会计分录格式规范

续

序号	操作步骤	操作方法及说明	操作标准
6	填制乙产品的基本生产成本明细账	详见下表	正确添加"废品损失"成本项目，各成本项目金额填写正确

基本生产成本明细账

产品名称：乙产品　　　　　　　　　　　　　　　　单位：元

202×年		凭证号数	摘要	成本项目				合计
月	日			直接材料	直接人工	制造费用	废品损失	
9	30	略	分配材料费用	10 000				10 000
	30		分配人工费用		16 250			16 250
	30		分配制造费用			6 400		6 400
	30		转出不可修复废品生产成本	400	700	240		1 340
	30		转入不可修复废品净损失				1 140	1 140
	30		本月完工合格品成本	9 600	15 550	6 160	1 140	32 450
	30		合格品单位成本	50	80.99	32.08	5.94	169.01

（3）核算丙产品可修复废品损失。

序号	操作步骤	操作方法及说明	操作标准
1	工作准备	认真阅读案例资料，准备计算器、笔、纸等文具	读懂案例资料，文具准备齐全
2	计算可修复废品的修复费用	可修复废品的修复费用=600+830+210=1 640（元）	可修复废品的修复费用计算正确
3	计算可修复废品净损失	可修复废品净损失=1 640-380-500=760（元）	可修复废品净损失计算正确
4	编制会计分录	发生各种修复费用时： 借：废品损失——丙产品　　　　　1 640 　　贷：原材料　　　　　　　　　　　600 　　　　应付职工薪酬　　　　　　　830 　　　　制造费用　　　　　　　　　210 收回残料价值时： 借：原材料　　　　　　　　　　　380 　　贷：废品损失——丙产品　　　　　380 应收责任人赔款： 借：其他应收款　　　　　　　　　500 　　贷：废品损失——丙产品　　　　　500 结转由合格产品成本负担的废品损失时： 借：生产成本——基本生产成本——丙产品　760 　　贷：废品损失——丙产品　　　　　760	账户及金额正确，借贷方向正确，会计分录格式规范

续

序号	操作步骤	操作方法及说明	操作标准
5	填制丙产品的基本生产成本明细账	见下表	正确添加"废品损失"成本项目，各成本项目金额填写正确

基本生产成本明细账

产品名称：丙产品　　　　　　　　　　　　　　　单位：元

202×年		凭证号数	摘要	成本项目				合计
月	日			直接材料	直接人工	制造费用	废品损失	
9	30	略	分配材料费用	46 800				46 800
	30		分配人工费用		41 290			41 290
	30		分配制造费用			15 800		15 800
	30		转入可修复废品净损失				760	760
	30		本月完工合格品成本	46 800	41 290	15 800	760	104 650
	30		合格品单位成本	137.65	121.44	46.47	2.24	307.79

【问题情境一】

启扬机械有限公司生产的零部件，废品率较高，单独设置"废品损失"账户核算废品损失。现在公司引进全新的生产线，生产工艺改进，废品率大幅度下降，偶尔能发现一两件废品，产品合格率达到 99.99%。公司不想再通过"废品损失"账户核算废品损失，该怎么办？

提示：对于是否设置"废品损失"账户核算废品损失，没有强制性规定，公司可灵活选择。启扬机械有限公司生产工艺改进前，废品率较高，单独设置账户核算废品损失，有利于废品的管理和废品损失的核算。现在生产工艺改进之后，废品率大幅度下降，只是偶尔发现一两件废品，为了简化核算工作，可以不设"废品损失"账户核算废品损失。只在回收废品残料价值时，借记"原材料"账户，贷记"生产成本——基本生产成本"账户，并从所属有关产品成本明细账的"直接材料"成本项目中扣除残料价值。

【问题情境二】

晨阳机械有限公司在生产过程中发现可修复废品 4 件，发生修复费用为：原材料 1 000 元，人工费用 2 650 元，制造费用 840 元。会计人员在记账时，由于工作疏忽，将原材料费用记为 10 000 元，该怎么办？

提示：对于可修复废品发生的修复费用，应该记入"废品损失"账户。领用原材料 1 000 元，现在错误记为 10 000 元，多记了 9 000 元，可以采用错账更正方法中的红字冲销法进行更正。

四、学习结果评价

序号	评价内容	评价标准	评价结果
1	按所耗实际费用核算甲产品不可修复废品损失	能正确计算费用分配率	□是□否
		能正确计算不可修复废品的生产成本	□是□否
		能正确计算不可修复废品净损失	□是□否
		能正确填写不可修复废品损失计算表	□是□否
		能正确编制会计分录	□是□否
		能正确填制甲产品的基本生产成本明细账	□是□否

续

序号	评价内容	评价标准	评价结果
2	按所耗定额费用核算乙产品不可修复废品损失	能正确计算不可修复废品的定额成本	□是□否
		能正确计算不可修复废品净损失	□是□否
		能正确填写不可修复废品损失计算表	□是□否
		能正确编制会计分录	□是□否
		能正确填制乙产品的基本生产成本明细账	□是□否
3	核算丙产品可修复废品损失	能正确计算可修复废品的修复费用	□是□否
		能正确计算可修复废品净损失	□是□否
		能正确编制会计分录	□是□否
		能正确填制丙产品的基本生产成本明细账	□是□否
4	总评	"是"与"否"在本次评价中所占百分比	"是"占＿＿%　"否"占＿＿%

课后作业

一、单项选择题

1. 生产过程中或入库后发现的各种废品损失，不包括（　　　）。

　　A. 不可修复废品的报废损失

　　B. 修复废品人员工资

　　C. 修复废品领用材料

　　D. 实行包退、包修、包换企业销售后发现的产品损失

2. 甲产品 8 月在生产过程中发现的不可修复废品的生产成本为 600 元，入库后发现的不可修复废品的生产成本为 350 元，可修复废品的修复费用为 420 元，回收废品残料的价值为 150 元，则该产品 8 月的废品净损失是（　　　）。

　　A. 950 元　　　　　B. 1 370 元　　　　　C. 1 220 元　　　　　D. 800 元

3. 丙公司产品入库后发现可修复废品一批，生产成本为 10 000 元，返修过程中发生材料费用 1 500 元、人工费用 3 600 元、制造费用 2 100 元，回收废品残料作价 800 元，应收过失人赔款 1 000 元。不考虑其他因素，该批废品净损失为（　　　）。

　　A. 5 400 元　　　　B. 15 400 元　　　　C. 7 200 元　　　　D. 6 400 元

4. 丁公司产品入库后发现不可修复废品一批，该批废品的成本构成为：直接材料 5 000 元、直接人工 3 000 元、制造费用 2 000 元，回收废品残料作价 800 元，应收过失人赔款 1 000 元。不考虑其他因素，该批废品净损失为（　　　）。

　　A. 9 200 元　　　　B. 8 200 元　　　　C. 10 800 元　　　　D. 10 000 元

二、多项选择题

1. 下列各项中，不作为废品损失核算的有（　　　）。

　　A. 产品入库后保管不善造成的毁损变质损失

　　B. 不可修复废品的生产成本

　　C. 可降价出售的不合格产品的降价损失

　　D. 可修复废品的修复费用

2. 核算废品损失过程中，可能贷记（ ）账户。

A. "生产成本——基本生产成本"   B. "废品损失"

C. "应付职工薪酬"   D. "原材料"

3. 计算废品的净损失应包括（ ）。

A. 废品的残值   B. 废品的应收赔款

C. 可修复废品的修复费用   D. 不可修复废品的生产成本

三、判断题

1. 可修复废品是指技术上可以修复的废品。（ ）

2. 发现废品时，可修复废品的生产成本需要从"生产成本——基本生产成本"账户转出，而不可修复废品则不需要转出。（ ）

3. 废品损失是在生产过程中发现的不可修复废品的生产成本，扣除废品残料回收价值以后的损失。（ ）

四、案例分析题

1. 海洋公司生产甲产品，202×年 8 月投产 564 件，完工验收入库发现不可修复废品 4 件，合格品 560 件。合格品生产工时 376 320 小时，废品生产工时 2 688 小时。甲产品生产成本明细账所记合格品和废品的全部生产费用为：直接材料 3 350 160 元，直接人工 4 169 088 元，制造费用 3 411 072 元。原材料在生产开始时一次性投入，废品残料入库作价 2 160 元，应收责任人赔款 5 000 元，废品净损失由当月同种产品的合格品成本负担。

要求：根据资料填写不可修复废品损失计算表（按实际费用计算，见表 1-4-6），编制有关废品损失的会计分录。

表 1-4-6   不可修复废品损失计算表（按实际费用计算）

产品名称：甲产品   202×年 8 月   金额单位：元

项目	数量/件	直接材料	生产工时/小时	直接人工	制造费用	成本合计
合格品和废品生产费用						
费用分配率						
废品生产成本						
减：废品残料						
减：应收赔款						
废品损失						

2. 锦阳公司生产甲产品，202×年 9 月在生产过程中发现不可修复废品 20 件、可修复废品 10 件，具体资料如下。

（1）不可修复废品按其所耗定额费用计算废品的生产成本。其中，材料费用定额为 1 000 元，发生的定额工时共计 2 400 小时，每小时的费用定额为直接人工 8.5 元、制造费用 6 元。

（2）可修复废品发生的修复费用为：直接材料 3 000 元，直接人工 5 600 元，制造费用 2 460 元。

（3）不可修复废品回收残料作价 4 230 元，可修复废品没有回收的残料。经查，不可修复废品是工人小张操作不规范造成的，由其赔偿 10 000 元；可修复废品是机器设备故障造成的。废品净损失由当月同种产品的合格品成本负担。

要求：根据资料填写不可修复废品损失计算表（按定额费用计算，见表 1-4-7），编制有关废品损失的会计分录。

表 1-4-7 不可修复废品损失计算表（按定额费用计算）

产品名称：甲产品　　　　　　　　　　　202×年 9 月　　　　　　　　　　金额单位：元

项目	数量/件	直接材料	生产工时/小时	直接人工	制造费用	成本合计
每件或每小时费用定额						
废品定额成本						
减：废品残料						
减：应收赔款						
废品损失						

职业能力 1-4-2　能够正确核算停工损失并进行账务处理

核心概念

停工损失

学习目标

- 掌握停工损失的概念及其账户设置；
- 掌握停工损失的核算；
- 能正确编制停工损失相关的会计分录；
- 树立节约意识与大局意识。

基本知识

　　停工损失是指生产车间或车间内某个班组在停工期间发生的各项费用，包括停工期间发生的原材料费用、人工费用和制造费用等。应由过失单位或过失人或保险公司负担的赔款，应从停工损失中扣除。为了简化核算工作，不满一个工作日的停工，一般不计算停工损失。

　　企业发生停工的原因很多，比如自然灾害、原材料供应不足、机器设备发生故障、电力中断、计划内减产、进行大修理、季节性停工等；自然灾害引起的停工损失，应转作营业外支出；原材料供应不足、机器设备发生故障、电力中断、计划内减产等引起的停工损失，应计入产品成本。

　　季节性生产企业的季节性停工，以及正常生产周期内的修理期间的停工是生产经营过程中的正常现象，停工期间内发生的费用不属于停工损失的范畴，不应作为停工损失核算。

　　为了单独核算停工损失，应增设"停工损失"账户，在成本项目中增设"停工损失"成本项目。"停工损失"账户按生产车间设置明细账，账内按产品品种和成本项目登记停工损失的详细资料。

　　发生停工时，停工的车间应填制停工报告单，经过有关部门审核后，将其作为核算停工损失的依据。根据停工报告单和各种费用分配表、分配汇总表等有关凭证，汇总应计入停工损失的各项费用，并编制以下会计分录。

借：停工损失——××车间
  贷：原材料（应付职工薪酬、制造费用等）

属于应由过失单位或过失人或保险公司支付的赔款，编制以下会计分录。

借：其他应收款
  贷：停工损失——××车间

属于自然灾害造成的停工损失，编制以下会计分录。

借：营业外支出
  贷：停工损失——××车间

属于应由本月生产的产品成本负担的停工损失：若停工车间只生产一种产品，则由该种产品成本负担；若停工车间生产多种产品，则应采用适当的方法分配计入各种产品的成本。会计分录如下。

借：生产成本——基本生产成本——××产品
  贷：停工损失——××车间

经过归集和分配，"停工损失"账户月末无余额。

不单独核算停工损失的企业，不设"停工损失"账户和"停工损失"成本项目。停工期间发生的属于停工损失的各项费用，直接记入"制造费用"和"营业外支出"等账户。这样处理很简便，但不利于分析和控制停工损失。辅助生产车间一般不单独核算停工损失。

📝 能力训练

一、业务场景

启扬机械有限公司有第一、第二两个基本生产车间，位于公司的不同厂区，分别生产甲、乙两种产品，202×年8月的相关资料如下。

（1）第一车间突然断电导致停工4天，停工期间损失材料费用6 200元，应支付生产工人职工薪酬9 400元，应分摊制造费用4 300元。经查，突然断电是电力公司光缆损坏造成的，由电力公司赔偿10 000元，其余损失由公司承担。

（2）第二车间突发火灾导致停工3天，停工期间损失材料费用2 700元，应支付生产工人职工薪酬6 800元，应分摊制造费用1 800元。保险公司赔偿损失的40%。

要求：编制停工损失相关的会计分录。

二、注意事项

（1）保持细致严谨的工作态度。

（2）做到金额计算准确、分录书写正确。

三、操作过程

序号	操作步骤	操作方法及说明	操作标准
1	工作准备	认真阅读案例资料，准备计算器、笔、纸等文具	读懂案例资料，文具准备齐全
2	计算第一、第二车间的停工损失	第一车间的停工损失=6 200+9 400+4 300=19 900（元） 第二车间的停工损失=2 700+6 800+1 800=11 300（元）	各车间停工损失计算正确
3	计算第一、第二车间的停工净损失	第一车间的停工净损失=19 900-10 000=9 900（元） 第二车间的停工净损失=11 300×（1-40%）=6 780（元）	各车间停工净损失计算正确

续

序号	操作步骤	操作方法及说明		操作标准
4	编制第一车间的会计分录	发生停工损失时： 借：停工损失——第一车间 　　贷：原材料 　　　　应付职工薪酬 　　　　制造费用 应由电力公司支付的赔款： 借：其他应收款——电力公司 　　贷：停工损失——第一车间 应由甲产品承担的停工损失： 借：生产成本——基本生产成本——甲产品 　　贷：停工损失——第一车间	19 900 6 200 9 400 4 300 10 000 10 000 9 900 9 900	账户及金额正确，借贷方向正确，会计分录格式规范
5	编制第二车间的会计分录	发生停工损失时： 借：停工损失——第二车间 　　贷：原材料 　　　　应付职工薪酬 　　　　制造费用 应由保险公司支付的赔款： 借：其他应收款——保险公司 　　贷：停工损失——第二车间 应由乙产品承担的停工损失： 借：营业外支出 　　贷：停工损失——第二车间	11 300 2 700 6 800 1 800 4 520 4 520 6 780 6 780	账户及金额正确，借贷方向正确，会计分录格式规范

【问题情境一】

因供电线路接触不良，导致启扬机械有限公司基本生产车间停电1小时，后经供电公司检修，1小时后车间恢复正常运转。基本生产车间1小时的停工是否计入停工损失？

提示：为了简化核算工作，不满一个工作日的停工，一般不计算停工损失。启扬机械有限公司基本生产车间因供电线路接触不良停工1小时，不满一个工作日，可不计算停工损失。

【问题情境二】

青果果汁有限公司生产山楂汁，因为公司没有足够的仓储能力，经常出现山楂供应不足的现象，导致公司经常性停工。公司为了更好地分析和控制停工损失，单独设置"停工损失"账户进行核算。现在公司接受了新的投资，建立了冷藏仓库，完全能够满足正常经营过程中山楂的供应问题，不会出现供应不足的现象。该公司可以不再单独核算停工损失吗？

提示：青果果汁有限公司因为之前仓储能力不足，经常出现原材料供应不足的现象，导致公司经常性停工，应该单独核算停工损失。现在因为公司建立了冷藏仓库，不再出现原材料供应不足的现象，公司不会经常性停工，因此，为了简化核算工作，公司可以不再单独核算停工损失。停工期间发生的属于停工损失的各项费用，直接记入"制造费用""营业外支出"等账户。

四、学习结果评价

序号	评价内容	评价标准	评价结果
1	计算第一、第二车间的停工损失	能正确计算第一车间的停工损失	□是□否
		能正确计算第二车间的停工损失	□是□否

续

序号	评价内容	评价标准	评价结果
2	计算第一、第二车间的停工净损失	能正确计算第一车间的停工净损失	□是□否
		能正确计算第二车间的停工净损失	□是□否
3	编制会计分录	能正确编制第一、第二车间发生停工损失时的会计分录	□是□否
		能正确编制应收电力公司、保险公司赔款的会计分录	□是□否
		能正确编制应由甲产品、乙产品成本承担的停工损失的会计分录	□是□否
4	总评	"是"与"否"在本次评价中所占百分比	"是"占____%　"否"占____%

课后作业

一、单项选择题

1. 应计入产品成本的停工损失的是（　　　）。

　　A. 应由过失单位赔偿的停工损失

　　B. 原材料供应短缺造成的停工损失

　　C. 地震造成的停工损失

　　D. 应由保险公司赔偿的停工损失

2. 海阳公司生产甲产品，202×年 3 月地震导致停工 10 天。停工期间发生的各项费用为：原材料 19 820 元，人工费用 36 070 元，制造费用 12 300 元。该停工损失由保险公司赔偿 40 000 元，则停工净损失为（　　　）元，应记入（　　　）账户。

　　A. 68 190　"营业外支出"

　　B. 28 190　"生产成本——基本生产成本——甲产品"

　　C. 28 190　"营业外支出"

　　D. 68 190　"生产成本——基本生产成本——甲产品"

二、多项选择题

1. "停工损失"账户贷方对应的可能有（　　　）账户。

　　A. "其他应收款"　　　　　　　　　　B. "营业外支出"

　　C. "生产成本——基本生产成本"　　　D. "原材料"

2. "停工损失"账户借方对应的可能有（　　　）账户。

　　A. "制造费用"　　B. "管理费用"　　C. "应付职工薪酬"　　D. "原材料"

三、判断题

1. 不满一个工作日的停工损失，也应计入停工损失中。（　　　）

2. 非季节性的停工损失应该计入当期损益。（　　　）

四、案例分析题

海洋公司第一车间由于机器设备故障停工 3 天，停工期间发生的费用为：领用原材料 3 600 元，应付生产工人职工薪酬 9 400 元，应分配制造费用 2 740 元。应由相关责任人赔偿 2 000 元，其余由该车间生产的两种产品按生产工时比例分配承担，甲产品的生产工时为 3 160 小时，乙产品的生产工时为 1 420 小时。

要求：编制有关停工损失的会计分录。

工作任务 1-5 生产费用在完工产品与在产品之间的分配

职业能力 1-5-1 能够正确进行在产品的数量核算与管理

核心概念

在产品 广义的在产品 狭义的在产品

学习目标

- 理解广义在产品和狭义在产品；
- 掌握在产品盘盈与盘亏的核算；
- 能结合不同企业的特点，做好在产品收发结存的核算与管理工作；
- 弘扬遵纪守法、诚实守信的专业精神。

基本知识

在产品是指已经投入生产，没有完成全部生产过程，不能作为商品销售的产品。在产品有广义和狭义之分。

广义的在产品是就整个企业来说的，是指从投产开始至最终制成产成品验收入库前的一切产品，包括正在加工过程中的在产品、已经完成一个或几个生产步骤还需继续加工的半成品、已完工但尚未验收入库的产成品和正在返修或等待返修的废品等。已经验收入库、准备对外销售的自制半成品属于商品产品，虽未完成全部生产过程，但不应列入在产品范畴。

狭义的在产品是就某一生产车间或生产步骤来说的，仅指该生产车间或生产步骤正在加工中的在产品。该生产车间或生产步骤完工的半成品不包括在内。

一、在产品数量的核算

准确计量在产品的数量是正确核算在产品成本的前提。核算在产品数量的工作主要包括两方面：一是做好在产品收入、发出和结存的核算，通过账面资料确定；二是做好在产品定期和不定期的清查，通过实地盘点确定。

在产品收发结存的日常核算，通常是通过在产品收发结存账（亦称在产品台账，见表 1-5-1）进行的，该账区分车间并按照产品品种和在产品的名称设置，提供车间各种在产品收发结存动态的业务核算资料。

表 1-5-1　　　　　　　　　　　在产品收发结存账（在产品台账）

车间：　　　　　　　　　　　　　　在产品名称：　　　　　　　　　　　　　　　单位：

年		摘要	收入		转出			结存	
月	日		凭证号	数量	凭证号	合格品	废品	完工	未完工
		合计							

二、在产品盘盈盘亏的核算

为确定在产品的数量，保护在产品的安全，企业需要定期或不定期地进行在产品清查，以保证账实相符。通常，在产品清查在每月月末进行，通过实地盘点确定在产品的实际结存数量，并将其与在产品收发结存账记录的结存数量进行核对。如有不符，应编制在产品盘点报告表（或在产品盘盈盘亏报告表，见表 1-5-2），填明在产品名称、盘点数量、账面数量、盘点结果和处理意见等。

表 1-5-2　　　　　　　　　　　　在产品盘点报告表

车间：　　　　　　　　　　　　　　　　　　　　　年　　　月　　　日

在产品	单位	盘点数量	账面数量	单位成本	总成本	盘点结果	处理意见	备注

主管：　　　　　　　审核：　　　　　　　　　保管：　　　　　　　　　盘点：

对于盘盈的在产品，应及时办理在产品入账手续，按盘盈在产品的实际成本、定额成本，借记"生产成本——基本生产成本"账户，贷记"待处理财产损溢——待处理流动资产损溢"账户；按照规定核销时，借记"待处理财产损溢——待处理流动资产损溢"账户，贷记"管理费用"账户，以冲减管理费用。

对于盘亏和毁损的在产品，借记"待处理财产损溢——待处理流动资产损溢"账户，贷记"生产成本——基本生产成本"账户，以冲减在产品的账面价值。对于毁损的在产品残值，应借记"原材料"账户，贷记"待处理财产损溢"账户，以冲减其损失；按照规定核销时，应根据不同情况分别将损失从"待处理财产损溢"账户的贷方转入有关账户的借方。应由过失人或保险公司赔偿的部分，借记"其他应收款"或"银行存款"账户；自然灾害或意外事故等非常原因形成的部分，借记"营业外支出"账户；管理不善等原因形成的部分，借记"管理费用"账户。

📝 **能力训练**

一、业务场景

202×年 9 月，启扬机械有限公司对基本生产车间的月末在产品进行盘点清查，发现甲在产品盘盈 5 件，实际成本 50 元，系收发计量错误造成；乙在产品盘亏 8 件，实际成本 100 元，系车间管理不规范和工作人员失职造成，车间和过失人各承担 50%损失；丙在产品毁损 2 件，实际成本 40 元，系车间生产工人违规操作造成，残料回收 10 元，其余损失由过失人承担。

要求：根据盘点清查的结果进行相应的账务处理。

二、注意事项

（1）保持谨慎细致的职业态度。

（2）做到逻辑合理、账务处理规范。

三、操作过程

序号	操作步骤	操作方法及说明	操作标准
1	工作准备	认真阅读案例资料，准备计算器、笔、纸等文具	读懂案例资料，文具准备齐全
2	甲在产品盘盈的核算	发现盘盈时： 借：生产成本——基本生产成本——甲产品　50 　　贷：待处理财产损溢——待处理流动资产损溢　50 查明原因时： 借：待处理财产损溢——待处理流动资产损溢　50 　　贷：管理费用　50	账户及金额正确，借贷方向正确，会计分录格式规范
3	乙在产品盘亏的核算	发现盘亏时： 借：待处理财产损溢——待处理流动资产损溢　100 　　贷：生产成本——基本生产成本——乙产品　100 查明原因时： 借：管理费用　50 　　其他应收款　50 　　贷：待处理财产损溢——待处理流动资产损溢　100	账户及金额正确，借贷方向正确，会计分录格式规范
4	丙在产品毁损的核算	发现毁损时： 借：待处理财产损溢——待处理流动资产损溢　40 　　贷：生产成本——基本生产成本——丙产品　40 查明原因时： 借：原材料　10 　　其他应收款　30 　　贷：待处理财产损溢——待处理流动资产损溢　40	账户及金额正确，借贷方向正确，会计分录格式规范

【问题情境一】

发现启扬机械有限公司的甲在产品盘盈后，会计人员因为工作疏忽，当月忘记进行账务处理，怎么办？

提示：会计人员应该于下月补记该笔账务处理。

【问题情境二】

晨阳机械有限公司生产各种型号的机械零部件，月末进行在产品盘点时，因为盘点人员工作疏忽，漏盘了一种型号的零部件，此时该怎么办？

提示：公司应加强在产品的管理，应定期或不定期地进行清查，做到在产品账实相符，保护在产品的安全、完整。晨阳机械有限公司在发生上述情况时，可安排相关人员于下月合适的时间进行清查盘点，以取得在产品的实际盘存资料。

四、学习结果评价

序号	评价内容	评价标准	评价结果
1	甲在产品盘盈的核算	能正确编制发现甲产品盘盈时的会计分录	□是□否
		能正确编制查明原因时的会计分录	□是□否
2	乙在产品盘亏的核算	能正确编制发现乙产品盘亏时的会计分录	□是□否
		能正确编制查明原因时的会计分录	□是□否
3	丙在产品毁损的核算	能正确编制发现丙产品毁损时的会计分录	□是□否
		能正确编制查明原因时的会计分录	□是□否
4	总评	"是"与"否"在本次评价中所占百分比	"是"占____% "否"占____%

课后作业

一、单项选择题

1. 某企业月末进行财产清查时发现在产品盘盈，则应借记（   ）账户。
   - A. "生产成本——基本生产成本"
   - B. "管理费用"
   - C. "制造费用"
   - D. "待处理财产损溢"

2. 下列属于狭义在产品的是（   ）。
   - A. 正在各个车间加工中的在产品
   - B. 转入各半成品库等待继续加工的半成品
   - C. 对外销售的自制半成品
   - D. 已经完成全部生产过程但尚未验收入库的产成品

二、判断题

1. 已经完工但尚未验收入库的在产品，属于狭义在产品。（   ）
2. 对于盘亏的在产品，应于批准后，冲减管理费用。（   ）
3. 对于在产品的管理，只需要确保能够做好日常的收发结存核算工作，不需要清查。（   ）

三、案例分析题

华阳工厂基本生产车间202×年10月对期末在产品进行清查，具体清查结果如下：甲在产品盘亏20件，单位成本100元，属车间工作人员保管不当造成，由过失人赔偿全部款项，款项已经收到；乙在产品盘盈5件，单位成本200元；丙在产品毁损40件，单位成本150元，残料入库作价2 000元，保险公司赔偿3 000元，款项尚未收到，其余损失计入产品成本。

要求：根据以上资料，编制会计分录。

职业能力1-5-2 能够采用简单方法进行生产费用分配

核心概念

不计算在产品成本法　在产品按固定成本计价法　在产品按完工产品成本计价法
在产品按所耗原材料费用计价法

🔍 学习目标

- 掌握不同分配方法的基本原理；
- 理解不同分配方法的适用范围；
- 能结合不同企业的特点，采用适当的方法对生产费用进行分配；
- 具有较强的数据处理能力与辩证思维能力。

📖 基本知识

通过对各种要素费用的归集和分配，应计入本月各种产品的费用均已按成本项目分别登记在各自的生产成本明细账中，此时生产成本明细账中的累计生产费用（包括月初在产品成本和本月生产费用）就是本月所生产的该产品的总成本。

如果当月产品全部完工，则累计生产费用应全部由完工产品承担，计入当月完工产品成本。

如果当月产品全部未完工，则累计生产费用应全部由在产品承担，计入月末在产品成本。

如果当月产品部分完工，部分未完工，此时就需要采用合理的方法将生产费用在完工产品与在产品之间进行分配。完工产品成本和在产品成本之间的计算关系，可用下列公式表示。

月初在产品成本+本月生产费用=本月完工产品成本+月末在产品成本

上述公式中，月初在产品成本就是上月月末在产品成本。等式左边就是累计生产费用，可以直接从产品的生产成本明细账中得到。等式右边表示累计生产费用在本月完工产品和月末在产品之间的分配，需采用相应的分配方法计算求得。

从上述公式可以看出，确定完工产品成本的方法有两种：一种是将累计生产费用在完工产品和在产品之间按一定比例进行分配，同时计算完工产品成本和月末在产品成本；另一种是先确定月末在产品成本，再从累计生产费用中减去月末在产品成本，计算完工产品成本。具体公式如下。

本月完工产品成本=月初在产品成本+本月生产费用-月末在产品成本

因此，如何在完工产品和在产品之间合理又简便地分配生产费用，是成本核算工作中的重要环节。企业应当根据在产品数量、各月在产品数量变化、各项费用比重、定额管理基础以及管理的要求等具体条件，选择适合的生产费用分配方法。常用的分配方法有：不计算在产品成本法、在产品按固定成本计价法、在产品按完工产品成本计价法、在产品按所耗原材料费用计价法、约当产量比例法、在产品按定额成本计价法以及定额比例法等。本小节先介绍前四种简单的费用分配方法。

一、不计算在产品成本法

不计算在产品成本法是指虽然月末有结存在产品，但月末在产品数量很少，价值很低，且各月在产品数量比较稳定，从而可忽略不计月末在产品成本的一种方法。

为简化成本核算工作，根据重要性原则，运用此方法时可不计算在产品成本，本月发生的生产费用全部由完工产品负担。用计算公式表示为：

本月完工产品成本=月初在产品成本（不计算）+本月生产费用-月末在产品成本（不计算）
　　　　　　　=本月生产费用

这种方法适用于各月月末在产品数量都很少，且每月月末在产品数量差异不大，是否计算在产品成本对计算完工产品成本影响不大的产品。

二、在产品按固定成本计价法

在产品按固定成本计价法是指对各月月末在产品按年初在产品成本计价的一种方法。为简化核算工作，各月在产品成本固定按年初数计算，某种产品本月发生的生产费用就是本月完工产品的成本。年终时，根据实地盘点的在产品数量，重新调整计算在产品成本，以避免在产品成本与实际差别过大，影响成本计算的正确性。

在这种方法下，每年 1—11 月，不论在产品的数量是否变化，各月在产品成本均固定按年初数计算，即上年 12 月末的在产品成本作为各月在产品成本。此时，完工产品成本的计算公式为：

完工产品成本＝月初在产品成本（固定年初数）＋本月生产费用－月末在产品成本（固定年初数）
$\qquad$＝本月生产费用

上述公式中的固定年初数为上年 12 月末在产品成本。

每年 12 月，应根据实际盘点的在产品数量，计算 12 月末在产品成本，并将其作为下一年度在产品的固定成本，以避免在产品的账面成本与实际成本差别过大，影响产品成本计算的准确性。此时，完工产品成本的计算公式为：

完工产品成本＝月初在产品成本（固定年初数）＋本月生产费用－月末在产品成本

上述公式中的固定年初数为上年 12 月末在产品成本。

这种方法适用于各月末在产品数量较少，或者虽然在产品数量较多，但各月末在产品数量变动不大，月初、月末在产品成本的差额对完工产品成本影响不大的产品。

三、在产品按完工产品成本计价法

在产品按完工产品成本计价法是指将月末在产品视同完工产品，根据月末在产品数量与本月完工产品数量比例来分配生产费用的一种方法。相关计算公式如下。

某成本项目总额＝月初在产品该成本项目金额＋本月该成本项目发生额

某成本项目分配率＝该成本项目总额/（本月完工产品数量＋月末在产品数量）

月末在产品某成本项目金额＝月末在产品数量×某成本项目分配率

月末在产品成本＝月末在产品所有成本项目金额合计

完工产品某成本项目金额＝完工产品数量×某成本项目分配率

完工产品成本＝完工产品所有成本项目金额合计

这种方法适用于在产品接近完工或在产品已经完工但尚未验收入库的产品。

四、在产品按所耗原材料费用计价法

在产品按所耗原材料费用计价法是指月末只将原材料费用在完工产品与月末在产品之间进行分配，其他费用全部由完工产品承担的一种方法。

在这种方法下，各月月末在产品成本只包含材料成本，因此在对生产费用进行分配时，只需要将原材料费用在完工产品与月末在产品之间进行分配，直接人工、制造费用等其他费用则不需要分配，全部计入本月完工产品成本。相关计算公式如下。

直接材料分配率＝（月初在产品直接材料成本＋本月直接材料发生额）/（本月完工产品数量＋月末在产品数量）

完工产品成本＝月初在产品成本＋本月生产费用－月末在产品成本
$\qquad$＝月初在产品直接材料成本＋本月生产费用－月末在产品直接材料成本

或　　　　　　=完工产品数量×直接材料分配率+本月发生其他费用

月末在产品成本=月末在产品直接材料成本=月末在产品数量×直接材料分配率

这种方法适用于原材料费用在产品成本中所占比重较大，而且原材料是在生产开始时一次全部投入的产品。由于产品成本中原材料费用比重大，其他费用比重小，对于未完工的在产品来说，月初、月末在产品的其他费用差额较小，为了简化核算工作，可以只计算其所耗的原材料费用，其他费用全部由完工产品负担。

能力训练

一、业务场景

启扬机械有限公司有第一、第二、第三、第四共四个基本生产车间，分别生产甲、乙、丙、丁四种产品，202×年3月的具体生产情况如下。

（1）甲产品每月在产品数量较少，且每月变化不大。发生的生产费用分别为：直接材料40 000元，直接人工35 000元，制造费用10 000元。甲产品本月完工入库8 000件，在产品20件。

（2）乙产品每月末在产品数量较多，但是各月之间变化不大。该产品年初在产品成本为40 000元，其中直接材料20 000元，直接人工12 000元，制造费用8 000元。本月发生生产费用500 000元，其中直接材料260 000元，直接人工140 000元，制造费用100 000元。乙产品本月完工入库2 000件，在产品500件。

（3）丙产品月初在产品成本为7 000元，其中直接材料4 200元，直接人工1 800元，制造费用1 000元。本月发生生产费用共计197 000元，其中直接材料85 800元，直接人工58 200元，制造费用53 000元。丙产品本月完工入库500件，月末在产品100件，在产品接近完工。

（4）丁产品月末在产品只计算原材料费用，原材料于生产开始时一次投入。该产品月初在产品原材料费用为42 000元；本月发生原材料费用318 000元，人工费用50 000元，制造费用20 000元。丁产品本月完工入库5 100件，月末在产品900件。

要求：

（1）运用不计算在产品成本法对甲产品的生产费用进行分配。

（2）运用在产品按固定成本计价法对乙产品的生产费用进行分配。

（3）运用在产品按完工产品成本计价法对丙产品的生产费用进行分配。

（4）运用在产品按所耗原材料费用计价法对丁产品的生产费用进行分配。

二、注意事项

（1）准确进行职业判断。

（2）做到方法运用思路清晰、金额计算准确、账务处理规范。

三、操作过程

（1）运用不计算在产品成本法对甲产品的生产费用进行分配。

序号	操作步骤	操作方法及说明	操作标准
1	工作准备	（1）认真阅读案例资料，准备计算器、笔、纸等文具 （2）搜集产品成本计算单的资料，自行绘制产品成本计算单	读懂案例资料，产品成本计算单绘制规范
2	计算完工产品成本	完工产品成本=本月生产费用=40 000+35 000+10 000=85 000（元）	公式运用正确，完工产品成本计算准确

续

序号	操作步骤	操作方法及说明	操作标准
3	填制产品成本计算单	产品成本计算单 产品名称：甲产品　202×年 3 月　　单位：元 | 摘要	直接材料	直接人工	制造费用	合计
---	---	---	---	---
月初在产品成本	—	—	—	—
本月生产费用	40 000	35 000	10 000	85 000
生产费用合计	40 000	35 000	10 000	85 000
完工产品成本	40 000	35 000	10 000	85 000
月末在产品成本	—	—	—	—		各成本项目金额填写正确
4	编制会计分录	借：库存商品——甲产品　　　　　　　85 000 　　贷：生产成本——基本生产成本——甲产品　85 000	账户及金额正确，借贷方向正确，会计分录格式规范

（2）运用在产品按固定成本计价法对乙产品的生产费用进行分配。

序号	操作步骤	操作方法及说明	操作标准
1	工作准备	（1）认真阅读案例资料，准备计算器、笔、纸等文具 （2）搜集产品成本计算单的资料，自行绘制产品成本计算单	读懂案例资料，产品成本计算单绘制规范
2	计算完工产品成本	完工产品成本=本月生产费用=260 000+140 000+100 000=500 000（元）	公式运用正确，完工产品成本计算准确
3	填制产品成本计算单	产品成本计算单 产品名称：乙产品　202×年 3 月　　单位：元 | 摘要	直接材料	直接人工	制造费用	合计
---	---	---	---	---
月初在产品成本	20 000	12 000	8 000	40 000
本月生产费用	260 000	140 000	100 000	500 000
生产费用合计	280 000	152 000	108 000	540 000
完工产品成本	260 000	140 000	100 000	500 000
月末在产品成本	20 000	12 000	8 000	40 000		各成本项目金额填写正确
4	编制会计分录	借：库存商品——乙产品　　　　　　　500 000 　　贷：生产成本——基本生产成本——乙产品　500 000	账户及金额正确，借贷方向正确，会计分录格式规范

（3）运用在产品按完工产品成本计价法对丙产品的生产费用进行分配。

序号	操作步骤	操作方法及说明	操作标准
1	工作准备	（1）认真阅读案例资料，准备计算器、笔、纸等文具 （2）搜集产品成本计算单的资料，自行绘制产品成本计算单	读懂案例资料，产品成本计算单绘制规范
2	计算各成本项目分配率	直接材料分配率=直接材料总额/完工产品与在产品数量之和 =（4 200+85 800）/（500+100）=150（元/件） 直接人工分配率=直接人工总额/完工产品与在产品数量之和 =（1 800+58 200）/（500+100）=100（元/件） 制造费用分配率=制造费用总额/完工产品与在产品数量之和 =（1 000+53 000）/（500+100）=90（元/件）	公式运用正确，分配率计算准确

续

序号	操作步骤	操作方法及说明	操作标准
3	计算完工产品成本	完工产品成本=500×150+500×100+500×90=170 000（元）	公式运用正确，完工产品成本计算准确
4	计算月末在产品成本	月末在产品成本=100×150+100×100+100×90=34 000（元）	公式运用正确，月末在产品成本计算准确
5	填制产品成本计算单	产品成本计算单 产品名称：丙产品　　202×年3月　　　　　单位：元 见下表	各成本项目金额填写正确
6	编制会计分录	借：库存商品——丙产品　　　　　　　170 000 　　贷：生产成本——基本生产成本——丙产品　　170 000	账户及金额正确，借贷方向正确，会计分录格式规范

产品成本计算单

产品名称：丙产品　　　　202×年3月　　　　　　单位：元

摘要	直接材料	直接人工	制造费用	合计
月初在产品成本	4 200	1 800	1 000	7 000
本月生产费用	85 800	58 200	53 000	197 000
生产费用合计	90 000	60 000	54 000	204 000
完工产品成本	75 000	50 000	45 000	170 000
月末在产品成本	15 000	10 000	9 000	34 000

（4）运用在产品按所耗原材料费用计价法对丁产品的生产费用进行分配。

序号	操作步骤	操作方法及说明	操作标准
1	工作准备	（1）认真阅读案例资料，准备计算器、笔、纸等文具 （2）搜集产品成本计算单的资料，自行绘制产品成本计算单	读懂案例资料，产品成本计算单绘制规范
2	计算直接材料分配率	直接材料分配率=直接材料总额/完工产品与在产品数量之和 =（42 000+318 000）/（5 100+900）=60（元/件）	公式运用正确，分配率计算准确
3	计算完工产品成本	完工产品成本=5 100×60+50 000+20 000=376 000（元） 或　　　　=42 000+（318 000+50 000+20 000）-900×60=376 000 （元）	公式运用正确，完工产品成本计算准确
4	计算月末在产品成本	月末在产品成本=900×60=54 000（元）	公式运用正确，月末在产品成本计算准确
5	填制产品成本计算单	产品成本计算单 产品名称：丁产品　　202×年3月　　　　　单位：元 见下表	各成本项目金额填写正确
6	编制会计分录	借：库存商品——丁产品　　　　　　　376 000 　　贷：生产成本——基本生产成本——丁产品　　376 000	账户及金额正确，借贷方向正确，会计分录格式规范

产品成本计算单

产品名称：丁产品　　　　202×年3月　　　　　　单位：元

摘要	直接材料	直接人工	制造费用	合计
月初在产品成本	42 000	—	—	42 000
本月生产费用	318 000	50 000	20 000	388 000
生产费用合计	360 000	50 000	20 000	430 000
完工产品成本	306 000	50 000	20 000	376 000
月末在产品成本	54 000	—	—	54 000

【问题情境一】

某企业采用在产品按所耗原材料费用计价法分配生产费用。202×年，因改变产品生产工艺，材料费用在产品成本中的比重大幅度下降，与人工费用、制造费用等在产品成本中的比重基本相同，企业还应该继续采用该方法吗？

提示： 企业可以根据在产品数量的多少、各月在产品数量变化的大小、各项费用比重的大小、定额管理基础以及管理的要求等具体条件，选择适合的方法来分配生产费用。在产品按所耗原材料费用计价法适用于材料费用在产品成本中的比重较大，其他费用比重较小的情况。如果由于生产工艺改变，材料费用与其他费用在产品成本中的比重基本相同，则不适合运用该种方法，企业应根据产品的具体情况选用其他适合的方法。

【问题情境二】

某企业月末在产品数量较少，各月之间的数量波动不大，在产品的价值较大，因此采用在产品按固定成本计价法分配生产费用。随着原料、其他费用等价格的下降以及消费者需求的改变，产品本身的价格下降很多，导致在产品的价值非常低，产品生产特点没有发生改变，企业可以改用不计算在产品成本法分配生产费用吗？

提示： 企业可以根据在产品数量的多少、各月在产品数量变化的大小、各项费用比重的大小、定额管理基础以及管理的要求等具体条件，选择适合的方法来分配生产费用。外部环境的变化，产品的价格下降很多，进而导致在产品的价值非常低，而且在产品的数量较少，各月之间的数量也比较稳定，属于资产的当前状况及预期经济利益和义务发生了变化，企业应该采用更为合理的方法分配生产费用。因当前情况属于不计算在产品成本法的适用范围，可以改用不计算在产品成本法分配生产费用。

四、学习结果评价

序号	评价内容	评价标准	评价结果
1	运用不计算在产品成本法分配生产费用	能正确计算完工产品成本	□是□否
		能正确填制产品成本计算单	□是□否
		能正确编制会计分录	□是□否
2	运用在产品按固定成本计价法分配生产费用	能正确计算完工产品成本	□是□否
		能正确填制产品成本计算单	□是□否
		能正确编制会计分录	□是□否
3	运用在产品按完工产品成本计价法分配生产费用	能正确计算各成本项目分配率	□是□否
		能正确计算完工产品成本	□是□否
		能正确填制产品成本计算单	□是□否
		能正确编制会计分录	□是□否
4	运用在产品按所耗原材料费用计价法分配生产费用	能正确计算完工产品成本	□是□否
		能正确计算直接材料分配率	□是□否
		能正确填制产品成本计算单	□是□否
		能正确编制会计分录	□是□否
5	总评	"是"与"否"在本次评价中所占百分比	"是"占___% "否"占___%

课后作业

一、单项选择题

1. 在产品按固定成本计价法，适用于（　　）的产品。

A. 各月末在产品数量很少

B. 各月末在产品数量较多

C. 各月末在产品数量变化较大

D. 各月末在产品数量虽多，但各月之间变化不大

2. 在产品按所耗原材料费用计价法适用于（　　）的产品。

A. 各月末在产品数量较多　　　　　　　B. 各月末在产品数量变化较大

C. 原材料费用在产品成本中比重较大　　D. 以上三项条件同时具备

二、多项选择题

1. 红阳工厂生产甲产品，原材料随生产进度陆续投入。10月发生生产费用合计980 000元，完工1 000台，在产品100台。（　　）可能会导致当月发生的生产费用全部由完工产品负担。

A. 不计算在产品成本法　　　　　　　　B. 在产品按固定成本计价法

C. 在产品按所耗原材料费用计价法　　　D. 在产品按完工产品成本计价法

2. 确定生产费用在完工产品与在产品之间的分配方法，应考虑的因素有（　　）。

A. 各月末在产品数量的变化大小　　　　B. 产品成本中各项费用所占比重多少

C. 产品的各项消耗定额是否准确齐全　　D. 企业定额管理基础工作好坏

三、判断题

1. 月末在产品数量较多，但各月末在产品数量变化不大的产品，其月末在产品成本可以忽略不计。（　　）

2. 采用在产品按完工产品成本计价法时，因将在产品视同完工产品，所以生产费用之和就是完工产品成本。（　　）

3. 直接材料、直接人工、制造费用在产品成本中所占的比重如果没有明显差异，则不可采用在产品按所耗原材料费用计价法分配生产费用。（　　）

四、案例分析题

1. 华阳工厂生产甲产品，该产品的原材料在生产开始时一次投入，产品成本中的原材料费用所占比重很大，月末在产品按其所耗原材料费用计价。202×年11月初在产品成本为340 000元。11月发生生产费用如下：材料费用2 860 000元，职工薪酬60 000元，制造费用40 000元。本月完工产品1 200件，月末在产品400件。

要求：

（1）采用在产品按所耗原材料费用计价法分配甲产品的生产费用，并编制产品成本计算单。

（2）编制会计分录。

2. 红阳公司大量生产甲产品，甲产品每月在产品数量较少，价值较低，且每月变化不大。202×年12月发生的生产费用分别为：直接材料80 000元，直接人工100 000元，制造费用20 000元。本月完工入库甲产品8 000件，在产品10件。

要求：

（1）采用不计算在产品成本法分配甲产品的生产费用，并编制产品成本计算单。

（2）编制会计分录。

3. 海阳公司生产甲产品，每月月末在产品数量较多，但是各月之间变化不大。该产品 202×年年初在产品成本为 48 000 元，其中直接材料 18 000 元，直接人工 20 000 元，制造费用 10 000元。11 月发生生产费用 860 000 元，其中直接材料 310 000 元，直接人工 420 000 元，制造费用130 000元。甲产品本月完工 4 000 件，在产品 800 件。

要求：

（1）采用在产品按固定成本计价法分配甲产品的生产费用，并编制产品成本计算单。

（2）编制会计分录。

4. 海阳公司生产乙产品，202×年 10 月该产品月初在产品成本为 48 000 元，其中直接材料18 000 元，直接人工 20 000 元，制造费用 10 000 元。10 月发生生产费用 860 000 元，其中直接材料 310 000 元，直接人工 420 000 元，制造费用 130 000 元。乙产品本月完工 4 000 件，在产品1 000件，在产品已经完成全部生产过程，尚未验收入库。

要求：

（1）采用在产品按完工产品成本计价法分配乙产品的生产费用，并编制产品成本计算单。

（2）编制会计分录。

职业能力 1-5-3　能够采用约当产量比例法进行生产费用分配

核心概念

约当产量　约当产量比例法

学习目标

- 理解约当产量比例法的基本原理；
- 掌握不同成本项目约当产量的计算；
- 掌握不同成本项目分配率的计算；
- 能运用约当产量比例法正确计算完工产品和在产品的成本；
- 具有逻辑缜密的科学思维与精准高效的专业素养。

基本知识

约当产量比例法是指根据完工产品数量和月末在产品约当产量的比例来分配生产费用，以确定完工产品成本和月末在产品成本的方法。

约当产量是指在产品按其完工程度折合成的完工产品的数量，应按成本项目分别进行计算。

约当产量比例法适用范围较广，特别适用于月末在产品数量较多，且各月在产品数量变化较大，各成本项目费用比重相差不大的产品。

这种方法的计算公式如下。

某成本项目总额=月初在产品该成本项目金额+本月该成本项目发生额

某成本项目分配率＝该成本项目总额÷（本月完工产品数量+月末在产品约当产量）

月末在产品某成本项目金额＝月末在产品约当产量×该成本项目分配率

月末在产品成本＝月末在产品所有成本项目金额合计

完工产品某成本项目金额＝完工产品数量×该成本项目分配率

完工产品成本＝完工产品所有成本项目金额合计

上述公式中的在产品约当产量，应根据不同的成本项目分别进行计算。

一、直接材料约当产量

直接材料项目在产品约当产量，取决于产品生产过程中的投料程度，与在产品的完工程度没有直接关系。在产品投料程度是指在产品已经投入的材料费用占完工产品应投入材料费用的百分比。

月末在产品直接材料约当产量＝月末在产品数量×投料程度

在生产过程中，投料方式不同，在产品的投料程度也不同，具体可分为以下四种情况。

1. 原材料在生产开始时一次投入

原材料在生产开始时一次投入，是指在产品开始生产时，一次性投入该产品所需要的全部材料。此时，在产品所耗的原材料和完工产品相同，投料程度达到100%。

月末在产品直接材料约当产量＝月末在产品数量×100%

2. 原材料在每道工序开始时一次投入

原材料在每道工序开始时一次投入，是指在产品生产的每道工序开始时投入本工序所需全部材料，同一工序内所有产品不论其是否完工，所耗用的原材料是相同的，均为截至该工序的累计投料额，因此，应按工序分别测定各工序在产品的投料程度。

某工序在产品的投料程度＝（在产品上道工序累计投入材料费用或数量+在产品本工序投入材料费用或数量）÷完工产品应投入材料费用或数量×100%

月末在产品直接材料约当产量＝∑（某工序月末在产品数量×该工序在产品的投料程度）

上述公式中的材料费用或数量可以是实际数，也可以是定额数。

3. 原材料在每道工序陆续投入，但与加工进度不一致

原材料在每道工序陆续投入，但与加工进度不一致时，应按工序分别测定各工序在产品的投料程度。每道工序的在产品在各自工序每一时点投入的材料费用不同，为了简化投料程度的测定工作，在没有给定特定的投料程度时，投料程度按完成本工序投料的50%计算。

某工序在产品的投料程度＝（在产品上道工序累计投入材料费用或数量+在产品本工序投入材料费用或数量×50%）÷完工产品应投入材料费用或数量×100%

月末在产品直接材料约当产量＝∑（某工序月末在产品数量×该工序在产品的投料程度）

上述公式中的材料费用或数量可以是实际数，也可以是定额数。

4. 原材料随生产过程逐步投入

原材料随生产过程逐步投入，即产品生产所消耗的原材料随加工进度逐步投入，因此，在产品投料程度的确定与其完工程度的确定是相同的。

月末在产品直接材料约当产量＝月末在产品数量×完工程度

二、直接人工、制造费用约当产量

直接人工、制造费用项目在产品约当产量的多少，取决于在产品的完工程度。在产品的完工

程度是指在产品所消耗的工时占完工产品所需工时的比例。

月末在产品直接人工、制造费用约当产量=月末在产品数量×完工程度

1. 不分工序测定完工程度

不分工序测定完工程度是指企业对各工序在产品确定一个平均完工程度（一般确定为50%），将其作为各工序在产品的完工程度。

月末在产品直接人工、制造费用约当产量=月末在产品数量×平均完工程度

该方法适用于各工序在产品数量和单位产品在各工序的加工量都相差不大的情况。

2. 分工序分别测定完工程度

分工序分别测定完工程度是指根据各工序的累计工时定额数占完工产品工时定额数的比例，来确定各工序在产品的完工程度。

某工序在产品的完工程度=（前面各工序工时定额之和+本工序工时定额×在产品在本工序的完工程度）÷完工产品工时定额×100%

月末在产品直接人工、制造费用约当产量=∑（某工序月末在产品数量×该工序在产品的完工程度）

为简化核算，如果不单独测定上述公式中的在产品在本工序的完工程度，一般按50%计算。

由于各工序中各件在产品的完工程度不同，因此采用该方法可以提高成本计算的准确性，并加速成本计算工作，该方法特别适用于多步骤生产的情况。

📝 能力训练

一、业务场景

启扬机械有限公司生产甲产品，该产品的生产经三道工序完成。原材料在每道工序开始时一次投入，投料量分别为1 000千克、600千克、400千克，三道工序定额工时分别为10小时、6小时、4小时，每道工序在产品在本工序的完工程度为50%。202×年9月的具体生产情况如下。

月初在产品成本94 420元，其中直接材料30 420元，直接人工38 000元，制造费用26 000元。本月发生生产费用共计2 150 000元，其中直接材料858 000元，直接人工762 000元，制造费用530 000元。甲产品本月完工入库556件，月末三道工序的在产品数量分别为200件、160件、100件。

要求：运用约当产量比例法对甲产品的生产费用进行分配。

二、注意事项

（1）保持谨慎细致的职业态度。

（2）做到金额计算准确、单据填写规范。

三、操作过程

序号	操作步骤	操作方法及说明	操作标准
1	工作准备	（1）认真阅读案例资料，准备计算器、笔、纸等文具 （2）搜集产品成本计算单的资料，自行绘制产品成本计算单	读懂案例资料，产品成本计算单绘制规范
2	分工序计算投料程度	完工产品所需的投料=1 000+600+400=2 000（千克） 第一道工序投料程度=1 000÷2 000×100%=50% 第二道工序投料程度=（1 000+600）÷2 000×100%=80% 第三道工序投料程度=（1 000+600+400）÷2 000×100%=100%	公式运用正确，各工序投料程度计算正确
3	计算月末在产品直接材料约当产量	月末在产品直接材料约当产量=200×50%+160×80%+100×100%=328（件）	月末在产品直接材料约当产量金额计算正确

续

序号	操作步骤	操作方法及说明	操作标准
4	分工序计算完工程度	完工产品所需的工时=10+6+4=20（小时） 第一道工序完工程度=（10×50%）÷20×100%=25% 第二道工序完工程度=（10+6×50%）÷20×100%=65% 第三道工序完工程度=（10+6+4×50%）÷20×100%=90%	公式运用正确，各工序完工程度计算正确
5	计算月末在产品直接人工、制造费用约当产量	月末在产品直接人工、制造费用约当产量=200×25%+160×65%+100×90%=244（件）	月末在产品直接人工、制造费用约当产量金额计算正确
6	计算各成本项目费用分配率	直接材料分配率=（30 420+858 000）÷（556+328）=1 005（元/件） 直接人工分配率=（38 000+762 000）÷（556+244）=1 000（元/件） 制造费用分配率=（26 000+530 000）÷（556+244）=695（元/件）	各成本项目费用分配率计算正确
7	计算完工产品成本	完工产品成本=556×1 005+556×1 000+556×695=1 501 200（元）	公式运用正确，完工产品成本计算正确
8	计算月末在产品成本	月末在产品成本=328×1 005+244×1 000+244×695=743 220（元）	公式运用正确，月末在产品成本计算正确
9	填制产品成本计算单	产品成本计算单	各成本项目金额填写正确

产品成本计算单

产品名称：甲产品　　　　202×年9月　　　　单位：元

摘要	直接材料	直接人工	制造费用	合计
月初在产品成本	30 420	38 000	26 000	94 420
本月生产费用	858 000	762 000	530 000	2 150 000
生产费用合计	888 420	800 000	556 000	2 244 420
完工产品成本	558 780	556 000	386 420	1 501 200
月末在产品成本	329 640	244 000	169 580	743 220

序号	操作步骤	操作方法及说明	操作标准
10	编制会计分录	借：库存商品——甲产品　　　　　　　　　1 501 200 　　贷：生产成本——基本生产成本——甲产品　　1 501 200	账户及金额正确，借贷方向正确，会计分录格式规范

【问题情境一】

飞扬机械有限公司采用约当产量比例法在完工产品与月末在产品之间分配生产费用。202×年9月，完工产品1 000件，月末在产品300件。原材料在生产开始时一次性投入，在产品的平均完工程度为50%。月末进行存货清查时，发现在产品中存在不可修复废品30件，此时该如何分配本月生产费用？

提示： 对于材料费用，因为原材料在生产开始时一次性投入，应将本月发生的直接材料费用在完工产品1 000件与在产品约当产量300件（300×100%）之间进行分配，直接人工、制造费用等其他费用在完工产品1 000件与在产品约当产量150件（300×50%）之间进行分配，从而计算出月末在产品成本。发现的在产品不可修复废品30件，按照废品损失的相关规定进行处理，即将月末在产品成本在30件不可修复废品与270件（300-30）月末在产品之间分配，可以采用废品按所耗实际费用计算，也可以采用废品按所耗定额费用计算。

【问题情境二】

晨阳机械有限公司生产的甲产品分三道工序加工完成，原材料在每道工序开始时一次投入，每道工序的材料消耗定额为第一道工序500元，第二道工序300元，第三道工序200元。现在改进甲产品工艺，工序不变，但是每道工序的材料消耗定额发生了变化，此时应该如何确定各工序在产品的约当产量？

提示： 材料消耗定额发生变化时，应根据技术部门、生产部门提供的消耗定额资料重新计算每道工序在产品的投料程度，进而计算各工序在产品的约当产量。

四、学习结果评价

序号	评价内容	评价标准	评价结果
1	计算月末在产品约当产量	能正确计算第一道、第二道、第三道工序的投料程度	□是□否
		能正确计算月末在产品直接材料约当产量	□是□否
		能正确计算第一道、第二道、第三道工序的完工程度	□是□否
		能正确计算月末在产品直接人工、制造费用约当产量	□是□否
2	计算各成本项目费用分配率	能正确计算直接材料分配率	□是□否
		能正确计算直接人工分配率	□是□否
		能正确计算制造费用分配率	□是□否
3	计算并结转产品成本	能正确计算完工产品成本	□是□否
		能正确计算月末在产品成本	□是□否
		能正确填制产品成本计算单	□是□否
		能正确编制会计分录	□是□否
4	总评	"是"与"否"在本次评价中所占百分比	"是"占____%　"否"占____%

📝 课后作业

一、单项选择题

1. 约当产量比例法适用于（　　　）的产品。

　A. 产品成本中原材料费用和人工等加工费用的比重相差不大

　B. 各月末在产品数量较多

　C. 各月末在产品数量变化较大

　D. 以上三项同时具备

2. 采用约当产量比例法分配材料费用，在产品投料程度可能按工时定额计算的条件是（　　　）。

　A. 原材料在生产开始时一次投入　　　B. 原材料陆续投入并与加工进度一致

　C. 原材料陆续投入但与加工进度不一致　　D. 原材料分工序一次投入

3. 原材料费用可以按完工产品与在产品数量的比例进行分配的是（　　　）。

　A. 原材料在生产开始时一次投入　　　B. 原材料陆续投入并与加工进度一致

　C. 原材料陆续投入但与加工进度不一致　　D. 原材料分工序一次投入

4. 某产品经过四道工序连续加工制成，四道工序的定额工时分别为4小时、3小时、2小时和1小时，则该产品第三道工序在产品的完工率为（　　　）。

　A. 70%　　　　　B. 90%　　　　　C. 80%　　　　　D. 85%

二、多项选择题

1. 采用约当产量比例法计算在产品成本时，在产品的约当产量应按（　　　）计算。

　A. 合格率　　　　B. 废品率　　　　C. 完工程度　　　　D. 投料程度

2. 约当产量比例法下，下列关于在产品的原材料投料程度说法正确的有（　　　）。

　A. 原材料于生产开始时一次性投入，则在产品的投料程度为100%

　B. 原材料分工序随生产过程陆续投料，且与加工进度一致时，则某道工序在产品的投料程度应为本工序在产品工时定额除以完工产品所需工时定额

C. 原材料分工序随生产过程陆续投料，但与加工进度一致时，则某道工序在产品的投料程度应为截至本工序的在产品累计投料数除以完工产品所需投料数

D. 原材料分工序并在每道工序开始时一次投入，则某道工序在产品的投料程度应为截至本工序的在产品累计投料数除以完工产品所需投料数

三、判断题

1. 约当产量比例法只适用于直接人工、制造费用等费用的分配，不适用直接材料费用的分配。（　　）

2. 如果原材料于生产开始时一次性投入，则投料程度为每道工序截至该工序累计的原材料消耗定额占完工产品原材料消耗定额的百分比。（　　）

3. 采用约当产量比例法计算完工产品和月末在产品成本时，对各种费用应采用相同的分配标准。（　　）

四、案例分析题

1. 华阳工厂生产甲产品，该产品经三道工序加工完成，原材料分三道工序在每道工序陆续投入，投料量分别为 800 千克、700 千克、500 千克，202×年 12 月各工序在产品数量分别为 300 件、200 件、200 件。

要求：计算 12 月末在产品直接材料约当产量。

2. 海阳公司生产甲产品，202×年 12 月完工 1 600 件，月末在产品 800 件，原材料于生产开始时一次性投入，在产品的完工程度按 50%计算。月初在产品成本 48 800 元，其中直接材料 18 800 元，直接人工 20 000 元，制造费用 10 000 元。本月发生生产费用 860 000 元，其中直接材料 310 000 元，直接人工 420 000 元，制造费用 130 000 元。

要求：

（1）采用约当产量比例法分配甲产品的生产费用，并编制产品成本计算单；

（2）编制会计分录。

3. 海阳公司生产甲产品，202×年 10 月完工 1 600 件，月末在产品 800 件，原材料随生产过程陆续投入，在产品的完工程度按 50%计算。月初在产品成本 48 800 元，其中直接材料 18 800 元，直接人工 20 000 元，制造费用 10 000 元。本月发生生产费用 860 000 元，其中直接材料 310 000 元，直接人工 420 000 元，制造费用 130 000 元。

要求：

（1）采用约当产量比例法分配甲产品的生产费用，并编制产品成本计算单；

（2）编制会计分录。

职业能力 1-5-4　能够采用在产品按定额成本计价法、定额比例法进行生产费用分配

核心概念

在产品按定额成本计价法　定额比例法

🔍 **学习目标**

- 掌握不同分配方法的基本原理；
- 理解不同分配方法的适用范围；
- 能结合不同企业的特点，采用适当的方法对生产费用进行分配；
- 具有科学、精准、高效的职业素养。

📖 **基本知识**

一、在产品按定额成本计价法

在产品按定额成本计价法是指根据月末在产品实际结存数量和单位定额成本，计算出月末在产品的定额成本，以在产品的定额成本代替在产品的实际成本，倒挤出完工产品成本的一种方法。计算公式如下。

$$月末在产品定额成本=月末在产品数量×在产品单位定额成本$$

$$本月完工产品成本=月初在产品定额成本+本月生产费用-月末在产品定额成本$$

上述公式中，关键是确定月末在产品定额成本。应按不同的定额标准分别计算不同成本项目的定额成本，然后加总确定月末在产品定额成本。相关计算公式如下。

在产品定额直接材料成本=在产品数量×单位在产品材料消耗定额×计划单价

在产品定额直接人工成本=在产品数量×单位在产品工时定额×单位小时工资率

在产品定额制造费用=在产品数量×单位在产品工时定额×单位小时制造费用率

月末在产品定额成本=在产品定额直接材料成本+在产品定额直接人工成本+在产品定额制造费用

这种方法适用于定额管理基础较好，各项消耗定额和工时定额制定得比较准确，并且定额比较稳定，各月末在产品数量变化不大的企业。

二、定额比例法

定额比例法是指将产品的生产费用按完工产品和月末在产品的定额消耗量（或定额工时）、定额费用的比例，分配计算完工产品和月末在产品成本的一种方法。

1. 按定额消耗量或定额工时比例分配

按定额消耗量或定额工时比例分配生产费用的相关计算公式如下。

消耗量分配率=（月初在产品实际消耗量+本月实际消耗量）÷（完工产品定额消耗量+月末在产品定额消耗量）

完工产品实际消耗量=完工产品定额消耗量×消耗量分配率

完工产品直接材料成本=完工产品实际消耗量×原材料单价

月末在产品实际消耗量=月末在产品定额消耗量×消耗量分配率

月末在产品直接材料成本=月末在产品实际消耗量×原材料单价

直接人工或制造费用分配率=（月初在产品实际直接人工或制造费用+本月投入的实际直接人工或制造费用）÷（完工产品定额工时+月末在产品定额工时）

完工产品直接人工或制造费用成本=完工产品定额工时×直接人工或制造费用分配率

月末在产品直接人工或制造费用成本=月末在产品定额工时×直接人工或制造费用分配率

2. 按定额费用比例分配

按定额费用比例分配生产费用的相关计算公式如下。

某成本项目分配率=（月初在产品某成本项目实际金额+本月投入的某成本项目实际金额）÷（完工产品某成本项目定额费用+月末在产品某成本项目定额费用）

完工产品某成本项目金额=完工产品某成本项目定额费用×该成本项目分配率

完工产品成本=完工产品所有成本项目金额合计

月末在产品某成本项目金额=月末在产品某成本项目定额费用×该成本项目分配率

月末在产品成本=月末在产品所有成本项目金额合计

这种方法适用于定额管理基础较好，各项消耗定额或费用定额比较准确、稳定，各月末在产品数量变化大的产品。

能力训练

一、业务场景

启扬机械有限公司有第一、第二共两个基本生产车间，分别生产甲、乙两种产品，两种产品的定额管理基础较好，各项消耗定额或费用定额比较准确、稳定。202×年 8 月的具体生产情况如下。

（1）甲产品每月在产品数量较少，且每月变化不大。该产品月初在产品定额成本 75 000 元，其中直接材料 27 000 元，直接人工 39 000 元，制造费用 9 000 元。本月发生生产费用共计 233 800 元，其中直接材料 85 500 元，直接人工 112 300 元，制造费用 36 000 元。甲产品本月完工入库 400 件，月末在产品 100 件，原材料在生产开始时一次投入，相关的定额资料如下：原材料消耗定额 10 千克，计划单价 25 元/千克，月末在产品工时定额 20 小时，单位小时工资率 20 元/小时，单位小时费用率 4 元/小时。

（2）乙产品每月月末在产品数量较多，且各月之间变化很大。该产品月初在产品成本 40 250 元，其中直接材料 20 000 元，直接人工 12 250 元，制造费用 8 000 元。本月发生生产费用 500 000 元，其中直接材料 260 000 元，直接人工 140 000 元，制造费用 100 000 元。该产品本月完工入库 2 000 件，在产品 500 件。完工产品的定额材料费用 40 000 元，定额工时 600 小时；月末在产品的定额材料费用 10 000 元，定额工时 150 小时。

要求：

（1）运用在产品按定额成本计价法对甲产品的生产费用进行分配。

（2）运用定额比例法对乙产品的生产费用进行分配。

二、注意事项

（1）准确进行职业判断。

（2）做到金额计算准确、账务处理规范。

三、操作过程

（1）运用在产品按定额成本计价法对甲产品的生产费用进行分配。

序号	操作步骤	操作方法及说明	操作标准
1	工作准备	（1）认真阅读案例资料，准备计算器、笔、纸等文具 （2）搜集产品成本计算单的资料，自行绘制产品成本计算单	读懂案例资料，产品成本计算单绘制规范

序号	操作步骤	操作方法及说明	操作标准
2	计算月末在产品定额成本	月末在产品定额直接材料成本=100×10×25=25 000（元） 月末在产品定额直接人工成本=100×20×20=40 000（元） 月末在产品定额制造费用成本=100×20×4=8 000（元） 月末在产品定额成本=25 000+40 000+8 000=73 000（元）	公式运用正确，月末在产品成本计算准确
3	计算完工产品成本	月初在产品定额成本=27 000+39 000+9 000=75 000（元） 本月发生生产费用=85 500+112 300+36 000=233 800（元） 完工产品成本=75 000+233 800-73 000=235 800（元）	公式运用正确，完工产品成本计算准确
4	填制产品成本计算单	<table><tr><td colspan="5" align="center">产品成本计算单</td></tr><tr><td>产品名称：甲产品</td><td colspan="3" align="center">202×年 8 月</td><td>单位：元</td></tr><tr><td>摘要</td><td>直接材料</td><td>直接人工</td><td>制造费用</td><td>合计</td></tr><tr><td>月初在产品成本</td><td>27 000</td><td>39 000</td><td>9 000</td><td>75 000</td></tr><tr><td>本月生产费用</td><td>85 500</td><td>112 300</td><td>36 000</td><td>233 800</td></tr><tr><td>生产费用合计</td><td>112 500</td><td>151 300</td><td>45 000</td><td>308 800</td></tr><tr><td>完工产品成本</td><td>87 500</td><td>111 300</td><td>37 000</td><td>235 800</td></tr><tr><td>月末在产品成本</td><td>25 000</td><td>40 000</td><td>8 000</td><td>73 000</td></tr></table>	各成本项目金额填写正确
5	编制会计分录	借：库存商品——甲产品　　　　　235 800 　　贷：生产成本——基本生产成本——甲产品　　235 800	账户及金额正确，借贷方向正确，会计分录格式规范

（2）运用定额比例法对乙产品的生产费用进行分配。

序号	操作步骤	操作方法及说明	操作标准
1	工作准备	（1）认真阅读案例资料，准备计算器、笔、纸等文具 （2）搜集产品成本计算单的资料，自行绘制产品成本计算单	读懂案例资料，产品成本计算单绘制规范
2	计算各成本项目分配率	直接材料分配率=（20 000+260 000）÷（40 000+10 000）=5.60 直接人工分配率=（12 250+140 000）÷（600+150）=203 制造费用分配率=（8 000+100 000）÷（600+150）=144	公式运用正确，分配率计算准确
3	计算完工产品成本	完工产品成本=40 000×5.60+600×203+600×144=432 200（元）	公式运用正确，完工产品成本计算准确
4	计算月末在产品成本	月末在产品成本=10 000×5.60+150×203+150×144=108 050（元）	公式运用正确，月末在产品成本计算准确
5	填制产品成本计算单	<table><tr><td colspan="5" align="center">产品成本计算单</td></tr><tr><td>产品名称：乙产品</td><td colspan="3" align="center">202×年 8 月</td><td>单位：元</td></tr><tr><td>摘要</td><td>直接材料</td><td>直接人工</td><td>制造费用</td><td>合计</td></tr><tr><td>月初在产品成本</td><td>20 000</td><td>12 250</td><td>8 000</td><td>40 250</td></tr><tr><td>本月生产费用</td><td>260 000</td><td>140 000</td><td>100 000</td><td>500 000</td></tr><tr><td>生产费用合计</td><td>280 000</td><td>152 250</td><td>108 000</td><td>540 250</td></tr><tr><td>完工产品成本</td><td>224 000</td><td>121 800</td><td>86 400</td><td>432 200</td></tr><tr><td>月末在产品成本</td><td>56 000</td><td>30 450</td><td>21 600</td><td>108 050</td></tr></table>	各成本项目金额填写正确

续

序号	操作步骤	操作方法及说明		操作标准
6	编制会计分录	借：库存商品——乙产品 　　贷：生产成本——基本生产成本——乙产品	432 200 432 200	账户及金额正确，借贷方向正确，会计分录格式规范

【问题情境一】

启扬机械有限公司采用定额比例法分配生产费用，直接材料按照完工产品和月末在产品的定额消耗量比例进行分配，直接人工和制造费用则按照完工产品和月末在产品的定额工时比例进行分配。完工产品的直接材料定额消耗量和定额工时，根据完工产品的数量乘以单位直接材料定额消耗和定额工时计算；月末在产品的直接材料定额消耗量和定额工时，根据月末在产品盘存表记录的在产品结存数量，以及相应的定额消耗量计算。该公司生产的产品种类繁多，每种产品的生产工序也很多，核算工作量繁重，可否采用简化的方法核算月末在产品的相关定额？

提示：根据上述资料，启扬机械有限公司可以采用简化的方法，即倒挤的方法来计算月末在产品的定额消耗量或定额工时：月末在产品定额消耗量（定额工时）=月初在产品定额消耗量（定额工时）+本月投入的定额消耗量（定额工时）-本月完工产品定额消耗量（定额工时）。采用倒挤的方法时，要定期对在产品进行实地盘点，根据在产品的实存数计算其定额消耗量（定额工时），否则如果发生在产品盘盈、盘亏情况时，根据倒挤方法求得的成本资料就不能如实反映产品成本。

【问题情境二】

晨阳机械有限公司生产各种型号的专用机械设备，因其生产工艺成熟，与上游供应商达成了良好长期合作关系，员工流动性不大，各项费用支出比较稳定。因此，该公司制定了各项消耗定额以及费用定额，而且定额管理基础非常好，各月之间在产品数量变动也不大，对于生产费用在完工产品和月末在产品之间的分配采用在产品按定额成本计价法。由于该公司的产品成本中直接材料费用所占比重较大，直接人工和制造费用所占比重较小，该公司想进一步简化成本核算工作，可以采取什么方法呢？

提示：晨阳机械有限公司与上游供应商关系稳定，员工流动性不大，定额管理基础非常好，制定的各项消耗定额以及费用定额比较准确、稳定，而且各月之间在产品数量变动也不大，采用在产品按定额成本计价法分配生产费用是非常合适的。因为该公司的产品成本中直接材料费用所占比重较大，直接人工和制造费用所占比重较小，若想进一步简化成本核算工作，可结合在产品按所耗原材料费用计价法来分配生产费用，即在产品按定额直接材料费用计价，只计算月末在产品所耗直接材料费用，其他费用（直接人工和制造费用等）则由完工产品成本承担。

四、学习结果评价

序号	评价内容	评价标准	评价结果
1	运用在产品按定额成本计价法分配生产费用	能正确计算月末在产品定额成本	□是□否
		能正确计算完工产品成本	□是□否
		能正确填制产品成本计算单	□是□否
		能正确编制会计分录	□是□否

续

序号	评价内容	评价标准	评价结果
2	运用定额比例法分配生产费用	能正确计算各成本项目分配率	□是□否
		能正确计算完工产品成本	□是□否
		能正确计算月末在产品成本	□是□否
		能正确填制产品成本计算单	□是□否
		能正确编制会计分录	□是□否
3	总评	"是"与"否"在本次评价中所占百分比	"是"占___% "否"占___%

课后作业

一、单项选择题

1. 对于定额管理基础较好，各项消耗定额较准确、稳定，且各月末在产品数量变化较大的企业，生产费用在完工产品与在产品之间分配时，适宜采用（　　　）。

A. 定额比例法　　　　　　　　　　B. 约当产量比例法

C. 在产品按定额成本计价法　　　　D. 在产品按固定成本计价法

2. 甲产品分两道工序加工制成，原材料在各道工序开始时一次性投入，202×年9月完工1 000件，月末在产品300件，其中第一道工序200件，第二道工序100件。第一道、第二道工序月末在产品材料定额分别为25千克、20千克，原材料计划单价10元/千克。月末在产品的直接材料定额成本为（　　　）元。

A. 50 000　　　　B. 20 000　　　　C. 95 000　　　　D. 70 000

3. 甲产品分两道工序加工制成，各工序内在产品的平均完工程度为50%。202×年9月完工1 000件，月末在产品300件，其中第一道工序200件，第二道工序100件。第一道、第二道工序月末在产品工时定额分别为2小时、3小时，直接人工50元/小时。月末在产品的直接人工定额成本为（　　　）元。

A. 20 000　　　　B. 15 000　　　　C. 27 500　　　　D. 35 000

二、多项选择题

1. 在产品按定额成本计价法适用于（　　　）的产品。

A. 原材料费用在产品成本中比重较大　　B. 消耗定额比较准确、稳定

C. 各月末在产品数量变化较大　　　　　D. 各月末在产品数量变化不大

2. 下列方法中，属于同时计算得出完工产品成本和月末在产品成本的有（　　　）。

A. 约当产量比例法　　　　　　　　　B. 定额比例法

C. 在产品按定额成本计价法　　　　　D. 不计算在产品成本法

三、判断题

1. 按定额比例法分配生产费用时，各月生产费用脱离定额的差异，全部由完工产品成本负担。（　　　）

2. 采用定额比例法计算完工产品和月末在产品成本时，各种费用应采用相同的分配标准。（　　　）

3. 企业的各项消耗定额或费用定额经常变动时，不宜采用在产品按定额成本计价法和定额比例法。（　　　）

四、案例分析题

1. 华阳工厂生产甲产品，每月末在产品数量较少，同时各月之间变化不大。该产品定额管理基础较好，各项消耗定额或费用定额比较准确、稳定。202×年 9 月该产品月初在产品定额成本为 112 500 元，其中直接材料 40 500 元，直接人工 58 500 元，制造费用 13 500 元。9 月发生生产费用 350 700 元，其中直接材料 128 250 元，直接人工 168 450 元，制造费用 54 000 元。甲产品本月完工 4 000 件，月末在产品 100 件，在产品单位定额成本为：直接材料 400 元，直接人工 550 元，制造费用 125 元。

要求：

（1）采用在产品按定额成本计价法分配甲产品的生产费用，并编制产品成本计算单；

（2）编制会计分录。

2. 海阳公司生产甲产品，每月末在产品数量较多，同时各月之间变化很大。该产品定额管理基础较好，各项消耗定额或费用定额比较准确、稳定。202×年 8 月该产品月初在产品成本为 58 000 元，其中直接材料 20 000 元，直接人工 25 200 元，制造费用 12 800 元。8 月发生生产费用 860 000 元，其中直接材料 310 000 元，直接人工 420 000 元，制造费用 130 000 元。甲产品本月完工 4 000 件，单位产品直接材料成本定额为 5 元，单位产品工时定额为 2 小时；月末在产品 400 件，单位产品直接材料成本定额为 5 元，单位产品工时定额为 1 小时。

要求：

（1）采用定额比例法分配甲产品的生产费用，并编制产品成本计算单。

（2）编制会计分录。

工作领域二

产品成本计算方法的选择与应用

　　本工作领域主要学习产品成本计算方法的选择与应用，包括品种法、分批法、分步法、分类法以及定额法的计算与应用等内容。

　　要求学生能根据企业的特点，选择适合的成本计算方法；能理解品种法、分批法、分步法、分类法和定额法的适用范围、主要特点及成本计算程序；能根据给定的资料，运用品种法、分批法、分步法、分类法和定额法的基本原理进行成本计算；能按品种法、分批法、分步法、分类法和定额法的核算程序进行相应的账务处理。

工作任务 2-1　品种法的计算与应用

职业能力 2-1-1　能够分清不同的成本计算方法

核心概念

产品成本计算方法

学习目标

- 掌握企业的生产类型及其特点、成本计算方法的组成要素；
- 理解生产特点和成本管理要求对成本计算方法的影响；
- 理解产品成本计算的基本方法和辅助方法的特点和适用范围；
- 能根据企业的生产特点和成本管理要求，为企业选择正确的成本计算方法；
- 具有灵活应变能力，能够具体问题具体分析。

基本知识

产品成本计算方法是指将一定时期所发生的生产费用，按一定的成本计算对象归集和分配，求得完工产品总成本和单位成本的方法。其中，确定成本计算对象是产品成本计算方法的核心，也是产品成本计算方法的主要标志。

产品成本是在产品生产过程中形成的，生产类型是形成成本计算方法的基础，成本计算方法的特点很大程度上受生产特点的影响。因此，为了更好地发挥产品成本核算的作用，应适应企业生产类型和管理要求，选择恰当的成本计算方法。

一、企业的生产类型及其特点

生产类型是按照一定的标准对不同企业的生产过程进行分类的结果，体现了不同企业的不同生产特点。企业可按生产工艺过程的特点和生产组织的特点来确定生产类型。

1. 按生产工艺过程的特点分类

工业企业的生产，按生产工艺过程的特点可以分为单步骤生产和多步骤生产两种类型。

（1）单步骤生产是指生产工艺流程不能间断或不能分散在不同工作地点，不可能或不需要划分为几个生产步骤进行的生产。这类生产由于技术上的不可间断性，或由于工作地点上的限制，通常由一个企业独立完成。这类生产工艺技术较简单，生产周期一般比较短，产品品种较少且较稳定，因此又称简单生产，如发电、采掘、供水企业等的生产。

（2）多步骤生产是指生产工艺过程由若干个可以间断的、分散在不同地点、分别在不同时间进行的生产步骤所组成的生产。它可以在一个企业或车间内独立进行，也可以由几个企业或车间在不同的工作地点协作进行。这类生产的生产周期一般较长，产品品种不是单一的，有半成品或中间产品，又称复杂生产，如纺织、造纸、钢铁企业等的生产。多步骤生产按其产品的加工方式，可分为连续式生产和装配式生产。①连续式生产是指原材料投入后要依次经过若干个生产步骤的连续加工才能成为产品的生产。这种方式下，后一加工步骤均对前一加工步骤的半成品进行加工，直至最后步骤形成产成品，如啤酒生产、布匹生产等。②装配式生产是指先将原材料分别在各个加工车间加工为零件、部件，然后再将零件、部件装配为产品的生产，如计算机生产、汽车生产等。采用装配式生产方式的企业往往在产成品销售之余会对外销售部分自制半成品。

2. 按生产组织的特点分类

工业企业的生产，按生产组织的特点，可分为大量生产、成批生产和单件生产三种类型。

（1）大量生产是指不断地重复生产一种或几种产品的生产。这种类型生产的产品品种较少、产品的产量较大，一般采用专业设备重复进行生产，专业化水平较高，如采掘、纺织等的生产。

（2）成批生产是指按照预先确定的产品批别和数量进行的生产。这种类型生产的产品品种较多，且具有一定的重复性。成批生产按其产品批量的大小分为大批生产和小批生产两种。大批生产下产品批量大、在较长时间内不断地重复生产一种或几种产品，其性质接近于大量生产，如电子配件、家电产品等的生产；小批生产下产品批量小，一批产品往往可以在同一时间完工，其性质则接近于单件生产，如机床、服装等的生产。

（3）单件生产是指根据订单的要求，进行个别的、特殊产品的生产。单件生产下产品品种很多，而且很少重复，如飞机和船舶等的制造。

将生产工艺过程特点与生产组织特点相结合，可以形成大量大批单步骤生产、大量大批多步骤生产、单件小批单步骤生产、单件小批多步骤生产四种基本生产类型。

二、成本计算方法的组成要素

1. 成本计算对象

成本计算对象是为计算产品成本而确定的归集和分配生产费用的各个对象，也就是费用的承担者。成本计算对象一般有产品品种、产品批别以及产品生产步骤等。企业在进行成本计算时，首先应确定成本计算对象，按照确定的成本计算对象设置基本生产成本明细账或产品成本计算单，据以归集和分配每一成本计算对象所发生的费用。

2. 生产费用计入产品成本的程序

生产费用计入产品成本的程序是指生产过程中所耗用的材料费用、职工薪酬费用、辅助生产费用、制造费用等各项费用通过一系列的归集和分配手续集中在基本生产成本明细账和各种产品成本计算单中，最后汇总计入各种产品成本的方法和步骤。

3. 成本计算期

成本计算期是指计算产品成本时，对生产费用计入产品成本所规定的起讫日期，即每次计算产品成本的期间。

4. 生产费用在完工产品和在产品之间的分配

生产费用在完工产品和在产品之间的分配方法有不计算在产品成本法、在产品按固定成本计价法、在产品按完工产品成本计价法、在产品按所耗原材料费用计价法、约当产量比例法、在产品按定额成本计价法、定额比例法等。

三、生产特点和成本管理要求对产品成本计算方法的影响

1. 生产特点对成本计算方法的影响

企业的产品不同，其生产过程也不同；生产过程不同，其生产特点也不同；而生产特点不同，将会对产品成本管理需要的资料产生影响。

（1）对成本计算对象的影响。①大量大批单步骤生产的企业，由于产量较大、生产工艺不可间断、没有自制半成品，一般以产品品种为成本计算对象。②大量大批多步骤生产的企业，其生产工艺流程由若干可以间断的、分散在不同地点进行的生产步骤所组成，因此不仅要计算最终产品的成本，还要计算产品所经过的各加工步骤的成本。③单件小批生产的企业，产品的生产是按订单或批别组织的，由于产品批量小，一批产品一般可以同时完工，可以将产品的订单或批别作为成本计算对象。

（2）对成本计算期的影响。①大量大批生产的企业，产品的生产周期较短，月份内一般都有大量的完工产品，成本计算定期于月末进行，与生产周期不一致。②单件小批生产的企业，产品成本只能在某批、某件产品完工后计算，故成本计算不定期，与生产周期一致。

（3）对完工产品与在产品之间费用分配的影响。①单步骤生产的企业生产过程不能间断、生产周期短、在产品很少或没有，故不必计算月末在产品成本。②多步骤生产的企业是否需要在完工产品与在产品之间分配费用，在很大程度上取决于生产组织的特点。③大量大批生产的企业经常有在产品，故需要采用适当的方法将生产费用在完工产品与在产品之间进行分配。④单件小批生产的企业，成本计算期通常与生产周期一致，在每批、每件产品完工前，产品成本明细账的月末余额就是月末在产品的成本。完工后，产品成本明细账所归集的费用就是完工产品的成本。

2. 成本管理要求对成本计算方法的影响

企业究竟采用什么方法计算产品成本，除了考虑产品生产特点外，还必须考虑成本管理的要求。比如在大量大批复杂生产的企业里，一般以每种产品及其所经过的加工步骤作为成本计算对象，采用分步法计算产品成本。但是，如果企业规模较小，成本管理不要求计算产品所经过加工步骤的成本，只要求计算出每种产品的成本，这时，可采用品种法计算产品成本。

四、产品成本计算方法

产品成本计算方法主要有品种法、分批法、分步法三种基本方法和分类法、定额法两种辅助方法。

1. 产品成本计算的基本方法

如果某种成本计算方法与不同生产类型的特点有直接联系，且涉及成本计算对象的确定，从计算产品实际成本的角度来说它是必不可少的，就将这种成本计算方法称为产品成本计算的基本方法。

（1）品种法。品种法是以产品品种为成本计算对象的一种产品成本计算方法，是最基本的成本计算方法。它适用于大量大批单步骤生产的企业，或多步骤生产但不要求计算各步骤产品成本的企业。品种法的主要特点有：成本计算对象是产品品种；一般每月月末计算产品成本；如果月末有在产品，需要将生产费用在完工产品与在产品之间进行分配。

（2）分批法。分批法是以产品批别为成本计算对象的产品成本计算方法。它主要适用于单件

小批生产的企业，也适用于一般企业中的新产品试制或来料加工等的生产等。产品成本的计算与生产任务通知单的签发和结束紧密配合，因此产品成本计算是不定期的。在分批法下，由于成本计算期与产品的生产周期基本一致，因而在计算月末产品成本时，一般不存在在完工产品与在产品之间分配生产费用的问题。

（3）分步法。分步法是以各种产品的生产步骤和产品品种为成本计算对象的一种产品成本计算方法。它适用于大量大批多步骤生产的企业，成本计算对象是各种产品的生产步骤和产品品种，月末需要将生产费用在完工产品与在产品之间进行分配。除了按品种计算和结转产品成本外，还需要计算和结转产品的各步骤成本。

以上三种方法是计算产品成本必不可少的方法，是产品成本计算的基本方法。

产品成本计算基本方法的特点及适用范围见表2-1-1。

表2-1-1　　　　　　　　　产品成本计算基本方法的特点及适用范围

生产类型	管理要求	产品成本计算基本方法	成本计算对象	成本计算期	生产费用在完工产品与在产品之间分配
单步骤大量生产	不要求分批计算成本	品种法	产品品种	每月月末定期计算	一般不需要分配
单步骤小批生产	要求分批计算成本	分批法	产品批别及每件产品	完工月份不定期计算	一般不需要分配
多步骤连续式大量生产	要求分步计算成本	分步法	产品品种及所经过的生产步骤	每月月末定期计算	一般要进行分配
多步骤装配式单件小批生产	不要求分步计算但要求分批计算成本	分批法	产品批别及每件产品	完工月份不定期计算	一般不需要分配
多步骤装配式大量大批生产	不要求分步计算成本	品种法	产品品种	每月月末定期计算	一般要进行分配

2. 产品成本计算的辅助方法

如果某种方法与企业的生产类型特点没有直接联系，也不涉及成本计算对象的确定，从计算产品实际成本的角度来说，它们不是必不可少的，但它们可以简化成本计算工作，或可以加强定额管理，就将这种成本计算方法称为产品成本计算的辅助方法。辅助方法由于不涉及成本计算对象的确定，因而不能单独应用，必须与基本方法结合应用。

（1）分类法。分类法是以产品类别归集生产费用，再按一定标准在类内各产品之间进行分配，计算各种产品成本的一种方法。

（2）定额法。定额法是以产品的定额成本为基础，加、减脱离定额差异和定额变动差异，进而计算产品实际成本的方法。

📝 **能力训练**

一、业务场景

某企业是一家纺织厂，该厂 C 产品经过两个生产步骤完成，第一生产步骤将原材料加工成为半成品，第二生产步骤将第一生产步骤生产的半成品加工成为产成品，管理上要求分步骤计算该产品成本。

要求：请根据企业的生产特点和成本管理要求，为企业选择正确的成本计算方法。

二、注意事项

（1）保持追求真理、勇于创新的工作态度。

（2）根据不同企业生产特点和管理要求，选择不同的成本计算方法。

三、操作过程

序号	操作步骤	操作方法及说明	操作标准
1	工作准备	认真阅读案例资料	读懂案例资料
2	分析企业生产特点和管理要求	纺织厂C产品经过两个生产步骤完成，第一生产步骤将原材料加工成为半成品，第二生产步骤将第一生产步骤生产的半成品加工成为产成品，管理上要求分步骤计算该产品成本	根据案例资料，正确分析企业生产特点和管理要求
3	确定成本计算方法	纺织厂的生产工艺过程由若干个在技术上可以间断的生产步骤组成，管理上要求分步骤计算产品成本，可见，成本计算对象为产品的生产步骤，可采用分步法计算产品成本	根据企业生产特点和管理要求，正确确定成本计算方法

【问题情境】

某陶瓷公司大量大批生产陶瓷产品。该公司的主要生产工序有2个：塑造工序和加工工序。塑造工序包括材料混合、挤压、烘干；加工工序包括烧制、切割、研磨、包装。该公司一直采用分步法计算产品成本，但是公司最近增加了一条完全按照客户的要求进行生产的生产线，生产过程中发生的某些成本，比如用于控制污染的喷嘴的成本，只能满足一种产品类型生产的需要。陶瓷公司的成本核算员在成本核算中发现只用分步法得到的成本计算数据不太准确，该如何解决该成本核算员遇到的问题呢？

提示：该公司选择分步法作为成本核算方法，以生产步骤为成本计算对象进行成本核算是对的，但是应该结合生产特点和成本管理的要求综合考虑。考虑到新增的完全按照客户的要求进行生产的生产线会发生一些只属于该生产线的成本，该公司可以综合运用分步法和分批法进行成本核算，在成本核算时，分步法中的品名以批别取代。分步法能提供各个生产阶段的成本，分批法能按批别归集耗费，计算成本，且可以与产品订单相联系。

四、学习结果评价

序号	评价内容	评价标准	评价结果
1	分析企业生产特点和管理要求	能正确分析企业的生产特点	□是□否
		能正确分析企业的管理要求	□是□否
2	确定成本计算方法	能根据企业生产特点和管理要求，正确确定成本计算方法	□是□否
3	总评	"是"与"否"在本次评价中所占百分比	"是"占___%　"否"占___%

📝 课后作业

一、单项选择题

1. 区分各种产品成本计算方法的标志是（　　　）。

    A. 成本计算期

    B. 成本计算对象

    C. 生产费用在完工产品和在产品之间的分配方法

    D. 生产类型的特点

2. 生产面粉的企业，其成本计算方法为（　　）。

    A. 品种法　　　　　B. 分批法　　　　　C. 分步法　　　　　D. 分类法

3. 制造飞机的企业，其成本计算方法为（　　）。

    A. 品种法　　　　　B. 分批法　　　　　C. 分步法　　　　　D. 定额法

4. 多步骤连续式大量生产并且管理上要求分步骤计算产品成本，应该采用的成本计算方法是（　　）。

    A. 品种法　　　　　B. 分批法　　　　　C. 分步法　　　　　D. 分类法

5. 在下列成本计算基本方法中，成本计算期与会计期间一致的是（　　）。

    A. 品种法　　　　　B. 分批法　　　　　C. 定额法　　　　　D. 分类法

二、多项选择题

1. 成本计算的基本方法有（　　）。

    A. 品种法　　　　　B. 分类法　　　　　C. 分批法　　　　　D. 定额法

2. 工业企业生产按生产组织特点可以分为（　　）。

    A. 大量生产　　　　B. 成批生产　　　　C. 单件生产　　　　D. 多步骤生产

3. 工业企业生产按工艺过程特点可以分为（　　）。

    A. 单步骤生产　　　　　　　　　　　B. 装配式多步骤生产

    C. 连续式多步骤生产　　　　　　　　D. 大量生产

三、判断题

1. 分步法是一种最基本的成本计算方法。（　　）

2. 分类法和定额法是产品成本计算的辅助方法。（　　）

四、案例分析题

1. 鑫光工厂为生产建筑模板竹胶板的生产企业，竹胶板经过胶水生产步骤和竹胶板生产步骤两步完成生产，其生产属于大量大批多步骤生产。部分胶水产成品对外销售，部分用于该厂竹胶板的生产。

要求：请分析该厂该采用何种成本计算方法，并说明理由。

2. 光明公司采用分批法计算产品成本。5月投产的产品情况是：1日，投产 A 产品 5 件，B 产品 6 件；5 日，投产 A 产品 3 件，C 产品 2 件；10 日，投产 A 产品 2 件，D 产品 5 件。

要求：请分析光明公司 5 月该开设几张产品成本计算单。

职业能力 2-1-2　能够运用品种法进行成本计算

核心概念

品种法

学习目标

- 理解品种法的定义、适用范围、特点及成本计算程序；
- 能熟练运用品种法的基本原理进行成本计算；

- 能按品种法的核算程序进行相应的账务处理；
- 弘扬团队合作精神与集体主义精神，具有持之以恒、严谨细致的工作态度。

基本知识

一、品种法的定义及适用范围

品种法是指以产品品种为成本计算对象，来归集和分配生产费用，计算产品成本的一种方法。按照产品品种来计算产品成本是企业成本计算的最基本的要求，因此，品种法是产品成本计算方法中最基本的方法。

品种法主要适用于大量大批单步骤生产的企业，如发电、采掘、供水等企业。这类企业不间断地重复生产品种较为单一的产品，产品的生产工艺过程不能或不需要划分生产步骤，成本的计算工作较为简单。在大量大批多步骤生产的企业中，如果企业规模较小，而且管理上又不要求提供各步骤的成本资料时，也可以采用品种法计算产品成本，如水泥厂、造纸厂等生产企业。

二、品种法的特点

品种法的特点主要有以下几个方面。

1. 以产品品种为成本计算对象

品种法的根本特点在于它的成本计算对象是产品品种。在该方法下，企业需要按照每一种产品分别设置产品成本明细账或产品成本计算单，账内按成本项目设置专栏。对于发生的直接费用，直接记入产品成本明细账或成本计算单中的有关成本项目；对于几种产品共同发生的费用，则采用适当的方法进行分配，分别记入各产品的成本明细账或成本计算单中。

2. 按月定期计算产品成本

在大量大批单步骤生产的企业中，其生产是连续不断、重复进行的，不可能在产品完工时立即进行成本计算，只能定期在每月月末计算出当月产出的完工产品成本。因此，品种法的成本计算期与会计报告期一致，而与产品的生产周期不一致。

3. 月末如有在产品，生产费用应在完工产品和在产品之间进行分配

对于大量大批单步骤生产，其生产周期较短，月末一般没有在产品，不需要将生产费用在完工产品和在产品之间进行分配。如果是大量大批的多步骤生产，且管理上不要求分步骤计算成本，其生产周期通常较长，往往与成本计算期不一致，月末就很可能有一定数量的在产品，这时就需要将生产费用在完工产品和在产品之间进行分配，分别计算出完工产品成本与月末在产品成本。

三、品种法的成本计算程序

品种法的成本计算程序就是企业成本核算的一般程序，主要包括以下几个步骤。

1. 按产品品种设置基本生产成本明细账

按产品品种开设基本生产成本明细账，并按成本项目设置专栏，如"直接材料""直接人工""燃料及动力""制造费用"等。如上月明细账有月末余额，应转入本月期初余额栏内。

2. 归集和分配本月生产费用

根据各项费用的原始凭证和其他有关资料，编制各项费用分配表，分配各种要素费用，并登记各种产品成本明细账和有关成本费用明细账。

3. 分配辅助生产费用

根据辅助生产车间提供的劳务数量，将辅助生产成本明细账中归集的生产费用采用适当的方法分配给各受益对象，编制辅助生产费用分配表，并据以登记有关成本费用明细账。

4. 分配基本生产车间的制造费用

将基本生产车间为组织和管理生产所发生的费用，通过制造费用明细账进行归集后，采用一定的方法在各受益产品之间进行分配，编制制造费用分配表，并据以登记生产成本明细账。

5. 计算本月完工产品成本和月末在产品成本

将各产品成本明细账中归集的生产费用，采用适当的方法在完工产品和月末在产品之间进行分配，计算出完工产品成本和月末在产品成本。

6. 结转完工产品成本

根据产品成本明细账或产品成本计算单，汇总编制完工产品成本汇总表，计算各品种完工产品的总成本和单位成本，并结转完工产品成本。

📝 **能力训练**

一、业务场景

晨阳机械有限公司设有一个基本生产车间，大量单步骤生产甲、乙两种产品，采用品种法计算产品成本。成本项目有"直接材料""直接人工""燃料及动力""制造费用"四项。该公司设有机修和运输两个辅助生产车间，不单独核算其制造费用。202×年9月该公司的相关资料如下。

1. 生产情况

晨阳机械有限公司的产量统计和月初在产品成本分别见表2-1-2和表2-1-3。

表2-1-2　　　　　　　　　　　　　　产量统计

202×年9月

单位：件

产品名称	月初在产品	本月投产	本月完工产品	月末在产品
甲产品	100	800	700	200
乙产品	400	1 900	1 700	600

表2-1-3　　　　　　　　　　　　　月初在产品成本

202×年9月

单位：元

产品名称	直接材料	直接人工	燃料及动力	制造费用	合计
甲产品	13 600	5 920	2 080	4 400	26 000
乙产品	26 200	5 680	2 320	4 600	38 800

2. 本月发生的生产费用情况

（1）材料费用。根据本月领料凭证汇总表，领用原材料成本232 700元。其中，甲产品生产耗用A材料56 000元，乙产品生产耗用B材料68 000元，两种产品共同耗用C材料96 000元，基本生产车间、机修车间和运输车间因机物料消耗分别领用 D 材料 8 000 元、2 000 元和 1 200 元，管理部门领用 D 材料 1 500 元。

（2）职工薪酬费用。根据工资结算汇总表，本月应付职工工资总额 152 000 元。其中，基本生产车间生产工人工资 78 000 元，车间管理人员工资 12 000 元；机修车间人员工资 13 200 元；运输车间人员工资 12 800 元；厂部管理人员工资 36 000 元。

（3）外购动力费用。本月应付外购电费共计 32 000 元。其中，基本生产车间生产用电 22 000 元，照明用电 3 500 元；机修车间电费 3 000 元；运输车间电费 1 000 元；管理部门电费 2 500 元。增值税专用发票上注明的增值税税额为 4 160 元，款项尚未支付。

（4）固定资产折旧费用。根据固定资产折旧计算表，本月应计提折旧额 42 160 元。其中，基本生产车间 19 160 元，机修车间 8 200 元，运输车间 11 800 元，管理部门 3 000 元。

（5）本月以银行存款支付其他费用 6 900 元，其中基本生产车间 2 300 元，机修车间 800 元，运输车间 1 200 元，企业管理部门 2 600 元。

3. 辅助生产车间提供的劳务数量

辅助生产车间提供的劳务数量见表 2-1-4。

表 2-1-4　　　　　　　　　辅助生产车间提供的劳务数量

202×年 9 月

受益单位	机修车间提供的劳务数量/小时	运输车间提供的劳务数量/千米
机修车间		300
运输车间	100	
基本生产车间	700	3 000
管理部门	300	1 000
合计	1 100	4 300

4. 其他有关资料

（1）甲、乙产品共同耗用的 C 材料按照定额耗用量比例分配，其定额耗用量分别为 40 吨和 60 吨。

（2）职工薪酬费用、共同耗用的动力费用、制造费用按两种产品的生产工时比例分配，本月甲、乙产品的生产工时分别为 2 800 小时和 2 200 小时。

（3）采用直接分配法分配辅助生产费用。

（4）采用约当产量比例法在完工产品和月末在产品之间分配生产费用。甲、乙两种产品的投料方式均为生产开始时一次投入，在产品的完工程度均按 50% 计算。

要求：按照品种法的成本计算程序，分别计算甲、乙两种产品的成本，并编制相应的会计分录。

二、注意事项

（1）遵守法律法规和国家会计制度的规定，进行成本核算。

（2）正确分清各个账表之间的数字钩稽关系。

（3）进行团队合作，相互帮助完成能力训练。

（4）严谨细致，计算准确，会计处理规范。

三、操作过程

序号	操作步骤	操作方法及说明	操作标准
1	工作准备	认真阅读案例资料，准备笔、纸、计算器等文具	读懂案例资料，文具摆放整齐，桌面整洁、有序

续

序号	操作步骤	操作方法及说明	操作标准
2	按产品品种设置基本生产成本明细账	分别设置甲产品和乙产品的基本生产成本明细账，并根据表 2-1-3 登记月初在产品成本 **基本生产成本明细账** 产品名称：甲产品　　　　202×年9月　　　　单位：元 | 摘要	直接材料	直接人工	燃料及动力	制造费用	合计 | |---|---|---|---|---| | 月初在产品成本 | 13 600 | 5 920 | 2 080 | 4 400 | 26 000 | **基本生产成本明细账** 产品名称：乙产品　　　　202×年9月　　　　单位：元 | 摘要 | 直接材料 | 直接人工 | 燃料及动力 | 制造费用 | 合计 | |---|---|---|---|---| | 月初在产品成本 | 26 200 | 5 680 | 2 320 | 4 600 | 38 800 |	正确设立甲、乙产品的基本生产成本明细账，成本项目设置规范，期初余额登记准确、完整

基本生产成本明细账
产品名称：甲产品　　　　　　202×年9月　　　　　　单位：元

摘要	直接材料	直接人工	燃料及动力	制造费用	合计
月初在产品成本	13 600	5 920	2 080	4 400	26 000

基本生产成本明细账
产品名称：乙产品　　　　　　202×年9月　　　　　　单位：元

摘要	直接材料	直接人工	燃料及动力	制造费用	合计
月初在产品成本	26 200	5 680	2 320	4 600	38 800

3　归集和分配本月生产费用

（1）分配材料费用，编制材料费用分配表和会计分录

材料费用分配表
202×年9月　　　　　　　　金额单位：元

应借账户			直接耗用材料			共同耗用材料			合计
			A材料	B材料	D材料	C材料			
						定额耗用量/吨	分配率/(元/吨)	分配金额	
生产成本	基本生产成本	甲产品	56 000			40		38 400	94 400
		乙产品		68 000		60		57 600	125 600
		小计	56 000	68 000		100	960	96 000	220 000
	辅助生产成本	机修车间			2 000				2 000
		运输车间			1 200				1 200
		小计			3 200				3 200
制造费用	基本生产车间				8 000				8 000
管理费用					1 500				1 500
合计			56 000	68 000	12 700			96 000	232 700

```
借：生产成本——基本生产成本——甲产品          94 400
                        ——乙产品          125 600
    生产成本——辅助生产成本——机修车间         2 000
                        ——运输车间         1 200
    制造费用——基本生产车间                   8 000
    管理费用                             1 500
    贷：原材料——A材料                            56 000
          ——B材料                            68 000
          ——C材料                            96 000
          ——D材料                            12 700
```

准确计算 C 材料分配率，正确编制材料费用分配表，会计分录账户及金额正确、格式规范

（2）分配职工薪酬费用，编制职工薪酬费用分配表和会计分录

职工薪酬费用分配表
202×年9月　　　　　　　　金额单位：元

应借账户			生产工时/小时	分配率/(元/小时)	分配金额
生产成本	基本生产成本	甲产品	2 800		43 680
		乙产品	2 200		34 320
		小计	5 000	15.6	78 000
	辅助生产成本	机修车间			13 200
		运输车间			12 800
		小计			26 000
制造费用	基本生产车间				12 000
管理费用					36 000
合计					152 000

准确计算职工薪酬费用分配率，正确编制职工薪酬费用分配表，会计分录的账户及金额正确、格式规范

序号	操作步骤	操作方法及说明	操作标准
		借：生产成本——基本生产成本——甲产品　43 680 　　　　　　　　　　　　——乙产品　34 320 　　生产成本——辅助生产成本——机修车间　13 200 　　　　　　　　　　　　——运输车间　12 800 　　制造费用——基本生产车间　12 000 　　管理费用　36 000 　　贷：应付职工薪酬——工资、奖金、津贴和补贴　152 000	准确计算职工薪酬费用分配率，正确编制职工薪酬费用分配表，会计分录的账户及金额正确、格式规范
3	归集和分配本月生产费用	（3）分配动力费用，编制外购动力费用分配表和会计分录 **外购动力费用分配表** 202×年9月　　　　　　　　　金额单位：元 表格见下 借：生产成本——基本生产成本——甲产品　12 320 　　　　　　　　　　　　——乙产品　9 680 　　生产成本——辅助生产成本——机修车间　3 000 　　　　　　　　　　　　——运输车间　1 000 　　制造费用——基本生产车间　3 500 　　管理费用　2 500 　　应交税费——应交增值税（进项税额）　4 160 　　贷：应付账款　36 160	准确计算外购动力费用分配率，正确编制外购动力费用分配表，会计分录的账户及金额正确、格式规范
		（4）编制计提固定资产折旧费用的会计分录 借：制造费用——基本生产车间　19 160 　　生产成本——辅助生产成本——机修车间　8 200 　　　　　　　　　　　　——运输车间　11 800 　　管理费用　3 000 　　贷：累计折旧　42 160	账户及金额正确，借贷方向正确，会计分录格式规范
		（5）编制支付其他费用的会计分录 借：制造费用——基本生产车间　2 300 　　生产成本——辅助生产成本——机修车间　800 　　　　　　　　　　　　——运输车间　1 200 　　管理费用　2 600 　　贷：银行存款　6 900	账户及金额正确，借贷方向正确，会计分录格式规范
		（6）根据上述会计分录登记各明细账，并计算辅助生产成本明细账的本期发生额 **基本生产成本明细账** 产品名称：甲产品　　202×年9月　　　　单位：元 表格见下	按照前5笔会计分录，正确、规范登记基本生产成本、辅助生产成本及制造费用明细账，正确确定机修和运输车间本期归集的辅助生产费用

外购动力费用分配表

202×年9月　　　　　　　　　　金额单位：元

应借账户		生产工时/小时	分配率/（元/小时）	分配金额
生产成本	基本生产成本 甲产品	2 800		12 320
	乙产品	2 200		9 680
	小计	5 000	4.4	22 000
	辅助生产成本 机修车间			3 000
	运输车间			1 000
	小计			4 000
制造费用	基本生产车间			3 500
管理费用				2 500
合计				32 000

基本生产成本明细账

产品名称：甲产品　　202×年9月　　　　　　单位：元

摘要	直接材料	直接人工	燃料及动力	制造费用	合计
月初在产品成本	13 600	5 920	2 080	4 400	26 000
材料费用分配表	94 400				94 400
职工薪酬费用分配表		43 680			43 680
外购动力费用分配表			12 320		12 320

序号	操作步骤	操作方法及说明	操作标准

基本生产成本明细账

产品名称：乙产品　　　　　202×年9月　　　　　单位：元

摘要	直接材料	直接人工	燃料及动力	制造费用	合计
月初在产品成本	26 200	5 680	2 320	4 600	38 800
材料费用分配表	125 600				125 600
职工薪酬费用分配表		34 320			34 320
外购动力费用分配表			9 680		9 680

辅助生产成本明细账

车间名称：机修车间　　　　　202×年9月　　　　　单位：元

摘要	机物料消耗	职工薪酬	动力费用	折旧费	其他	合计
材料费用分配表	2 000					2 000
职工薪酬费用分配表		13 200				13 200
外购动力费用分配表			3 000			3 000
固定资产折旧计算表				8 200		8 200
其他费用					800	800
本月发生额合计	2 000	13 200	3 000	8 200	800	27 200

辅助生产成本明细账

车间名称：运输车间　　　　　202×年9月　　　　　单位：元

摘要	机物料消耗	职工薪酬	动力费用	折旧费	其他	合计
材料费用分配表	1 200					1 200
职工薪酬费用分配表		12 800				12 800
外购动力费用分配表			1 000			1 000
固定资产折旧计算表				11 800		11 800
其他费用					1 200	1 200
本月发生额合计	1 200	12 800	1 000	11 800	1 200	28 000

制造费用明细账

车间：基本生产车间　　　　　202×年9月　　　　　单位：元

摘要	机物料消耗	职工薪酬	动力费用	折旧费	维修费	运输费	其他	合计
材料费用分配表	8 000							8 000
职工薪酬费用分配表		12 000						12 000
外购动力费用分配表			3 500					3 500
固定资产折旧计算表				19 160				19 160
其他费用							2 300	2 300

序号3　操作步骤：归集和分配本月生产费用

操作标准：按照前5笔会计分录，正确、规范登记基本生产成本、辅助生产成本及制造费用明细账，正确确定机修和运输车间本期归集的辅助生产费用

序号	操作步骤	操作方法及说明	操作标准
4	分配辅助生产费用	（见下方内容）	（见右侧内容）

（1）分配机修和运输车间的辅助生产费用，编制辅助生产费用分配表和会计分录

辅助生产费用分配表

202×年9月　　　　　　　　　金额单位：元

项目			机修车间	运输车间	合计
待分配辅助生产费用			27 200	28 000	55 200
供应辅助生产以外的劳务量			1 000 小时	4 000 千米	
分配率			27.2 元/小时	7 元/千米	
受益单位	基本生产车间	耗用量	700 小时	3 000 千米	
		分配金额	19 040	21 000	40 040
	管理部门	耗用量	300 小时	1 000 千米	
		分配金额	8 160	7 000	15 160

借：制造费用——基本生产车间　　　　　　40 040

　　管理费用　　　　　　　　　　　　　　15 160

　　　贷：生产成本——辅助生产成本——机修车间　　27 200

　　　　　　　　　　　　　　　　——运输车间　　28 000

右栏操作标准：正确计算机修和运输车间的分配率，编制辅助生产费用分配表，会计分录的账户及金额正确、格式规范

（2）将辅助生产费用分配的结果登记到辅助生产成本明细账和制造费用明细账中，归集本期制造费用发生额

辅助生产成本明细账

车间名称：机修车间　　　202×年9月　　　　　单位：元

摘要	机物料消耗	职工薪酬	动力费用	折旧费	其他	合计
材料费用分配表	2 000					2 000
职工薪酬费用分配表		13 200				13 200
外购动力费用分配表			3 000			3 000
固定资产折旧计算表				8 200		8 200
其他费用					800	800
本月发生额合计	2 000	13 200	3 000	8 200	800	27 200
本月转出额	2 000	13 200	3 000	8 200	800	27 200

辅助生产成本明细账

车间名称：运输车间　　　202×年9月　　　　　单位：元

摘要	机物料消耗	职工薪酬	动力费用	折旧费	其他	合计
材料费用分配表	1 200					1 200
职工薪酬费用分配表		12 800				12 800
外购动力费用分配表			1 000			1 000
固定资产折旧计算表				11 800		11 800
其他费用					1 200	1 200
本月发生额合计	1 200	12 800	1 000	11 800	1 200	28 000
本月转出额	1 200	12 800	1 000	11 800	1 200	28 000

制造费用明细账

车间：基本生产车间　　　202×年9月　　　　　单位：元

摘要	机物料消耗	职工薪酬	动力费用	折旧费	维修费	运输费	其他	合计
材料费用分配表	8 000							8 000
职工薪酬费用分配表		12 000						12 000
外购动力费用分配表			3 500					3 500
固定资产折旧计算表				19 160				19 160
其他费用							2 300	2 300
辅助生产费用分配表					19 040	21 000		40 040
本月发生额合计	8 000	12 000	3 500	19 160	19 040	21 000	2 300	85 000

右栏操作标准：能及时将辅助生产费用分配的结果登记到辅助生产成本明细账和制造费用明细账中，正确计算制造费用本期发生额

续

序号	操作步骤	操作方法及说明	操作标准
5	分配基本生产车间的制造费用	（1）分配制造费用，编制制造费用分配表，编制会计分录 **制造费用分配表** 202×年9月　　　　金额单位：元 （见下表） 借：生产成本——基本生产成本——甲产品　　47 600 　　　　　　　　　　　　　　　——乙产品　　37 400 　　贷：制造费用——基本生产车间　　　　　　　　85 000 （2）登记制造费用明细账和基本生产成本明细账	正确编制制造费用分配表，会计分录的账户及金额正确、格式规范 能及时将制造费用分配的结果登记到制造费用、基本生产成本明细账中，甲、乙产品的生产费用合计计算准确

制造费用分配表

202×年9月　　　　　　　　　　　　　　　金额单位：元

产品名称	生产工时/小时	分配率/(元/小时)	金额
甲产品	2 800		47 600
乙产品	2 200		37 400
合计	5 000	17	85 000

制造费用明细账

车间：基本生产车间　　　　　　　202×年9月　　　　　　　　　　单位：元

摘要	机物料消耗	职工薪酬	动力费用	折旧费	维修费	运输费	其他	合计
材料费用分配表	8 000							8 000
职工薪酬费用分配表		12 000						12 000
外购动力费用分配表			3 500					3 500
固定资产折旧计算表				19 160				19 160
其他费用							2 300	2 300
辅助生产费用分配表					19 040	21 000		40 040
本月发生额合计	8 000	12 000	3 500	19 160	19 040	21 000	2 300	85 000
本月转出额	8 000	12 000	3 500	19 160	19 040	21 000	2 300	85 000

基本生产成本明细账

产品名称：甲产品　　　　　　　202×年9月　　　　　　　　　　单位：元

摘要	直接材料	直接人工	燃料及动力	制造费用	合计
月初在产品成本	13 600	5 920	2 080	4 400	26 000
材料费用分配表	94 400				94 400
职工薪酬费用分配表		43 680			43 680
外购动力费用分配表			12 320		12 320
制造费用分配表				47 600	47 600
生产费用合计	108 000	49 600	14 400	52 000	224 000

基本生产成本明细账

产品名称：乙产品　　　　　　　202×年9月　　　　　　　　　　单位：元

摘要	直接材料	直接人工	燃料及动力	制造费用	合计
月初在产品成本	26 200	5 680	2 320	4 600	38 800
材料费用分配表	125 600				125 600
职工薪酬费用分配表		34 320			34 320
外购动力费用分配表			9 680		9 680
制造费用分配表				37 400	37 400
生产费用合计	151 800	40 000	12 000	42 000	245 800

续

序号	操作步骤	操作方法及说明	操作标准
6	计算本月完工产品成本和月末在产品成本	采用约当产量比例法，将甲、乙产品的生产费用在完工产品与月末在产品之间进行分配，计算甲、乙完工产品的成本，并将基本生产成本明细账登记完整	正确计算甲、乙完工产品数量、在产品数量及约当产量、约当总产量，正确计算各成本项目的分配率，正确计算完工产品与月末在产品成本

基本生产成本明细账

产品名称：甲产品　　　　　202×年9月　　　　　金额单位：元

摘要	直接材料	直接人工	燃料及动力	制造费用	合计
月初在产品成本	13 600	5 920	2 080	4 400	26 000
材料费用分配表	94 400				94 400
职工薪酬费用分配表		43 680			43 680
外购动力费用分配表			12 320		12 320
制造费用分配表				47 600	47 600
生产费用合计	108 000	49 600	14 400	52 000	224 000
完工产品数量/件	700	700	700	700	
月末在产品数量/件	200	200	200	200	
在产品约当产量/件	200	100	100	100	
约当总产量/件	900	800	800	800	
单位成本	120	62	18	65	265
结转完工产品成本	84 000	43 400	12 600	45 500	185 500
月末在产品成本	24 000	6 200	1 800	6 500	38 500

基本生产成本明细账

产品名称：乙产品　　　　　202×年9月　　　　　金额单位：元

摘要	直接材料	直接人工	燃料及动力	制造费用	合计
月初在产品成本	26 200	5 680	2 320	4 600	38 800
材料费用分配表	125 600				125 600
职工薪酬费用分配表		34 320			34 320
外购动力费用分配表			9 680		9 680
制造费用分配表				37 400	37 400
生产费用合计	151 800	40 000	12 000	42 000	245 800
完工产品数量/件	1 700	1 700	1 700	1 700	
月末在产品数量/件	600	600	600	600	
在产品约当产量/件	600	300	300	300	
约当总产量/件	2 300	2 000	2 000	2 000	
单位成本	66	20	6	21	113
结转完工产品成本	112 200	34 000	10 200	35 700	192 100
月末在产品成本	39 600	6 000	1 800	6 300	53 700

序号	操作步骤	操作方法及说明	操作标准
7	结转完工产品成本	编制完工产品成本汇总表，结转完工产品成本并编制会计分录	正确编制完工产品成本汇总表，正确编制产品完工入库的会计分录，做到账户及金额正确、格式规范

完工产品成本汇总表

202×年9月　　　　　金额单位：元

产成品		数量/件	直接材料	直接人工	燃料及动力	制造费用	合计
甲产品	总成本	700	84 000	43 400	12 600	45 500	185 500
	单位成本		120	62	18	65	265
乙产品	总成本	1 700	112 200	34 000	10 200	35 700	192 100
	单位成本		66	20	6	21	113

借：库存商品——甲产品　　　　　　　　185 500
　　　　　　——乙产品　　　　　　　　192 100
　　贷：生产成本——基本生产成本——甲产品　　　　　185 500
　　　　　　　　　　　　　　　　——乙产品　　　　　192 100

【问题情境】

晨阳机械有限公司采用品种法核算甲产品的成本。在月末甲产品完工入库时，发现有 10 件产品质量达不到预定的要求，经调查为原材料质量不合格导致，企业将其确定为不可修复废品。这10件废品应该怎样进行账务处理？完工入库产品的成本会发生变化吗？

提示：企业应该设立"废品损失"账户，单独核算企业发生的废品损失。在进行账务处理时，应该将不可修复废品的生产成本扣除残料价值及应收赔款等，将余额计入同种合格完工产品的成本。所以，这10件废品将会使完工产品的单位成本增加。

四、学习结果评价

序号	评价内容	评价标准	评价结果
1	按产品品种设置基本生产成本明细账	能正确设立甲、乙产品的基本生产成本明细账	□是□否
		能正确登记基本生产成本明细账的期初余额	□是□否
2	归集和分配本月生产费用	能正确编制材料费用分配表和会计分录	□是□否
		能正确编制职工薪酬费用分配表和会计分录	□是□否
		能正确编制外购动力费用分配表和会计分录	□是□否
		能正确编制计提固定资产折旧费用的会计分录	□是□否
		能正确编制支付其他费用的会计分录	□是□否
		能根据会计分录登记明细账	□是□否
		能正确归集机修车间和运输车间的辅助生产费用	□是□否
3	分配辅助生产费用	能正确编制辅助生产费用分配表	□是□否
		能正确编制辅助生产费用分配的会计分录	□是□否
		能及时将辅助生产费用分配的结果登记到制造费用明细账中，正确计算本期归集的制造费用	□是□否
4	分配基本生产车间的制造费用	能正确编制制造费用分配表	□是□否
		能正确编制制造费用分配的会计分录	□是□否
		能及时将制造费用分配的结果登记到制造费用明细账与基本生产成本明细账中并正确计算出合计金额	□是□否
5	计算本月完工产品成本和月末在产品成本	能正确运用约当产量比例法，将生产费用在甲、乙产品的完工产品与在产品之间进行分配，正确计算甲、乙产品的完工产品成本	□是□否
		能将基本生产成本明细账登记完整	□是□否
6	结转完工产品成本	能正确编制完工产品成本汇总表	□是□否
		能正确编制产品完工入库的会计分录	□是□否
7	总评	"是"与"否"在本次评价中所占百分比	"是"占___% "否"占___%

课后作业

一、单项选择题

1. 某公司是一家发电企业，其适宜采用的成本计算方法是（　　）。
   A. 品种法　　　B. 分批法　　　C. 分步法　　　D. 分类法
2. 品种法以产品的（　　）作为成本计算对象。
   A. 品种　　　B. 生产批别　　　C. 生产步骤　　　D. 生产类别

3. 关于品种法，下列说法不正确的是（　　　）。

A. 以产品品种为成本计算对象

B. 是产品成本计算方法中最基本的方法

C. 成本计算期与会计报告期一致，而与产品的生产周期不一致

D. 月末不需要将生产费用在完工产品与在产品之间进行分配

4. 区分产品成本计算方法的主要标志是（　　　）。

A. 成本计算对象
B. 成本计算期

C. 间接费用的分配标准
D. 生产费用在完工产品和在产品之间的分配

二、判断题

1. 品种法主要适用于大量大批单步骤生产的企业。（　　　）

2. 在大量大批多步骤生产的企业中，如果企业规模较小，而且管理上又不要求提供分步骤的成本资料时，也可以采用品种法计算产品的成本。（　　　）

三、实训项目

（一）实训目的

学生能熟悉产品成本核算的一般程序，能熟练运用品种法的基本原理进行企业的成本计算，并能按品种法的核算程序进行相应的账务处理。

（二）实训资料

宏达机械制造有限公司设有一个基本生产车间，大量大批单步骤生产甲、乙两种产品，采用品种法计算产品成本。成本项目有"直接材料""直接人工""燃料及动力""制造费用"四项。该公司设有机修和运输两个辅助生产车间，其制造费用不单独核算。202×年11月该公司的相关资料如下。

（1）生产情况。宏达机械制造有限公司的产量统计和月初在产品成本分别见表2-1-5和表2-1-6。

表2-1-5　　　　　　　　　　　　　　产量统计

202×年11月　　　　　　　　　　　　　　　　　　　　　　单位：件

产品名称	月初在产品	本月投产	本月完工产品	月末在产品
甲产品	200	1 800	1 600	400
乙产品	100	1 300	1 200	200

表2-1-6　　　　　　　　　　　　　月初在产品成本

202×年11月　　　　　　　　　　　　　　　　　　　　　　单位：元

产品名称	直接材料	直接人工	燃料及动力	制造费用	合计
甲产品	18 000	4 080	1 360	7 900	31 340
乙产品	18 600	3 320	2 840	3 300	28 060

（2）本月发生的生产费用情况。

① 材料费用。根据本月领料凭证汇总表，领用原材料成本269 800元。其中，甲产品生产耗用A材料82 000元，乙产品生产耗用A材料56 000元，两种产品共同耗用B材料120 000元，基本生产车间一般性消耗C材料6 000元，机修车间和运输车间分别领用C材料2 600元和800元，管理部门领用C材料2 400元。

② 职工薪酬费用。根据工资结算汇总表，本月应付职工工资总额 191 000 元。其中，基本生产车间生产工人工资 96 000 元，车间管理人员工资 18 000 元；机修车间人员工资 21 200 元；运输车间人员工资 16 800 元；厂部管理人员工资 39 000 元。

③ 电费。本月应付外购电费共计 50 000 元。其中，基本生产车间生产用电 32 000 元，照明用电 5 600 元；机修车间电费 6 000 元；运输车间电费 1 800 元；管理部门电费 4 600 元。增值税专用发票上注明的增值税税额为 6 500 元，款项尚未支付。

④ 固定资产折旧费用。根据固定资产折旧计算表，本月应计提折旧额 77 400 元。其中，基本生产车间 28 000 元，机修车间 12 600 元，运输车间 32 800 元，管理部门 4 000 元。

⑤ 本月以银行存款支付其他费用 9 220 元，其中基本生产车间 3 420 元，机修车间 1 200 元，运输车间 1 500 元，企业管理部门 3 100 元。

（3）辅助生产车间提供的劳务数量见表 2-1-7。

表 2-1-7　　　　　　　　　辅助生产车间提供的劳务数量

202×年 11 月

受益单位	机修车间提供的劳务数量/小时	运输车间提供的劳务数量/千米
机修车间		300
运输车间	100	
基本生产车间	700	18 000
管理部门	100	2 000
合计	900	20 300

（4）其他有关资料。

① 甲、乙产品共同耗用的 B 材料按照定额耗用量比例分配，其定额耗用量分别为 70 吨和 50 吨。

② 职工薪酬费用、共同耗用的动力费用、制造费用按两种产品的生产工时比例分配，本月甲、乙产品的生产工时分别为 2 600 小时和 2 400 小时。

③ 采用直接分配法分配辅助生产费用。

④ 采用约当产量比例法在完工产品和月末在产品之间分配生产费用。两种产品的投料方式均为生产开始时一次投入，在产品的完工程度均按 50% 计算。

（三）实训程序和要求

按照品种法的成本计算程序，分别计算甲、乙两种产品的成本，并做相应的账务处理。

（1）分配各项要素费用，并编制会计分录。

（2）归集和分配辅助生产费用，登记辅助生产成本明细账。

（3）归集和分配制造费用，登记制造费用明细账。

（4）登记基本生产成本明细账，计算甲、乙完工产品成本。

（5）编制完工产品成本汇总表。

（四）实训设计

（1）实训形式：本实训由成本核算员 1 人独立完成。

（2）实训时间：约需 2 课时。

（3）实训用纸：见表 2-1-8 至表 2-1-18。

表 2-1-8　　　　　　　　　　材料费用分配表

202×年 11 月　　　　　　　　　　　　　金额单位：元

应借账户			直接耗用材料		共同耗用材料			合计
			A 材料	C 材料	B 材料			
					定额耗用量/吨	分配率/（元/吨）	分配金额	
生产成本	基本生产成本	甲产品						
		乙产品						
		小计						
	辅助生产成本	机修车间						
		运输车间						
		小计						
制造费用	基本生产车间							
管理费用								
合计								

表 2-1-9　　　　　　　　　　职工薪酬费用分配表

202×年 11 月　　　　　　　　　　　　　金额单位：元

应借账户			生产工时/小时	分配率/（元/小时）	分配金额
生产成本	基本生产成本	甲产品			
		乙产品			
		小计			
	辅助生产成本	机修车间			
		运输车间			
		小计			
制造费用	基本生产车间				
管理费用					
合计					

表 2-1-10　　　　　　　　　　外购动力费用分配表

202×年 11 月　　　　　　　　　　　　　金额单位：元

应借账户			生产工时/小时	分配率/（元/小时）	分配金额
生产成本	基本生产成本	甲产品			
		乙产品			
		小计			
	辅助生产成本	机修车间			
		运输车间			
		小计			
制造费用	基本生产车间				
管理费用					
合计					

表 2-1-11　　　　　　　　　　辅助生产成本明细账

车间名称：机修车间　　　　　　　　202×年 11 月　　　　　　　　　　单位：元

摘要	机物料消耗	职工薪酬	动力费用	折旧费	其他	合计
材料费用分配表						
职工薪酬费用分配表						
外购动力费用分配表						
固定资产折旧计算表						
其他费用						
本月发生额合计						
本月转出额						

表 2-1-12　　　　　　　　　　辅助生产成本明细账

车间名称：运输车间　　　　　　　　202×年 11 月　　　　　　　　　　单位：元

摘要	机物料消耗	职工薪酬	动力费用	折旧费	其他	合计
材料费用分配表						
职工薪酬费用分配表						
外购动力费用分配表						
固定资产折旧计算表						
其他费用						
本月发生额合计						
本月转出额						

表 2-1-13　　　　　　　　　　辅助生产费用分配表

202×年 11 月　　　　　　　　　　金额单位：元

项目			机修车间	运输车间	合计
待分配辅助生产费用					
供应辅助生产以外的劳务量					
分配率					
受益单位	基本生产车间	耗用量			
		分配金额			
	管理部门	耗用量			
		分配金额			

表 2-1-14　　　　　　　　　　制造费用明细账

车间：基本生产车间　　　　　　　　202×年 11 月　　　　　　　　　　单位：元

摘要	机物料消耗	职工薪酬	动力费用	折旧费	维修费	运输费	其他	合计
材料费用分配表								
职工薪酬费用分配表								
外购动力费用分配表								
固定资产折旧计算表								
其他费用								
辅助生产费用分配表								
本月发生额合计								
本月转出额								

表 2-1-15　　　　　　　　　　　　制造费用分配表

202×年 11 月　　　　　　　　　　　　　　　　　金额单位：元

产品名称	生产工时/小时	分配率/（元/小时）	金额
甲产品			
乙产品			
合计			

表 2-1-16　　　　　　　　　　　　基本生产成本明细账

产品名称：甲产品　　　　　　　　202×年 11 月　　　　　　　　　金额单位：元

摘要	直接材料	直接人工	燃料及动力	制造费用	合计
月初在产品成本					
材料费用分配表					
职工薪酬费用分配表					
外购动力费用分配表					
制造费用分配表					
生产费用合计					
完工产品数量/件					
月末在产品数量/件					
在产品约当产量/件					
约当总产量/件					
单位成本					
结转完工产品成本					
月末在产品成本					

表 2-1-17　　　　　　　　　　　　基本生产成本明细账

产品名称：乙产品　　　　　　　　202×年 11 月　　　　　　　　　金额单位：元

摘要	直接材料	直接人工	燃料及动力	制造费用	合计
月初在产品成本					
材料费用分配表					
职工薪酬费用分配表					
外购动力费用分配表					
制造费用分配表					
生产费用合计					
完工产品数量/件					
月末在产品数量/件					
在产品约当产量/件					
约当总产量/件					
单位成本					
结转完工产品成本					
月末在产品成本					

表 2-1-18　　　　　　　　　　　完工产品成本汇总表

202×年 11 月　　　　　　　　　　　　　　　　　金额单位：元

产成品		数量/件	直接材料	直接人工	燃料及动力	制造费用	合计
甲产品	总成本						
	单位成本						
乙产品	总成本						
	单位成本						

工作任务 2-2　分批法的计算与应用

职业能力 2-2-1　能够运用分批法进行成本计算

核心概念

分批法

学习目标

- 理解分批法的定义、适用范围、特点及成本计算程序；
- 能熟练运用分批法的基本原理进行成本计算；
- 能按分批法的计算程序进行相应的账务处理；
- 树立严谨认真的职业态度与精益求精的专业素养。

基本知识

一、分批法的定义及适用范围

分批法是指以产品批别为成本计算对象，归集和分配生产费用，计算产品成本的一种方法。

分批法主要适用于单件小批类型的生产企业，如重型机械、船舶、精密仪器和专用设备的制造企业等。在大量大批类型的生产企业中，对主要产品生产以外的新产品试制、来料加工等也可以采用分批法。在实际工作中，产品的品种和每批产品的批量通常是根据客户的订单确定的，因此，分批法也称订单法。

二、分批法的特点

分批法的特点主要有以下几个方面。

1. 以产品批别为成本计算对象

企业应按批别设立产品成本明细账，生产费用发生后，按照产品批别归集与分配相应的费用，并记入各批产品的基本生产成本明细账。

产品批别一般根据客户的订单确定，通常以一张订单的产品作为一批组织生产，但产品的批别与客户的订单有时也不完全一致。

如果在一张订单中规定了几种产品，或者虽然只有一种产品，但数量较多且要求分批交货时，为方便考核各种产品的生产成本及安排生产，可以将订单按照产品品种划分批别组织生产，或者将同类产品划分为数批组织生产，计算成本。

如果在一张订单中只规定一种产品，但其属于大型复杂的产品，价值较大，生产周期较长，可以按照产品的组成部分分批组织生产，计算成本。

如果在同一时期内，在几张订单中规定了相同的产品，而且交货时间比较接近，可以将其合并为一批组织生产，计算成本。

2. 以产品的生产周期作为成本计算期

在分批法下，应该按月归集各批产品的实际生产费用，但由于各批别产品的生产周期不一致，只有在该批产品全部完工时才能计算其实际成本，不能定期计算产品成本。因此，分批法的成本计算期与产品的生产周期一致，而与会计报告期不一致。

3. 生产费用一般不需要在完工产品与在产品之间进行分配

由于分批法的成本计算期与产品生产周期一致，因此，月末一般不需要将生产费用在完工产品与在产品之间进行分配。

单件或小批生产时，由于产品批量较小，每批产品一般都能同时完工，月末计算产品成本时，或者全部完工，或者全部未完工，因此一般不存在生产费用在完工产品与在产品之间分配的问题。

但是，如果存在产品批量较大，或者客户要求分次交货时，就会出现批内产品跨月陆续完工的情况，这时就需要将生产费用在完工产品与在产品之间进行分配，以便计算完工产品成本和月末在产品成本。若批内产品少量完工，可按计划单位成本、定额单位成本或近期相同产品的实际单位成本计算完工产品成本，待该批产品全部完工时，再计算该批产品的实际总成本和单位成本；若批内产品跨月陆续完工情况较多、数量占批量比重较大时，为提高成本计算的准确性，应采用适当的方法在完工产品与月末在产品之间分配生产费用，正确计算完工产品成本与月末在产品成本。

三、分批法的成本计算程序

分批法的成本计算程序主要包括以下几个步骤。

1. 按产品批别设置基本生产成本明细账

按产品批别设置基本生产成本明细账，在明细账的账页上注明产品的批别、名称、批量等信息，并按成本项目设置专栏，如"直接材料""直接人工""燃料及动力""制造费用"等，以归集各批产品所发生的生产费用。

2. 按产品批别归集和分配本月生产费用

企业当月发生的生产费用，应在有关的原始凭证上注明批别。属于能够按照批别划分的费用，可直接计入各批产品生产成本明细账；属于多批产品共同耗用的费用，则采用适当的方法在各批产品之间进行分配，分别记入各批产品生产成本明细账。

3. 分配辅助生产费用

根据辅助生产车间提供的劳务数量，采用适当的方法将辅助生产成本明细账中归集的生产费用分配给各受益对象，并据以登记各批产品生产成本明细账。

4. 分配基本生产车间的制造费用

将基本生产车间制造费用明细账中归集的制造费用进行汇总，采用适当的方法在各批产品之间进行分配，并据以登记各批产品生产成本明细账。

5. 计算完工产品成本

采用分批法时一般不需要在完工产品与在产品之间分配生产费用。月末，某批产品若未完工，则该批产品生产成本明细账中归集的生产费用均为月末在产品成本；若该批产品全部完工，则均为完工产品成本。但如果出现某批产品跨月陆续完工的情况，则需要将该批产品生产成本明细账中归集的生产费用，采用适当的方法在完工产品和月末在产品之间进行分配，计算出完工产品成本和月末在产品成本。

6. 结转完工产品成本

月末将各批完工产品成本以及批内跨月陆续完工产品的成本汇总，编制完工产品成本汇总表，结转完工入库产品的成本。

能力训练

一、业务场景

晨阳机械有限公司小批生产甲、乙、丙三种产品，采用分批法计算产品成本。

（1）202×年8月，晨阳机械有限公司各批产品的完工情况见表2-2-1。

表 2-2-1　　　　　　各批产品的完工情况

202×年8月　　　　　　　　　　　　　　　　单位：件

产品批号	产品名称	投产日期	批量	本月完工产品	月末在产品
706	甲产品	7月10日	20	20	
801	甲产品	8月1日	25		25
802	乙产品	8月3日	16	2	14
803	丙产品	8月4日	30	20	10

（2）甲产品的原材料随生产过程陆续投入，乙产品、丙产品的原材料在生产开始时一次投入。

（3）706批号甲产品8月初在产品成本分别为：直接材料192 000元，直接人工110 400元，制造费用91 200元。

（4）8月各批产品发生的生产费用汇总见表2-2-2。

表 2-2-2　　　　　　各批产品的生产费用汇总

202×年8月　　　　　　　　　　　　　　　　单位：元

产品批号	产品名称	直接材料	直接人工	制造费用	合计
706	甲产品	48 000			48 000
801	甲产品	300 000			300 000
802	乙产品	96 000			96 000
803	丙产品	187 200			187 200
共同费用			699 840	524 880	1 224 720
合计		631 200	699 840	524 880	1 855 920

各批产品共同耗用的直接人工、制造费用按照工时比例进行分配。706批号甲产品的工时为12 000小时，801批号甲产品的工时为18 000小时，802批号乙产品的工时为9 600小时，803批号丙产品的工时为18 720小时。

（5）生产费用在完工产品和在产品之间的分配如下。

802批号乙产品，本月完工产品数量较少，为了简化核算工作，完工产品按计划成本转出，其计划单位成本为直接材料 6 000 元、直接人工 7 205 元、制造费用 5 350 元，合计 18 555 元。

803 批号丙产品，本月未完工产品数量较多，采用约当产量比例法在完工产品和月末在产品之间分配生产费用。月末在产品的平均完工程度为 50%。

要求：按照分批法的成本计算程序，计算完工批次产品的成本，并编制相应的会计分录。

二、注意事项

（1）熟悉分批法的成本计算程序。

（2）理清思路，正确登记产品生产成本明细账。

（3）做到金额计算准确、账务处理规范。

三、操作过程

序号	操作步骤	操作方法及说明	操作标准
1	工作准备	认真阅读案例资料，准备笔、纸、计算器等文具	读懂案例资料，文具准备齐全
2	按产品批别设置生产成本明细账	分别设置 706、801、802、803 批号产品的生产成本明细账，并根据资料登记相关费用	正确设立 706、801、802、803 批号产品的生产成本明细账，成本项目设置规范，期初余额登记准确、完整

基本生产成本明细账

产品批号：706　　　产品名称：甲产品　　　投产日期：7 月 10 日
产品批量：20 件　　　本月完工：　　　完工日期：

202×年		凭证号数	摘要	成本项目			合计
月	日			直接材料	直接人工	制造费用	
7	31	略	本月发生	192 000	110 400	91 200	393 600

基本生产成本明细账

产品批号：801　　　产品名称：甲产品　　　投产日期：8 月 1 日
产品批量：25 件　　　本月完工：　　　完工日期：

202×年		凭证号数	摘要	成本项目			合计
月	日			直接材料	直接人工	制造费用	

基本生产成本明细账

产品批号：802　　　产品名称：乙产品　　　投产日期：8 月 3 日
产品批量：16 件　　　本月完工：　　　完工日期：

202×年		凭证号数	摘要	成本项目			合计
月	日			直接材料	直接人工	制造费用	

基本生产成本明细账

产品批号：803　　　产品名称：丙产品　　　投产日期：8 月 4 日
产品批量：30 件　　　本月完工：　　　完工日期：

202×年		凭证号数	摘要	成本项目			合计
月	日			直接材料	直接人工	制造费用	

续

序号	操作步骤	操作方法及说明	操作标准
3	按产品批别归集和分配本月生产费用	（1）根据资料，编制直接材料费用的会计分录 借：生产成本——基本生产成本——706（甲产品） 48 000 ——801（甲产品） 300 000 ——802（乙产品） 96 000 ——803（丙产品） 187 200 贷：原材料 631 200	会计分录账户及金额正确，格式规范
		（2）计算直接人工分配率，计算 706、801、802、803 各批号产品应负担的直接人工费用，并编制会计分录 直接人工分配率=699 840÷（12 000+18 000+9 600+18 720）=12（元/小时） 706 批号甲产品应负担的直接人工=12 000×12=144 000（元） 801 批号甲产品应负担的直接人工=18 000×12=216 000（元） 802 批号乙产品应负担的直接人工=9 600×12=115 200（元） 803 批号丙产品应负担的直接人工=18 720×12=224 640（元） 借：生产成本——基本生产成本——706（甲产品） 144 000 ——801（甲产品） 216 000 ——802（乙产品） 115 200 ——803（丙产品） 224 640 贷：应付职工薪酬 699 840	准确计算直接人工分配率，正确计算 706、801、802、803 批号产品应负担的直接人工费用，会计分录账户及金额正确，格式规范
		（3）计算制造费用分配率，计算 706、801、802、803 各批号产品应负担的制造费用，并编制会计分录 制造费用分配率=524 880÷(12 000+18 000+9 600+18 720)=9（元/小时） 706 批号甲产品应负担的制造费用=12 000×9=108 000（元） 801 批号甲产品应负担的制造费用=18 000×9=162 000（元） 802 批号乙产品应负担的制造费用=9 600×9=86 400（元） 803 批号丙产品应负担的制造费用=18 720×9=168 480（元） 借：生产成本——基本生产成本——706（甲产品） 108 000 ——801（甲产品） 162 000 ——802（乙产品） 86 400 ——803（丙产品） 168 480 贷：制造费用 524 880	准确计算制造费用分配率，正确计算 706、801、802、803 批号产品应负担的制造费用，会计分录账户及金额正确，格式规范
		（4）分别登记706、801、802、803 批产品的生产成本明细账 **基本生产成本明细账** 产品批号：706　　产品名称：甲产品　　投产日期：7 月 10 日 产品批量：20 件　　本月完工：20 件　　完工日期：8 月 25 日	正确登记706、801、802、803 批号产品生产成本明细账中 8 月的生产费用，各成本项目的金额登记正确，书写规范

基本生产成本明细账

产品批号：706　　产品名称：甲产品　　投产日期：7 月 10 日
产品批量：20 件　　本月完工：20 件　　完工日期：8 月 25 日

202×年		凭证号数	摘要	成本项目			合计
月	日			直接材料	直接人工	制造费用	
7	31	略	本月发生	192 000	110 400	91 200	393 600
8	31		本月发生	48 000	144 000	108 000	300 000

序号	操作步骤	操作方法及说明	操作标准
3	按产品批别归集和分配本月生产费用	**基本生产成本明细账** 产品批号：801　产品名称：甲产品　投产日期：8月1日 产品批量：25件　本月完工：　　　　完工日期： **基本生产成本明细账** 产品批号：802　产品名称：乙产品　投产日期：8月3日 产品批量：16件　本月完工：2件　　完工日期：8月31日 **基本生产成本明细账** 产品批号：803　产品名称：丙产品　投产日期：8月4日 产品批量：30件　本月完工：20件　完工日期：8月31日	正确登记706、801、802、803批号产品生产成本明细账中8月的生产费用，各成本项目的金额登记正确，书写规范

基本生产成本明细账

产品批号：801　　产品名称：甲产品　　投产日期：8月1日
产品批量：25件　　本月完工：　　　　完工日期：

202×年		凭证号数	摘要	成本项目			合计
月	日			直接材料	直接人工	制造费用	
8	31	略	本月发生	300 000	216 000	162 000	678 000

基本生产成本明细账

产品批号：802　　产品名称：乙产品　　投产日期：8月3日
产品批量：16件　　本月完工：2件　　完工日期：8月31日

202×年		凭证号数	摘要	成本项目			合计
月	日			直接材料	直接人工	制造费用	
8	31	略	本月发生	96 000	115 200	86 400	297 600

基本生产成本明细账

产品批号：803　　产品名称：丙产品　　投产日期：8月4日
产品批量：30件　　本月完工：20件　　完工日期：8月31日

202×年		凭证号数	摘要	成本项目			合计
月	日			直接材料	直接人工	制造费用	
8	31	略	本月发生	187 200	224 640	168 480	580 320

序号	操作步骤	操作方法及说明	操作标准
4	计算完工产品成本	（1）计算706批号甲产品的完工产品成本，登记该批产品生产成本明细账 706批号甲产品本月全部完工，生产成本明细账中归集的全部费用均为完工产品成本 完工产品成本=（192 000+48 000）+（110 400+144 000）+（91 200+108 000） =693 600（元）	准确计算706批号甲产品的完工产品成本，正确登记706批号甲产品的生产成本明细账，各成本项目的金额登记正确，书写规范

基本生产成本明细账

产品批号：706　　产品名称：甲产品　　投产日期：7月10日
产品批量：20件　　本月完工：20件　　完工日期：8月25日

202×年		凭证号数	摘要	成本项目			合计
月	日			直接材料	直接人工	制造费用	
7	31	略	本月发生	192 000	110 400	91 200	393 600
8	31		本月发生	48 000	144 000	108 000	300 000
8	31		累计发生	240 000	254 400	199 200	693 600
8	31		本月完工转出	240 000	254 400	199 200	693 600
8	31		完工产品单位成本	12 000	12 720	9 960	34 680

序号	操作步骤	操作方法及说明	操作标准
		（2）计算 802 批号乙产品的完工产品成本，登记该批产品生产成本明细账 802 批号乙产品本月完工产品数量较少，按照计划单位成本转出 完工产品成本=6 000×2+7 205×2+5 350×2=37 110（元）	准确计算 802 批号乙产品的完工产品成本，正确登记 802 批号乙产品的生产成本明细账，各成本项目的金额登记正确，书写规范
4	计算完工产品成本	（3）计算 803 批号丙产品的完工产品成本，登记该批产品生产成本明细账 直接材料分配率=187 200÷（20+10）=6 240（元/件） 直接人工分配率=224 640÷（20+10×50%）=8 985.60（元/件） 制造费用分配率=168 480÷（20+10×50%）=6 739.20（元/件） 完工产品成本=6 240×20+8 985.60×20+6 739.20×20=439 296（元）	准确计算 803 批号丙产品的完工产品成本，正确登记 803 批号丙产品的生产成本明细账，各成本项目的金额登记正确，书写规范

基本生产成本明细账

产品批号：802　　　　产品名称：乙产品　　　　投产日期：8月3日

产品批量：16件　　　　本月完工：2件　　　　完工日期：8月31日

202×年		凭证号数	摘要	成本项目			合计
月	日			直接材料	直接人工	制造费用	
8	31	略	本月发生	96 000	115 200	86 400	297 600
8	31		累计发生	96 000	115 200	86 400	297 600
8	31		本月完工转出	12 000	14 410	10 700	37 110
8	31		完工产品单位成本	6 000	7 205	5 350	18 555
8	31		月末在产品成本	84 000	100 790	75 700	260 490

基本生产成本明细账

产品批号：803　　　　产品名称：丙产品　　　　投产日期：8月4日

产品批量：30件　　　　本月完工：20件　　　　完工日期：8月31日

202×年		凭证号数	摘要	成本项目			合计
月	日			直接材料	直接人工	制造费用	
8	31	略	本月发生	187 200	224 640	168 480	580 320
8	31		累计发生	187 200	224 640	168 480	580 320
8	31		本月完工转出	124 800	179 712	134 784	439 296
8	31		完工产品单位成本	6 240	8 985.60	6 739.20	21 964.80
8	31		月末在产品成本	62 400	44 928	33 696	141 024

序号	操作步骤	操作方法及说明	操作标准
5	结转完工产品成本	填写完工产品成本汇总表 完工产品成本汇总表 202×年8月　　　　　金额单位：元 （见下表） 编制完工产品入库的会计分录 借：库存商品——706（甲产品）　　　　　　693 600 　　　　　——802（乙产品）　　　　　　　　37 110 　　　　　——803（丙产品）　　　　　　　439 296 　　贷：生产成本——基本生产成本——706（甲产品）　693 600 　　　　　　　　　　　　　　　　——802（乙产品）　　37 110 　　　　　　　　　　　　　　　　——803（丙产品）　439 296	正确编制完工产品成本汇总表，正确编制产品完工入库的会计分录，做到账户及金额正确，格式规范

完工产品成本汇总表
202×年8月　　　　　　　　　　　　　　　　　　金额单位：元

批号	产品名称		产量/件	直接材料	直接人工	制造费用	合计
706	甲产品	总成本	20	240 000	254 400	199 200	693 600
		单位成本		12 000	12 720	9 960	34 680
802	乙产品	总成本	2	12 000	14 410	10 700	37 110
		单位成本		6 000	7 205	5 350	18 555
803	丙产品	总成本	20	124 800	179 712	134 784	439 296
		单位成本		6 240	8 985.60	6 739.20	21 964.80

【问题情境一】

晨阳机械有限公司主要生产专用机械设备，产品种类繁多，通常根据客户的需求定制生产，专用性强且订单量少，一般每张订单不超过 10 台设备，没有超过该公司的生产能力，因此该公司通常将一个客户的订单划分为一个批别组织生产，采用分批法核算产品成本。现在外部环境变化，市场对甲客户产品的需求量暴涨，导致该客户对晨阳机械有限公司的产品需求增加，一张订单通常包含 30 台设备。该公司还能根据客户的订单划分批别组织生产吗？

提示： 晨阳机械有限公司采用分批法核算产品成本，通常将一个客户的订单划分为一个批别组织生产，是因为每张订单没有超过该公司的生产能力。现在一张订单包含 30 台设备，是否还能根据客户订单划分批别组织生产取决于晨阳机械有限公司的生产能力。如果该公司能够同时生产 30 台设备，可继续根据客户订单划分为 1 批组织生产；如果该公司不能同时生产 30 台设备，比如最多能同时生产 12 台，则可将客户的订单划分为 3 批组织生产，每批生产设备的数量可根据公司自身的实际情况确定。

【问题情境二】

启迪服装有限公司主要生产演出服装，主要根据客户的需要研发、设计、生产，采用分批法核算产品成本。因为客户订单数量不多，一般同一个批次的产品同时生产、同时完工，不存在生产费用在完工产品与在产品之间分配的问题。202×年10月该公司接收客户订单，客户需要服装 25 件，该公司将 25 件产品划分为一个批次组织生产，月底完工服装 2 件。该公司以前没有生产过相同的产品，则如何核算这 2 件产品的成本？

提示： 启迪服装有限公司 202×年10月将客户订单 25 件作为一个批次组织生产，月底完工 2 件，属于批内产品跨月陆续完工的情况，而且完工的产品数量非常少，此时可简化处理。将完工的 2 件产品按照计划单位成本、定额单位成本或最近一期相同产品的实际单位成本计算产品成本，但因该公司没有生产过相同的产品，所以可根据计划单位成本或定额单位成本计算 2 件完工产品的成本。

四、学习结果评价

序号	评价内容	评价标准	评价结果
1	按产品批别设置基本生产成本明细账	能正确设立 706、801、802、803 批号产品的生产成本明细账	□是□否
		能正确登记生产成本明细账的期初余额	□是□否
2	按产品批别归集和分配本月生产费用	能正确编制直接材料分配的会计分录	□是□否
		能正确计算直接人工分配率，编制直接人工分配的会计分录	□是□否
		能正确计算制造费用分配率，编制制造费用分配的会计分录	□是□否
		能正确登记 706、801、802、803 批号产品的生产成本明细账	□是□否
3	计算完工产品成本	能正确计算 706 批号甲产品的完工产品成本，正确登记 706 批号甲产品的生产成本明细账	□是□否
		能正确计算 802 批号乙产品的完工产品成本，正确登记 802 批号乙产品的生产成本明细账	□是□否
		能正确计算 803 批号丙产品的完工产品成本，正确登记 803 批号丙产品的生产成本明细账	□是□否
4	结转完工产品成本	能正确编制完工产品成本汇总表	□是□否
		能正确编制产品完工入库的会计分录	□是□否
5	总评	"是"与"否"在本次评价中所占百分比	"是"占___% "否"占___%

课后作业

一、单项选择题

1. 对于分批法，下列说法正确的是（ ）。
   - A. 成本计算期与会计报告期一致
   - B. 一般不存在生产费用在完工产品与在产品之间分配的问题
   - C. 适用于大量大批单步骤生产的企业
   - D. 以上说法全部正确

2. 分批法以产品的（ ）作为成本计算对象。
   - A. 品种　　　　　B. 生产批别　　　　　C. 生产步骤　　　　　D. 生产类别

3. 采用分批法计算产品成本时，若是单件生产，月末计算产品成本时（ ）。
   - A. 需要将生产费用在完工产品和在产品之间进行分配
   - B. 大多数情况下需要分配生产费用
   - C. 不需要将生产费用在完工产品和在产品之间进行分配
   - D. 区别不同情况确定是否分配生产费用

二、多项选择题

1. 采用分批法计算产品成本时，如果批内产品跨月陆续完工的情况不多，完工产品数量占全部批量的比重很小，先完工的产品可以（ ）并从产品成本明细账转出。
   - A. 按定额单位成本计价
   - B. 按计划单位成本计价
   - C. 按预算成本计价
   - D. 按近期相同产品的实际单位成本计价

2. 下列（　　）适宜采用分批法进行成本计算。

A. 从事新产品研发的车间　　　　B. 从事特殊、专用设备生产的企业

C. 根据客户订单生产产品的企业　　D. 发电企业

三、判断题

1. 如果一张订单中规定了几种产品，在分批法下，应将其作为一批组织生产，计算成本。（　　）

2. 在小批单件生产中，按批、按件计算产品成本，即按客户订单计算产品成本。（　　）

四、实训项目

（一）实训目的

学生能熟悉分批法的成本计算程序，能熟练运用分批法的基本原理进行成本计算，并能按分批法的计算程序进行相应的账务处理。

（二）实训资料

启明机械有限公司生产多种规格的专用机械设备，根据客户订单及公司的实际情况分批组织生产，采用分批法计算产品成本。

（1）202×年6月，启明机械有限公司各批产品的完工情况见表2-2-3。

表2-2-3　　　　　　　　　　各批产品的完工情况

202×年6月

单位：件

产品批号	产品名称	投产日期	批量	本月完工产品	月末在产品
501	甲产品	5月1日	14	8	6
502	乙产品	5月11日	12	12	
601	丙产品	6月3日	20	4	16
602	甲产品	6月16日	10		10

（2）甲产品的原材料随生产过程陆续投入，乙产品、丙产品的原材料在生产开始时一次性投入。

（3）501批号甲产品6月初在产品成本分别为：直接材料124 600元，直接人工105 840元，制造费用84 672元。

502批号乙产品6月初在产品成本分别为：直接材料108 600元，直接人工65 520元，制造费用52 416元。

（4）6月各批产品发生的生产费用汇总见表2-2-4。

表2-2-4　　　　　　　　　　各批产品的生产费用汇总

202×年6月

单位：元

产品批号	产品名称	直接材料	直接人工	制造费用	合计
501	甲产品	65 400			65 400
601	丙产品	156 200			156 200
602	甲产品	135 714			135 714
	共同费用		334 488	258 468	592 956
	合计	357 314	334 488	258 468	950 270

各批产品共同耗用的直接人工、制造费用按照工时比例进行分配。501 批号甲产品的工时为 8 064 小时，502 批号乙产品的工时为 8 424 小时，601 批号丙产品的工时为 10 800 小时，602 批号甲产品的工时为 3 120 小时。

（5）生产费用在完工产品和在产品之间的分配如下。

501 批号甲产品，采用定额比例法在完工产品和月末在产品之间分配生产费用。直接材料按照定额费用比例分配，其中，完工产品的定额费用为 114 286 元，月末在产品的定额费用为 85 714 元。直接人工和制造费用按照定额工时比例分配，其中，完工产品的定额工时为 4 608 小时，月末在产品的定额工时为 3 456 小时。

601 批号丙产品，本月完工产品数量较少，为了简化核算工作，完工产品成本按定额成本转出，其单位定额成本为直接材料 7 805 元、直接人工 5 920 元、制造费用 4 600 元，合计 18 325 元。

（三）实训程序和要求

（1）计算 501、502、601 批号产品的完工产品成本。

（2）登记 501、502、601、602 批号产品的生产成本明细账。

（3）编制完工产品成本汇总表。

（四）实训设计

（1）实训形式：本实训由成本核算员 1 人独立完成。

（2）实训时间：约需 1 课时。

（3）实训用纸：见表 2-2-5 至表 2-2-9。

表 2-2-5　　　　　　　　　　　基本生产成本明细账

产品批号：501　　　　　　　　　　产品名称：甲产品　　　　　　　　　　投产日期：

产品批量：　　　　　　　　　　　　本月完工：　　　　　　　　　　完工日期：6 月 25 日

| 202×年 | | 凭证号数 | 摘要 | 成本项目 | | | 合计 |
月	日			直接材料	直接人工	制造费用	

表 2-2-6　　　　　　　　　　　基本生产成本明细账

产品批号：502　　　　　　　　　　产品名称：乙产品　　　　　　　　　　投产日期：

产品批量：　　　　　　　　　　　　本月完工：　　　　　　　　　　完工日期：6 月 28 日

| 202×年 | | 凭证号数 | 摘要 | 成本项目 | | | 合计 |
月	日			直接材料	直接人工	制造费用	

表 2-2-7　　　　　　　　　　基本生产成本明细账

产品批号：601　　　　　　　　　　产品名称：丙产品　　　　　　　　　投产日期：

产品批量：　　　　　　　　　　　　本月完工：　　　　　　　　　　　完工日期：6 月 29 日

202×年		凭证号数	摘要	成本项目			合计
月	日			直接材料	直接人工	制造费用	

表 2-2-8　　　　　　　　　　基本生产成本明细账

产品批号：602　　　　　　　　　　产品名称：甲产品　　　　　　　　　投产日期：

产品批量：　　　　　　　　　　　　本月完工：　　　　　　　　　　　完工日期：

202×年		凭证号数	摘要	成本项目			合计
月	日			直接材料	直接人工	制造费用	

表 2-2-9　　　　　　　　　　完工产品成本汇总表

202×年 6 月　　　　　　　　　　　　　　　　　　　金额单位：元

批别	产品名称	产量/件	直接材料	直接人工	制造费用	合计

职业能力 2-2-2　能够运用简化的分批法进行成本计算

🖐 **核心概念**

简化的分批法

学习目标

- 理解简化的分批法的适用范围、特点及成本计算程序；
- 能熟练运用简化的分批法的基本原理进行成本计算；
- 能按简化的分批法的计算程序进行相应的账务处理；
- 具有较强的团队合作能力与沟通协调能力。

基本知识

一、认识简化的分批法

在小批单件生产的企业或车间中，如果同一月份投产的产品批数很多，且月末未完工的产品批数也较多，在这种情况下，如果将当月发生的间接计入费用全部分配给各批产品，而不论各批产品是否已经完工，费用分配的核算工作量将非常繁重。此时，可采用简化的分批法（又称不分批计算在产品成本的分批法或累计间接计入费用分配法）进行成本计算。

简化的分批法主要适用于同一月份投产的产品批数很多，月末未完工的产品批数也较多且各月间接计入费用水平相差不多的企业。

二、简化的分批法的特点

（1）在简化的分批法下，应设置基本生产成本二级账，并按批别设置产品成本明细账。每月发生的间接计入费用，不是按月在各批产品之间进行分配，而是先将其在基本生产成本二级账中按成本项目分别累计起来。在各批产品完工之前，产品成本明细账账内只需按月登记直接计入费用（如原材料费用）和生产工时。

（2）在有产品完工的月份，按照全部产品累计生产工时的比例分配基本生产成本二级账中归集的累计间接计入费用，计算完工产品成本；而全部产品的在产品应负担的间接计入费用，则以总数反映在基本生产成本二级账中，不进行分配，不分批计算在产品成本。

三、简化的分批法的成本计算程序

1. 按产品批别设置产品基本生产成本明细账和基本生产成本二级账

按产品批别设置基本生产成本明细账，并按成本项目设置专栏，平时账内只登记直接计入费用（如原材料费用）和生产工时。按全部产品设置基本生产成本二级账，归集企业投产的所有批别产品在生产过程中发生的各项费用和累计生产工时。

2. 归集和分配本月生产费用及生产工时

根据本月原材料费用分配表及生产工时记录，将各批产品耗用的直接材料费用和生产工时分别记入各批产品生产成本明细账和基本生产成本二级账。

根据职工薪酬及其他费用的分配表或汇总表将本月发生的职工薪酬及其他费用，全部记入基本生产成本二级账。

根据月初在产品成本、生产工时记录与本月生产费用、生产工时记录确定本月末各项费用与生产工时累计数。

3．计算完工产品成本

月末，如果本月各批产品均未完工，则各项费用与生产工时累计数转至下月继续登记。如果本月有完工产品，不管是部分批别全部完工，还是某批产品部分完工，均需计算完工产品成本。对于完工产品负担的直接材料费用，可根据相应批别产品生产成本明细账中登记的累计材料费用，采用适当的方法在完工产品与在产品之间进行分配；对于完工产品负担的间接计入费用（直接材料费用以外的费用），则需要将基本生产成本二级账中归集的累计间接计入费用按照下列公式计算分配率，据以计算完工产品应负担的间接计入费用。

全部产品累计间接计入费用分配率＝全部产品累计间接计入费用÷全部产品累计工时

某批完工产品应负担的间接计入费用＝该批完工产品累计工时×全部产品累计间接计入费用分配率

4．结转完工产品成本

月末将各批完工产品成本以及批内跨月陆续完工产品的成本汇总，编制完工产品成本汇总表，结转完工入库产品的成本。

📝 能力训练

一、业务场景

晨阳机械有限公司小批生产多种产品，由于生产批数多，月末未完工产品的批数也较多，为简化成本核算工作，现采用简化的分批法计算产品成本。

（1）202×年10月，晨阳机械有限公司各批产品的完工情况见表2-2-10。

表2-2-10　　　　　　　　各批产品的完工情况

202×年10月　　　　　　　　　　　　　　　　　　　　　　　　　单位：件

产品批号	产品名称	投产日期	批量	本月完工产品	月末在产品
804	甲产品	8月15日	10	10	
906	乙产品	9月2日	8	6	2
910	乙产品	9月29日	9		9
1001	甲产品	10月1日	12		12
1002	丙产品	10月1日	4	4	
1003	丁产品	10月8日	8		8

（2）该公司各批产品发生的生产费用及消耗的生产工时如下。

804批号甲产品，8月发生的直接材料费用为9 500元，生产工时为3 600小时；9月发生的直接材料费用为4 950元，生产工时为7 200小时；10月发生的直接材料费用为4 950元，生产工时为6 720小时。

906批号乙产品，其原材料在生产开始时一次投入，9月发生的直接材料费用为14 480元，生产工时为4 984小时；10月生产工时为5 760小时。完工产品所耗工时为8 208小时，在产品的工时为2 736小时。

910批号乙产品，其原材料在生产开始时一次投入，9月发生的直接材料费用为16 200元，生产工时为200小时；10月生产工时为6 480小时。

上述3个批次产品10月初累计发生的直接人工为202 300元，制造费用为137 564元，累计工时为15 984小时。

1001 批号甲产品，10 月发生的直接材料费用为 19 680 元，生产工时为 8 580 小时。

1002 批号丙产品，10 月发生的直接材料费用为 6 460 元，生产工时为 2 600 小时。

1003 批号丁产品，10 月发生的直接材料费用为 12 000 元，生产工时为 3 520 小时。

上述 6 个批次产品 10 月累计发生的直接人工为 393 428 元，制造费用为 309 232 元。

要求：按照简化的分批法的成本计算程序，计算完工批次产品的成本，并编制相应的会计分录。

二、注意事项

（1）熟悉简化的分批法的成本计算程序。

（2）理顺各产品生产成本明细账与基本生产成本二级账之间的逻辑关系。

（3）金额计算准确，账务处理规范。

三、操作过程

序号	操作步骤	操作方法及说明	操作标准
1	工作准备	认真阅读案例资料，准备笔、纸、计算器等文具	读懂案例资料，文具准备齐全
2	按产品批别设置产品基本生产成本明细账和基本生产成本二级账	分别设置 804、906、910、1001、1002、1003 批号产品的生产成本明细账和基本生产成本二级账，并根据资料登记相关期初费用（见下表）	正确设立 804、906、910、1001、1002、1003 批号产品的基本生产成本明细账及基本生产成本二级账，成本项目设置规范，期初余额登记准确、完整

基本生产成本明细账

产品批号：804　　　　产品名称：甲产品　　　　投产日期：8 月 15 日
产品批量：10 件　　　本月完工：　　　　　　　完工日期：

202×年		凭证号数	摘要	生产工时	成本项目			合计
月	日				直接材料	直接人工	制造费用	
8	31	略	本月发生	3 600	9 500			
9	30		本月发生	7 200	4 950			

基本生产成本明细账

产品批号：906　　　　产品名称：乙产品　　　　投产日期：9 月 2 日
产品批量：8 件　　　　本月完工：　　　　　　　完工日期：

202×年		凭证号数	摘要	生产工时	成本项目			合计
月	日				直接材料	直接人工	制造费用	
9	30	略	本月发生	4 984	14 480			

基本生产成本明细账

产品批号：910　　　　产品名称：乙产品　　　　投产日期：9 月 29 日
产品批量：9 件　　　　本月完工：　　　　　　　完工日期：

202×年		凭证号数	摘要	生产工时	成本项目			合计
月	日				直接材料	直接人工	制造费用	
9	30	略	本月发生	200	16 200			

基本生产成本明细账

产品批号：1001　　　产品名称：甲产品　　　　投产日期：10 月 1 日
产品批量：12 件　　　本月完工：　　　　　　　完工日期：

202×年		凭证号数	摘要	生产工时	成本项目			合计
月	日				直接材料	直接人工	制造费用	

序号	操作步骤	操作方法及说明	操作标准
2	按产品批别设置产品基本生产成本明细账和基本生产成本二级账	（表格内容见下方）	正确设立 804、906、910、1001、1002、1003 批号产品的基本生产成本明细账及基本生产成本二级账，成本项目设置规范，期初余额登记准确、完整
3	归集和分配本月生产费用及生产工时	（表格内容见下方）	正确登记 804、906、910、1001、1002、1003 批号产品 10 月的基本生产成本明细账及基本生产成本二级账，金额填写正确

基本生产成本明细账

产品批号：1002　　　　　产品名称：丙产品　　　　　投产日期：10 月 1 日
产品批量：4 件　　　　　本月完工：　　　　　　　　完工日期：

202×年		凭证号数	摘要	生产工时	成本项目			合计
月	日				直接材料	直接人工	制造费用	

基本生产成本明细账

产品批号：1003　　　　　产品名称：丁产品　　　　　投产日期：10 月 8 日
产品批量：8 件　　　　　本月完工：　　　　　　　　完工日期：

202×年		凭证号数	摘要	生产工时	成本项目			合计
月	日				直接材料	直接人工	制造费用	

基本生产成本二级账

202×年		凭证号数	摘要	生产工时	成本项目			合计
月	日				直接材料	直接人工	制造费用	
10	1	略	月初在产品成本	15 984	45 130	202 300	137 564	384 994

（1）将 10 月发生的各项费用分别登记至 804、906、910、1001、1002、1003 批号产品的生产成本明细账和基本生产成本二级账

基本生产成本明细账

产品批号：804　　　　　产品名称：甲产品　　　　　投产日期：8 月 15 日
产品批量：10 件　　　　本月完工：10 件　　　　　完工日期：10 月 28 日

202×年		凭证号数	摘要	生产工时	成本项目			合计
月	日				直接材料	直接人工	制造费用	
8	31	略	本月发生	3 600	9 500			
9	30		本月发生	7 200	4 950			
10	31		本月发生	6 720	4 950			

基本生产成本明细账

产品批号：906　　　　　产品名称：乙产品　　　　　投产日期：9 月 2 日
产品批量：8 件　　　　　本月完工：6 件　　　　　完工日期：10 月 31 日

202×年		凭证号数	摘要	生产工时	成本项目			合计
月	日				直接材料	直接人工	制造费用	
9	30	略	本月发生	4 984	14 480			
10	31		本月发生	5 760				

基本生产成本明细账

产品批号：910　　　　　产品名称：乙产品　　　　　投产日期：9 月 29 日
产品批量：9 件　　　　　本月完工：　　　　　　　　完工日期：

202×年		凭证号数	摘要	生产工时	成本项目			合计
月	日				直接材料	直接人工	制造费用	
9	30	略	本月发生	200	16 200			
10	31		本月发生	6 480				

续

序号	操作步骤	操作方法及说明	操作标准
3	归集和分配本月生产费用及生产工时	（见下表）	正确登记 804、906、910、1001、1002、1003 批号产品 10 月的基本生产成本明细账及基本生产成本二级账，金额填写正确
4	计算完工产品成本	（1）计算累计间接计入费用分配率 累计直接人工分配率=595 728÷49 644=12（元/小时） 累计制造费用分配率=446 796÷49 644=9（元/小时）	分成本项目正确计算累计间接计入费用分配率

基本生产成本明细账

产品批号：1001　　　产品名称：甲产品　　　投产日期：10 月 1 日
产品批量：12 件　　　本月完工：　　　完工日期：

202×年		凭证号数	摘要	生产工时	成本项目			合计
月	日				直接材料	直接人工	制造费用	
10	31	略	本月发生	8 580	19 680			

基本生产成本明细账

产品批号：1002　　　产品名称：丙产品　　　投产日期：10 月 1 日
产品批量：4 件　　　本月完工：4 件　　　完工日期：10 月 30 日

202×年		凭证号数	摘要	生产工时	成本项目			合计
月	日				直接材料	直接人工	制造费用	
10	31	略	本月发生	2 600	6 460			

基本生产成本明细账

产品批号：1003　　　产品名称：丁产品　　　投产日期：10 月 8 日
产品批量：8 件　　　本月完工：　　　完工日期：

202×年		凭证号数	摘要	生产工时	成本项目			合计
月	日				直接材料	直接人工	制造费用	
10	31	略	本月发生	3 520	12 000			

基本生产成本二级账

202×年		凭证号数	摘要	生产工时	成本项目			合计
月	日				直接材料	直接人工	制造费用	
10	1	略	月初在产品成本	15 984	45 130	202 300	137 564	384 994
10	31		本月发生	33 660	43 090	393 428	309 232	745 750

（2）根据月初在产品成本、生产工时记录与本月生产费用、生产工时记录确定本月末各项费用与生产工时累计数，在基本生产成本二级账中进行登记

基本生产成本二级账

202×年		凭证号数	摘要	生产工时	成本项目			合计
月	日				直接材料	直接人工	制造费用	
10	1	略	月初在产品成本	15 984	45 130	202 300	137 564	384 994
10	31		本月发生	33 660	43 090	393 428	309 232	745 750
10	31		累计数	49 644	88 220	595 728	446 796	1 130 744

各成本项目、生产工时累计金额计算正确

续

序号	操作步骤	操作方法及说明	操作标准
4	计算完工产品成本	（2）计算804批号甲产品、906批号乙产品、1002批号丙产品的完工产品成本，并登记相应批号产品生产成本明细账和基本生产成本二级账 804批号甲产品的累计工时=3 600+7 200+6 720=17 520（小时） 804批号甲产品应负担的直接材料=9 500+4 950+4 950=19 400（元） 804批号甲产品应负担的直接人工=17 520×12=210 240（元） 804批号甲产品应负担的制造费用=17 520×9=157 680（元） 804批号甲产品的完工产品成本=19 400+210 240+157 680=387 320（元） 906批号乙产品的完工产品所耗工时=8 208（小时） 906批号乙产品应负担的直接材料=14 480÷8×6=10 860（元） 906批号乙产品应负担的直接人工=8 208×12=98 496（元） 906批号乙产品应负担的制造费用=8 208×9=73 872（元） 906批号乙产品的完工产品成本=10 860+98 496+73 872=183 228（元） 1002批号丙产品的完工产品所耗工时=2 600（小时） 1002批号丙产品应负担的直接人工=2 600×12=31 200（元） 1002批号丙产品应负担的制造费用=2 600×9=23 400（元） 1002批号丙产品的完工产品成本=6 460+31 200+23 400=61 060（元）	正确计算804、906、1002批号完工产品成本，并正确登记其产品生产成本明细账及基本生产成本二级账

基本生产成本明细账

产品批号：804　　　　产品名称：甲产品　　　　投产日期：8月15日

产品批量：10件　　　　本月完工：10件　　　　完工日期：10月28日

202×年		凭证号数	摘要	生产工时	成本项目			合计
月	日				直接材料	直接人工	制造费用	
8	31	略	本月发生	3 600	9 500			
9	30		本月发生	7 200	4 950			
10	31		本月发生	6 720	4 950			
10	31		累计发生	17 520	19 400			
10	31		累计间接计入费用分配率			12	9	
10	31		本月完工转出	17 520	19 400	210 240	157 680	387 320
10	31		完工产品单位成本		1 940	21 024	15 768	38 732

基本生产成本明细账

产品批号：906　　　　产品名称：乙产品　　　　投产日期：9月2日

产品批量：8件　　　　本月完工：6件　　　　完工日期：10月31日

202×年		凭证号数	摘要	生产工时	成本项目			合计
月	日				直接材料	直接人工	制造费用	
9	30	略	本月发生	4 984	14 480			
10	31		本月发生	5 760				
10	31		累计发生	10 744	14 480			
10	31		累计间接计入费用分配率			12	9	
10	31		本月完工转出	8 208	10 860	98 496	73 872	183 228
10	31		完工产品单位成本		1 810	16 416	12 312	30 538
10	31		月末在产品成本	2 536	3 620			

续

序号	操作步骤	操作方法及说明	操作标准
4	计算完工产品成本	基本生产成本明细账 （见下表）	正确计算804、906、1002批号完工产品成本，并正确登记其产品生产成本明细账及基本生产成本二级账
5	结转完工产品成本	填写完工产品成本汇总表 （见下表）	正确编制完工产品成本汇总表，正确编制产品完工入库的会计分录，做到账户及金额正确、格式规范

基本生产成本明细账

产品批号：1002　　产品名称：丙产品　　投产日期：10月1日
产品批量：4件　　本月完工：4件　　完工日期：10月30日

202×年 月	日	凭证号数	摘要	生产工时	直接材料	直接人工	制造费用	合计
10	31	略	本月发生	2 600	6 460			
10	31		累计发生	2 600	6 460			
10	31		累计间接计入费用分配率			12	9	
10	31		本月完工转出	2 600	6 460	31 200	23 400	61 060
10	31		完工产品单位成本		1 615	7 800	5 850	15 265

基本生产成本二级账

202×年 月	日	凭证号数	摘要	生产工时	直接材料	直接人工	制造费用	合计
10	1	略	月初在产品成本	15 984	45 130	202 300	137 564	384 994
10	31		本月发生	33 660	43 090	393 428	309 232	745 750
10	31		累计数	49 644	88 220	595 728	446 796	1 130 744
10	31		累计间接计入费用分配率			12	9	
10	31		本月完工转出	28 328	36 720	339 936	254 952	631 608
10	31		月末在产品成本	21 316	51 500	255 792	191 844	499 136

完工产品成本汇总表

202×年10月　　　　金额单位：元

批号	产品名称		产量/件	直接材料	直接人工	制造费用	合计
804	甲产品	总成本	10	19 400	210 240	157 680	387 320
		单位成本		1 940	21 024	15 768	38 732
906	乙产品	总成本	6	10 860	98 496	73 872	183 228
		单位成本		1 810	16 416	12 312	30 538
1002	丙产品	总成本	4	6 460	31 200	23 400	61 060
		单位成本		1 615	7 800	5 850	15 265

编制完工产品入库的会计分录
借：库存商品——804（甲产品）　　　　　　　387 320
　　　　　　——906（乙产品）　　　　　　　183 228
　　　　　　——1002（丙产品）　　　　　　　 61 060
　　贷：生产成本——基本生产成本——804（甲产品）　387 320
　　　　　　　　　　　　　　　——906（乙产品）　183 228
　　　　　　　　　　　　　　　——1002（丙产品）　 61 060

【问题情境一】

晨工机械有限公司生产专用机械零部件，通常根据客户订单组织生产。因为每个月投入生产的批数较多，但完工的批数较少，所以采用简化的分批法核算产品成本。该公司的员工大部分都是外来务工人员，因春节期间招工困难，人工成本与以前相比大幅度上升。该公司还能继续采用简化的分批法核算产品成本吗？

提示： 简化的分批法主要适用于同一月份投产的产品批数很多，月末未完工批数也较多且各月间接计入费用水平相差不多的企业。因为招工困难，晨工机械有限公司的人工成本比之前大幅度上升，此时各月之间的人工成本差别很大，之前的月份人工成本低，现在的人工成本高。如果某批产品现在投产，当月完工，会导致当月完工产品成本偏低，与实际情况不符。因此，公司不能继续采用简化的分批法，而应该采用其他适合的方法来核算产品成本。

【问题情境二】

飞扬服装有限公司生产各种款式的童装，主要根据客户的订单组织生产，采用分批法核算产品成本。现在该公司招收了新的设计师团队，开始承接各种剧组服装业务，主要生产古装剧服装。剧组对服装的要求高，因此服装生产所需花费的时间比较长，一般都要两三个月，每种不同款式的服装需要的数量不多，需要划分为不同的批次进行生产。该公司的这部分古装剧服装业务批次较多，每月完工的批次不多，可以采用简化的分批法核算古装剧服装的成本吗？

提示： 对于古装剧服装业务，因其生产批次较多，生产所需花费的时间也比较长，每月完工的批次不多，如果各月的间接费用（直接人工、制造费用等）水平相差不多，则符合简化的分批法的适用范围，可以采用该方法。

四、学习结果评价

序号	评价内容	评价标准	评价结果
1	按产品批别设置产品生产成本明细账及基本生产成本二级账	能正确设立 804、906、910、1001、1002、1003 批号产品的基本生产成本明细账	□是□否
		能正确设立基本生产成本二级账	□是□否
2	归集和分配本月生产费用及生产工时	能正确登记 804、906、910、1001、1002、1003 批号产品的基本生产成本明细账	□是□否
		能正确登记基本生产成本二级账	□是□否
3	计算完工产品成本	能正确计算间接计入费用分配率	□是□否
		能正确计算 804、906、1002 批号完工产品成本	□是□否
		能正确登记 804、906、1002 批号产品的基本生产成本明细账	□是□否
		能正确登记基本生产成本二级账	□是□否
4	结转完工产品成本	能正确编制完工产品成本汇总表	□是□否
		能正确编制产品完工入库的会计分录	□是□否
5	总评	"是"与"否"在本次评价中所占百分比	"是"占___% "否"占___%

📖 **课后作业**

一、单项选择题

1. 采用简化的分批法，在产品完工之前，产品成本明细账（   ）。

   A. 不登记任何费用

   B. 只登记直接计入费用（例如原材料费用）和生产工时

   C. 只登记原材料费用

   D. 登记间接计入费用，不登记直接计入费用

2. 必须设置基本生产成本二级账的成本计算方法是（   ）。

   A. 品种法   B. 分批法   C. 分步法   D. 简化的分批法

3. 采用简化的分批法的主要目的是（　　　）。

   A. 提供完整的各批完工成本和在产品成本资料

   B. 提高成本计算的准确性

   C. 加强成本管理，提高成本计划工作的水平

   D. 简化成本核算工作

二、多项选择题

1. 下列情况下，适宜采用简化的分批法的有（　　　）。

   A. 同一月份投产的批数很多　　　　　B. 各月间接计入费用水平相差不大

   C. 月末未完工产品批数较多　　　　　D. 各月间接计入费用水平相差较大

2. 基本生产成本二级账能提供（　　　）。

   A. 全部产品的间接计入费用

   B. 全部产品的直接计入费用

   C. 全部产品的间接计入费用分配率

   D. 全部产品的完工产品总成本和月末在产品成本

三、判断题

1. 简化的分批法是不计算在产品成本的分批法。（　　　）

2. 采用简化的分批法，各月不在完工产品与在产品之间分配生产费用。（　　　）

3. 在各批产品没有完工之前，基本生产成本二级账只登记各批产品的直接计入费用和生产工时。（　　　）

4. 在简化的分批法下，累计间接计入费用分配率应根据基本生产成本二级账所提供的资料计算求得。（　　　）

四、实训项目

（一）实训目的

学生能熟悉简化的分批法的成本计算程序，能熟练运用简化的分批法的基本原理进行成本计算，并能按简化的分批法的计算程序进行相应的账务处理。

（二）实训资料

启辰机械有限公司小批生产多种产品，由于生产批数多，月末未完工产品的批数也较多，为简化成本核算工作，采用简化的分批法计算产品成本。

（1）202×年6月，启辰机械有限公司各批产品的完工情况见表2-2-11。

表2-2-11　　　　　　　　　　　各批产品的完工情况

202×年6月

单位：件

产品批号	产品名称	投产日期	批量	本月完工产品	月末在产品
4006	甲产品	4月19日	20	20	
5002	乙产品	5月4日	16	4	12
5021	丙产品	5月27日	12		12
6001	甲产品	6月1日	22		22
6002	丁产品	6月3日	10		10

（2）该公司所有批次产品的直接材料都是在生产开始时一次投入，各批产品发生的生产费用及消耗的生产工时如下。

4006 批号甲产品，4 月发生的直接材料费用为 53 000 元，生产工时为 4 800 小时；5 月的生产工时为 14 400 小时；6 月的生产工时为 12 960 小时。

5002 批号乙产品，5 月发生的直接材料费用为 44 800 元，生产工时为 9 984 小时；6 月的生产工时为 11 516 小时。月末在产品的平均完工程度为 50%，采用约当产量比例法分配所耗工时。

5021 批号丙产品，5 月发生的直接材料费用为 33 000 元，生产工时为 864 小时；6 月的生产工时为 7 200 小时。

上述 3 个批次产品 6 月初累计发生的直接人工为 435 696 元，制造费用为 225 360 元，累计工时为 30 048 小时。

6001 批号甲产品，6 月发生的直接材料费用为 58 300 元，生产工时为 13 200 小时。

6002 批号丁产品，6 月发生的直接材料费用为 28 100 元，生产工时为 6 000 小时。

上述所有批次产品 6 月累计发生的直接人工为 778 164 元，制造费用为 422 032 元。

（三）实训程序和要求

（1）计算 6 月各项累计间接计入费用分配率。

（2）计算 4006、5002 批号产品的完工产品成本。

（3）登记 4006、5002、5021、6001、6002 批号产品的基本生产成本明细账及基本生产成本二级账。

（4）编制完工产品成本汇总表。

（四）实训设计

（1）实训形式：本实训由成本核算员 1 人独立完成。

（2）实训时间：约需 1 课时。

（3）实训用纸：见表 2-2-12 至表 2-2-18。

表 2-2-12　　　　　　　　　　　基本生产成本明细账

产品批号：4006　　　　　　　产品名称：甲产品　　　　　　　　　　投产日期：

产品批量：　　　　　　　　　本月完工：　　　　　　　　　　　　完工日期：6 月 28 日

| 202×年 | | 凭证号数 | 摘要 | 生产工时 | 成本项目 | | | 合计 |
月	日				直接材料	直接人工	制造费用	

表 2-2-13　　　　　　　　　　　基本生产成本明细账

产品批号：5002　　　　　　　产品名称：乙产品　　　　　　　　　　投产日期：

产品批量：　　　　　　　　　本月完工：　　　　　　　　　　　　完工日期：6 月 29 日

| 202×年 | | 凭证号数 | 摘要 | 生产工时 | 成本项目 | | | 合计 |
月	日				直接材料	直接人工	制造费用	

表 2-2-14　　　　　　　　　　　　基本生产成本明细账

产品批号：5021　　　　　　产品名称：丙产品　　　　　　投产日期：

产品批量：　　　　　　　　本月完工：　　　　　　　　完工日期：

202×年		凭证号数	摘要	生产工时	成本项目			合计
月	日				直接材料	直接人工	制造费用	

表 2-2-15　　　　　　　　　　　　基本生产成本明细账

产品批号：6001　　　　　　产品名称：甲产品　　　　　　投产日期：

产品批量：　　　　　　　　本月完工：　　　　　　　　完工日期：

202×年		凭证号数	摘要	生产工时	成本项目			合计
月	日				直接材料	直接人工	制造费用	

表 2-2-16　　　　　　　　　　　　基本生产成本明细账

产品批号：6002　　　　　　产品名称：丁产品　　　　　　投产日期：

产品批量：10 件　　　　　　本月完工：　　　　　　　　完工日期：

202×年		凭证号数	摘要	生产工时	成本项目			合计
月	日				直接材料	直接人工	制造费用	

表 2-2-17　　　　　　　　　　　　基本生产成本二级账

202×年		凭证号数	摘要	生产工时	成本项目			合计
月	日				直接材料	直接人工	制造费用	

表 2-2-18　　　　　　　　　　　　完工产品成本汇总表

202×年 6 月　　　　　　　　　　　　　　　　　　金额单位：元

批别	产品名称	产量/件	直接材料	直接人工	制造费用	合计

工作任务 2-3　分步法的计算与应用

职业能力 2-3-1　能够运用综合逐步结转分步法进行成本计算

核心概念

分步法　逐步结转分步法　综合逐步结转分步法

学习目标

- 掌握综合逐步结转分步法的基本原理；
- 理解综合逐步结转分步法的特点及适用范围；
- 掌握成本还原的方法；
- 能运用综合逐步结转分步法计算产品成本；
- 养成勤学善思的良好习惯，培养科学研究能力。

基本知识

一、认识分步法

（一）分步法的定义与特点

分步法是"产品成本计算分步法"的简称，它指的是以产品生产所经过的步骤和产品品种为成本计算对象，归集和分配生产费用，计算产品成本的一种方法。其特点主要有以下三个方面。

（1）以各种产品的各生产步骤为成本计算对象，设置基本生产成本明细账。在大量大批多步骤生产的企业中，产品的生产工艺过程由若干个可以间断的生产步骤所组成，每一个生产步骤都有半成品生成（最后步骤为产成品），这些半成品既可用于下一生产步骤的再加工，也可对外出售。因此，需按各种产品的各生产步骤为成本计算对象计算产品成本。在实际工作中，产品成本计算的生产步骤与实际生产步骤并非完全一致，因此，可以只对管理上有必要分步计算成本的生产步骤单独设立产品成本明细账，单独计算成本；管理上不要求单独计算成本的生产步骤，则可与其他生产步骤合并设立产品成本明细账，合并计算成本。

（2）按月定期计算产品成本。在大量大批多步骤生产的企业中，从原材料投入生产开始，产品连续不断地转入下一个生产步骤，产品的生产周期较长，生产过程中始终有一定数量的在产品，成本计算只能在月末进行。因此，分步法的成本计算是定期的，成本计算期与产品的生产周期不一致，而与会计报告期一致。

（3）月末需将生产费用在完工产品与在产品之间进行分配。在大量大批多步骤生产的企业中，由于产品的生产周期较长，产品生产经常会出现跨月陆续完工的情况，因此，月末各步骤一般都会存在一定数量的在产品，这就需要采用适当的分配方法将各步骤所归集的生产费用在完工产品与月末在产品之间进行分配，分别计算出完工产品的成本和在产品的成本。

（二）分步法的分类

分步法按照是否需要计算和结转各步骤半成品成本，分为逐步结转分步法和平行结转分步法。逐步结转分步法指的是按照产品生产加工的步骤归集生产费用，逐步计算各加工步骤半成品成本，并将半成品成本连同半成品实物一并转移至下一生产步骤，直至最后步骤计算出产成品成本的方法。逐步结转分步法又可分为综合逐步结转分步法和分项逐步结转分步法。平行结转分步法指的是各加工步骤只计算本步骤发生的生产费用和这些费用中应计入产成品成本的份额，将各步骤应计入同一产成品成本的份额平行结转、汇总，计算出产成品成本的方法。平行结转分步法下，各步骤之间只转移半成品实物，不结转半成品成本，因此，平行结转分步法又称为不计算半成品成本的分步法。分步法的分类见图2-3-1。

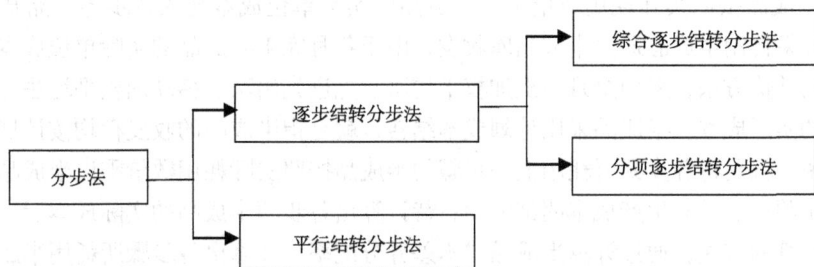

图2-3-1 分步法的分类

（三）分步法的适用范围

分步法适用于大量大批多步骤生产且管理上要求按照生产步骤计算产品成本的工业企业，如冶金、造纸、水泥、纺织等企业。这类企业从原材料投入生产到产成品完工入库，需经过若干连续的加工步骤，除最后一个步骤生产的是产成品外，其余步骤生产的都是完工程度不同的半成品，这些半成品，除少数可能对外出售外，都是下一步骤加工的对象。因此，为了加强各步骤的生产成本管理，需要按照各种产品的生产步骤计算产品成本。

二、逐步结转分步法

计算各个步骤所产半成品的成本是逐步结转分步法的显著特点。因此，逐步结转分步法也叫作计算半成品成本的分步法。

在大量大批多步骤生产且管理上要求按生产步骤计算产品成本的企业中，产品的生产可以划分为若干个生产步骤，除了最后步骤生产的是产成品外，前面各步骤生产的都是半成品。有的企业不仅对外销售产成品，还销售各生产步骤所生产的半成品（例如，钢铁企业不仅对外销售钢材，还销售生铁、钢锭等半成品；纺织企业不仅对外销售棉布，还销售棉纱、坯布等半成品），这就要求企业核算半成品的成本，以便正确反映企业的盈亏情况。有些企业的半成品虽然不对外销售，但需要与同行业内部成本进行比较分析，以便加强成本管理。实行厂内经济核算时，也需要核算半成品的成本。此外，如果企业的半成品用于多种产品的生产，为了正确计算各种产成品的成本，同样需要核算半成品的成本。以上这些情况均需要企业核算半成品的成本，适合采用逐步结转分步法。

逐步结转分步法按照半成品成本在下一个生产步骤成本计算单中的反映方法不同，可分为综合逐步结转分步法和分项逐步结转分步法两种。下面来介绍综合逐步结转分步法，分项逐步结转分步法将在职业能力 2-3-2 中介绍。

三、综合逐步结转分步法

综合逐步结转分步法是指将各步骤所耗用的上一步骤的半成品成本不分成本项目，以其综合成本转入各步骤产品基本生产成本明细账中的"直接材料"或专设的"半成品"成本项目中的方法。

在综合逐步结转分步法下，各步骤所耗用的上一步骤的半成品成本是以综合成本转入各步骤产品生产成本明细账中的"直接材料"或专设的"半成品"成本项目中的，半成品的成本既可以按照实际成本结转，也可以按照计划成本结转。半成品采用实际成本结转，就是将各步骤所耗用上一步骤的半成品按照实际耗用数量乘以半成品的实际单位成本转入各步骤产品基本生产成本明细账中。如果自制半成品通过半成品库收发，由于各月完工半成品的实际单位成本不同，可比照发出存货的计价方法，采用全月一次加权平均法、先进先出法、移动加权平均法等方法，计算发出半成品的实际成本。半成品采用计划成本结转，就是指半成品的收发存均按计划单位成本核算。具体来说，就是将各步骤所耗用上一步骤的半成品按照实际耗用数量乘以半成品的计划单位成本转入各步骤产品基本生产成本明细账中；待计算出各步骤半成品的实际成本后，比照原材料按计划成本核算的方法，通过计算半成品成本差异分配率，计算出各步骤所耗用半成品应负担的成本差异，进而将各步骤所耗用半成品的计划成本调整为实际成本。

（一）综合逐步结转分步法的计算程序

综合逐步结转分步法的计算程序如下。

1. 按照生产步骤设置基本生产成本明细账

按照生产步骤开设基本生产成本明细账，账内按照"直接材料""半成品""直接人工""燃料及动力""制造费用"等成本项目设置专栏。如果半成品通过半成品库收发，还需要设置自制半成品明细账来核算半成品的收发存情况。

2. 计算第一步骤完工半成品的成本

根据本步骤发生的各种生产费用及产量资料，编制本步骤生产成本明细账，计算该步骤完工半成品的成本，并将完工半成品的综合成本连同实物一并转入下一生产步骤或者转入半成品库。

3. 计算第二步骤及以后各步骤完工半成品（最后步骤为产成品）的成本

将从上一步骤或者半成品库转入的半成品成本，以其综合成本计入本步骤生产成本明细账中的"直接材料"或专设的"半成品"成本项目中，再加上本步骤发生的各种费用，编制本步骤生产成本明细账，计算出本步骤完工半成品（最后步骤为产成品）的成本，再以其综合成本转入下一步骤或者半成品库（最后步骤除外）。

（二）综合逐步结转分步法的成本还原

采用综合逐步结转分步法计算产品成本，各步骤所耗半成品的成本按综合成本结转，以"半成品"或"直接材料"成本项目综合反映，结转时非常简单方便，也能提供各步骤所生产的半成品成本。但是，由此方法计算出来的产成品成本，不能直接提供按照原始成本项目反映的成本资料，特别是在生产步骤较多的情况下，产成品的成本中绝大部分费用为最后一个步骤所耗半成品的费用，而直接人工、制造费用等费用仅为最后一个步骤的加工费用，在产成品的成本中所占的比重较小，这显然不符合产品成本结构的实际情况，不利于考核和分析产品成本的构成和水平，不利于加强产品成本的控制。因此，在综合逐步结转分步法下，当管理上要求提供产成品的原始成本项目时，需要对产成品的成本进行还原。

所谓成本还原，就是将运用综合逐步结转分步法计算出的产成品成本逐步分解还原为按"直接材料""直接人工""制造费用"等原始成本项目反映的成本。具体做法为：从最后一个步骤开始，把每个步骤所耗上一步骤半成品的综合成本，按照上一步骤所生产该种半成品的成本结构比例逐步分解还原，直至半成品项目的综合成本全部分解，求得按原始成本项目反映的产成品成本。成本还原的计算公式如下。

成本还原分配率＝本月本步骤耗用上一步骤半成品成本合计/本月所产该种半成品成本合计

还原为上一步骤某成本项目的金额＝上一步骤所产该种半成品某成本项目的金额×成本还原分配率

综上所述，综合逐步结转分步法下各生产步骤的产品成本明细账提供了该步骤所耗上一步骤半成品成本的水平和该步骤加工费用的水平，这有利于企业管理各生产步骤的成本费用。但是如果管理上要求提供产成品的原始成本项目资料，就必须进行成本还原。若企业生产的产品种类较多，步骤较多，成本还原的工作就会非常繁重。因此，综合逐步结转分步法适用于管理上要求计算各步骤完工产品所耗半成品成本，而不要求进行成本还原的情况。

📇 能力训练

一、业务场景

启扬机械有限公司的甲产品生产分为两个步骤，分别由两个车间连续加工制成。原材料在开始生产时一次性投入，第一车间生产完工的甲半成品交半成品库验收，第二车间从半成品库领用后继续加工生产出甲产品，领用的半成品按实际成本计价（采用全月一次加权平均法）。第一车间与第二车间的月末在产品均按约当产量比例法计算，在产品的完成程度为50%。202×年11月，该公司有关产量、生产费用、甲半成品明细账资料分别如表2-3-1～表2-3-3所示。

表2-3-1　　　　　　　　　　各车间产量统计

202×年11月　　　　　　　　　　　　　　单位：件

项目	第一车间	第二车间
月初在产品数量	100	200
本月投产数量	1 600	1 500
本月完工产品数量	1 400	1 600
月末在产品数量	300	100

表 2-3-2   各车间生产费用资料

202×年 11 月   单位：元

项目	月初在产品成本		本月发生费用	
	第一车间	第二车间	第一车间	第二车间
直接材料（半成品）	29 000	39 000	98 500	
直接人工	10 000	24 000	52 000	108 000
制造费用	8 500	21 000	38 000	45 000
合计	47 500	84 000	188 500	153 000

表 2-3-3   自制半成品明细账

品名：甲半成品   202×年 11 月   金额单位：元

202×年		凭证号数	摘要	收入			发出			结存		
月	日			数量	单价	金额	数量	单价	金额	数量	单价	金额
11	1		期初余额							200	137	27 400

要求：采用综合逐步结转分步法计算启扬机械有限公司 202×年 11 月完工的甲产品成本，并按原始成本项目对甲产品成本进行还原。

二、注意事项

（1）保持严谨细致的工作态度，做到计算准确、账务处理规范。

（2）注意综合逐步结转分步法下半成品成本的结转，区分是否通过半成品库收发。

（3）注意成本还原分配率的计算，分配率精确到小数点后六位，金额保留两位小数。

三、操作过程

序号	操作步骤	操作方法及说明	操作标准
1	工作准备	认真阅读案例资料，理清思路，准备好笔、纸、计算器等文具	读懂案例资料，文具摆放整齐，桌面整洁、有序
2	计算产成品成本	（1）按照生产步骤设置基本生产成本明细账 启扬机械有限公司的甲产品生产分为两个步骤，分别由第一车间和第二车间连续加工制成，因此可按照生产车间设置基本生产成本明细账，并根据表 2-3-2 登记月初在产品成本 基本生产成本明细账 202×年 11 月 生产车间：第一车间　　产品名称：甲半成品　　单位：元 	项目	直接材料	直接人工	制造费用	合计
---	---	---	---	---
月初在产品成本	29 000	10 000	8 500	47 500
				| 基本生产成本明细账 202×年 11 月 生产车间：第二车间　　产品名称：甲产品　　单位：元 | 项目	半成品	直接人工	制造费用	合计
---	---	---	---	---
月初在产品成本	39 000	24 000	21 000	84 000
						正确设立第一车间、第二车间的基本生产成本明细账，成本项目设置规范，期初余额登记准确、完整

序号	操作步骤	操作方法及说明	操作标准
2	计算产成品成本	（2）计算第一步骤完工半成品的成本 根据本月生产费用资料及产量资料计算完工甲半成品的成本和月末在产品的成本，并登记第一车间甲半成品的基本生产成本明细账 基本生产成本明细账 202×年11月 生产车间：第一车间　　　产品名称：甲半成品　　　金额单位：元 <table><tr><td>项目</td><td>直接材料</td><td>直接人工</td><td>制造费用</td><td>合计</td></tr><tr><td>月初在产品成本</td><td>29 000</td><td>10 000</td><td>8 500</td><td>47 500</td></tr><tr><td>本月生产费用</td><td>98 500</td><td>52 000</td><td>38 000</td><td>188 500</td></tr><tr><td>生产费用合计</td><td>127 500</td><td>62 000</td><td>46 500</td><td>236 000</td></tr><tr><td>本步骤完工产品数量/件</td><td>1 400</td><td>1 400</td><td>1 400</td><td></td></tr><tr><td>月末在产品数量/件</td><td>300</td><td>300</td><td>300</td><td></td></tr><tr><td>在产品约当产量/件</td><td>300</td><td>150</td><td>150</td><td></td></tr><tr><td>约当总产量/件</td><td>1 700</td><td>1 550</td><td>1 550</td><td></td></tr><tr><td>单位成本（分配率）/（元/件）</td><td>75</td><td>40</td><td>30</td><td>145</td></tr><tr><td>完工半成品成本</td><td>105 000</td><td>56 000</td><td>42 000</td><td>203 000</td></tr><tr><td>月末在产品成本</td><td>22 500</td><td>6 000</td><td>4 500</td><td>33 000</td></tr></table> 直接材料的约当总产量=1 400+300=1 700（件） 直接人工、制造费用的约当总产量=1 400+300×50%=1 550（件） 直接材料费用分配率=127 500÷1 700=75（元/件） 直接人工费用分配率=62 000÷1 550=40（元/件） 制造费用分配率=46 500÷1 550=30（元/件） 完工半成品成本=1 400×75+1 400×40+1 400×30=203 000（元） 月末在产品成本=300×75+150×40+150×30=33 000（元）	表内数据对应正确，约当总产量、费用分配率、完工半成品成本及月末在产品成本计算正确
		（3）编制完工半成品入库的会计分录并登记自制半成品明细账 借：自制半成品——甲半成品　　　　　203 000 　　贷：生产成本——基本生产成本——第一车间　　203 000 自制半成品明细账 品名：甲半成品　　　202×年11月　　　金额单位：元 <table><tr><td colspan="2">202×年</td><td rowspan="2">凭证号数</td><td rowspan="2">摘要</td><td colspan="3">收入</td><td colspan="3">发出</td><td colspan="3">结存</td></tr><tr><td>月</td><td>日</td><td>数量</td><td>单价</td><td>金额</td><td>数量</td><td>单价</td><td>金额</td><td>数量</td><td>单价</td><td>金额</td></tr><tr><td>11</td><td>1</td><td></td><td>期初余额</td><td></td><td></td><td></td><td></td><td></td><td></td><td>200</td><td>137</td><td>27 400</td></tr><tr><td>11</td><td>30</td><td>略</td><td>本期入库</td><td>1 400</td><td>145</td><td>203 000</td><td></td><td></td><td></td><td></td><td></td><td></td></tr><tr><td></td><td></td><td></td><td></td><td></td><td></td><td></td><td></td><td></td><td></td><td></td><td></td><td></td></tr></table>	账户名称使用正确，借贷方向及金额正确，会计分录格式规范；自制半成品明细账登记规范、准确
		（4）计算本月发出半成品的成本 将上一步骤完工半成品转入半成品库，根据月初半成品数量和单价及本月入库半成品数量和单价，采用全月一次加权平均法，计算发出半成品的成本 加权平均单位成本=（27 400+203 000）÷（200+1 400）=144（元/件） 本月发出半成品的成本=1 500×144=216 000（元）	加权平均单位成本、发出半成品的成本计算正确

序号	操作步骤	操作方法及说明	操作标准
2	计算产成品成本	（5）编制发出半成品的会计分录并登记自制半成品明细账 借：生产成本——基本生产成本——第二车间　　216 000 　　贷：自制半成品——甲成品　　　　　　　　　216 000 **自制半成品明细账** 品名：甲半成品　　202×年11月　　金额单位：元	账户名称使用正确，借贷方向及金额正确，会计分录格式规范；自制半成品明细账登记规范、准确

自制半成品明细账

品名：甲半成品　　　　　202×年11月　　　　　金额单位：元

202×年		凭证号数	摘要	收入			发出			结存		
月	日			数量	单价	金额	数量	单价	金额	数量	单价	金额
11	1		期初余额							200	137	27 400
11	30	略	本期入库	1 400	145	203 000						
			本期发出				1 500	144	216 000			
			期末结存							100	144	14 400

（6）计算本月完工甲产品的成本

根据自制半成品明细账、本月生产费用及产量资料计算完工甲产品的成本和月末在产品成本，并登记第二车间甲产品的基本生产成本明细账

基本生产成本明细账

202×年11月

生产车间：第二车间　　　　产品名称：甲产品　　　　金额单位：元

项目	半成品	直接人工	制造费用	合计
月初在产品成本	39 000	24 000	21 000	84 000
本月生产费用	216 000	108 000	45 000	369 000
生产费用合计	255 000	132 000	66 000	453 000
本步骤完工产品数量/件	1 600	1 600	1 600	
月末在产品数量/件	100	100	100	
在产品约当产量/件	100	50	50	
约当总产量/件	1 700	1 650	1 650	
单位成本（分配率）/（元/件）	150	80	40	270
完工产品成本	240 000	128 000	64 000	432 000
月末在产品成本	15 000	4 000	2 000	21 000

直接材料的约当总产量=1 600+100=1 700（件）

直接人工、制造费用的约当总产量=1 600+100×50%=1 650（件）

直接材料费用分配率=255 000÷1 700=150（元/件）

直接人工费用分配率=132 000÷1 650=80（元/件）

制造费用分配率=66 000÷1 650=40（元/件）

完工产品成本=1 600×150+1 600×80+1 600×40=432 000（元）

月末在产品成本=100×150+50×80+50×40=21 000（元）

表内数据对应正确，约当总产量、费用分配率、完工产品成本及月末在产品成本计算正确

序号	操作步骤	操作方法及说明	操作标准
3	进行成本还原	（1）计算成本还原分配率 成本还原分配率=本月本步骤耗用上一步骤半成品成本合计÷本月所产该种半成品成本合计=240 000÷203 000=1.182 266	公式运用正确，成本还原分配率计算准确

续

序号	操作步骤	操作方法及说明	操作标准
3	进行成本还原	（2）编制产成品成本还原计算表 产成品成本还原计算表 产成品名称：甲产品　　202×年11月　　金额单位：元 （见下表） 还原为上一步骤直接材料的金额=甲半成品直接材料×成本还原分配率 =105 000×1.182 266=124 137.93（元） 还原为上一步骤直接人工的金额=甲半成品直接人工×成本还原分配率 =56 000×1.182 266=66 206.90（元） 还原为上一步骤制造费用的金额=甲半成品制造费用×成本还原分配率 =42 000×1.182 266=49 655.17（元）	公式运用正确，还原后产成品各原始成本项目计算准确

项目	产量/件	还原分配率	半成品	直接材料	直接人工	制造费用	合计
还原前产成品成本	1 600		240 000		128 000	64 000	432 000
甲半成品成本				105 000	56 000	42 000	203 000
成本还原		1.182 266		124 137.93	66 206.90	49 655.17	240 000
还原后产成品总成本	1 600			124 137.93	194 206.90	113 655.17	432 000
还原后产成品单位成本				77.59	121.38	71.03	270

【问题情境一】

启扬机械有限公司采用综合逐步结转分步法计算产品成本，管理上要求提供按照原始成本项目反映的产成品成本资料，因此需要对产品成本进行还原。若以前月份所产半成品的成本构成与本月所产半成品的成本构成不完全一致，该如何进行成本还原？

提示：若以前月份所产半成品的成本构成与本月所产半成品的成本构成不完全一致，变化较大，仍然按照以前月份所产半成品的成本构成进行还原，成本还原的结果势必不够准确，在这种情况下，如果半成品的计划成本或者定额成本比较准确，可按计划成本或者定额成本的成本构成进行还原。

【问题情境二】

某钢铁企业主要生产各种型号的钢材，其生产的半成品生铁和钢锭也对外出售，采用综合逐步结转分步法计算产品成本，半成品通过半成品库收发，采用先进先出法核算。202×年4月起，市场上钢材的价格持续上涨，其所需的原材料铁矿石的价格也一路大幅上涨，继续采用先进先出法是否合适？

提示：不合适。该企业采用先进先出法核算半成品，也就是先入库的先发出，在原材料价格持续上涨的情况下，先入库的半成品使用的原材料价格比较低，则半成品成本比较低，所生产的产成品成本就被低估了，从而高估了利润，加重企业所得税负担，以及增加投资人分红，导致企业现金流出量增加。采用移动加权平均法能很好地避免上述问题。

四、学习结果评价

序号	评价内容	评价标准	评价结果
1	采用综合逐步结转分步法计算产成品成本	能正确设立各生产步骤的基本生产成本明细账	□是□否
		能正确计算第一步骤完工半成品的成本	□是□否
		能正确编制完工半成品入库的会计分录并登记自制半成品明细账	□是□否
		能正确计算本月发出半成品的成本	□是□否
		能正确编制发出半成品的会计分录并登记自制半成品明细账	□是□否
		能正确计算本月完工产品的成本	□是□否

续

序号	评价内容	评价标准	评价结果
2	进行成本还原	能正确计算成本还原分配率	□是□否
		能正确编制产成品成本还原计算表	□是□否
3	总评	"是"与"否"在本次评价中所占百分比	"是"占＿＿% "否"占＿＿%

课后作业

一、单项选择题

1. 综合逐步结转分步法下成本还原的对象是（ ）。

   A. 各步骤半成品成本

   B. 产成品成本

   C. 各步骤所耗上一步骤半成品的综合成本

   D. 最后步骤的产成品成本

2. 在综合逐步结转分步法下，下一步骤所耗上一步骤的半成品成本应计入下一步骤生产成本明细账中的（ ）。

   A. "直接材料"成本项目

   B. "直接人工"成本项目

   C. "制造费用"成本项目

   D. "直接材料"成本项目或"半成品"成本项目

3. 综合逐步结转分步法下，成本还原分配率为本月产成品所耗上一步骤半成品费用除以（ ）。

   A. 本月所产该种半成品成本合计   B. 上月所产该种半成品成本合计

   C. 本月所产该种半成品各成本项目   D. 本月所耗该种半成品各成本项目

4. 采用综合逐步结转分步法计算产品成本，若产品的生产经过三个步骤，则需要进行成本还原的次数是（ ）。

   A. 3次   B. 2次   C. 1次   D. 4次

二、判断题

1. 采用综合逐步结转分步法结转半成品成本，便于从整个企业角度分析和考核产品成本的构成和水平。（ ）

2. 综合逐步结转分步法是将各步骤所耗上一步骤的半成品成本，以"直接材料"或"半成品"成本项目综合计入该步骤产品成本明细账中的方法。（ ）

三、实训项目

（一）实训目的

学生能熟悉综合逐步结转分步法的一般计算程序，能熟练运用综合逐步结转分步法的基本原理计算产品成本，并能进行成本还原。

（二）实训资料

宏达机械制造有限公司的甲产品由两个车间连续加工制成。原材料在开始生产时一次性投入，第一车间生产完工的甲半成品交半成品库验收，第二车间从半成品库领用甲半成品加工成甲产品，领用的半成品按实际成本计价（采用全月一次加权平均法）。第一车间与第二车间的月末在产品按约当产量比例法计算，在产品的完成程度为 50%。202×年 9 月，该公司有关产量、生产费用、甲半成品明细账资料分别如表 2-3-4～表 2-3-6 所示。

表 2-3-4　各车间产量统计

202×年 9 月　　　　　　单位：件

项目	第一车间	第二车间
月初在产品数量	100	250
本月投产数量	900	900
本月完工产品数量	800	1 050
月末在产品数量	200	100

表 2-3-5　各车间生产费用资料

202×年 9 月　　　　　　单位：元

项目	月初在产品成本		本月发生费用	
	第一车间	第二车间	第一车间	第二车间
直接材料（半成品）	10 500	14 900	99 500	
直接人工	8 500	23 500	63 500	84 300
制造费用	5 000	18 000	40 000	48 000
合计	24 000	56 400	203 000	132 300

表 2-3-6　自制半成品明细账

品名：甲半成品　　　202×年 9 月　　　金额单位：元

202×年		凭证号数	摘要	收入			发出			结存		
月	日			数量	单价	金额	数量	单价	金额	数量	单价	金额
9	1		期初余额							200	235	47 000

（三）实训程序和要求

（1）采用综合逐步结转分步法计算产品成本，并编制基本生产成本明细账（见表 2-3-7、表 2-3-8）；

（2）计算成本还原分配率，并编制产成品成本还原计算表（见表 2-3-9，分配率精确到小数点后六位）。

（四）实训设计

（1）实训形式：本次实训由成本核算员 1 人独立完成。

（2）实训时间：约需 45 分钟。

（3）实训用纸：见表 2-3-7 至表 2-3-9。

表 2-3-7　基本生产成本明细账

202×年 9 月

生产车间：第一车间　　　产品名称：甲半成品　　　金额单位：元

项目	直接材料	直接人工	制造费用	合计
月初在产品成本				
本月生产费用				

项目	直接材料	直接人工	制造费用	合计
生产费用合计				
本步骤完工产品数量/件				
月末在产品数量/件				
在产品约当产量/件				
约当总产量/件				
单位成本（分配率）/（元/件）				
完工半成品成本				
月末在产品成本				

表 2-3-8 　　　　　　　　　　　**基本生产成本明细账**

202×年 9 月

生产车间：第二车间　　　　　　　　　　　产品名称：甲产品　　　　　　　　　　　金额单位：元

项目	半成品	直接人工	制造费用	合计
月初在产品成本				
本月生产费用				
生产费用合计				
本步骤完工产品数量/件				
月末在产品数量/件				
在产品约当产量/件				
约当总产量/件				
单位成本（分配率）/（元/件）				
完工产品成本				
月末在产品成本				

表 2-3-9 　　　　　　　　　　　**产成品成本还原计算表**

产成品名称：甲产品　　　　　　　　　202×年 9 月　　　　　　　　　　金额单位：元

项目	产量/件	还原分配率	半成品	直接材料	直接人工	制造费用	合计
还原前产成品成本							
甲半成品成本							
成本还原							
还原后产成品总成本							
还原后产成品单位成本							

职业能力 2-3-2　能够运用分项逐步结转分步法进行成本计算

核心概念

分项逐步结转分步法

学习目标

- 掌握分项逐步结转分步法的基本原理；
- 理解分项逐步结转分步法的优缺点及适用范围；
- 能运用分项逐步结转分步法计算产品成本；
- 树立严谨细致、精益求精的工作理念，培养团队合作能力与沟通协调能力。

基本知识

分项逐步结转分步法是指在按照生产步骤逐步结转半成品成本时，将上一步骤的半成品成本按照原始成本项目分别转入下一步骤产品成本明细账的相应成本项目中的方法。

采用分项逐步结转分步法计算产品成本，各步骤所耗半成品成本是按照原始成本项目分别结转的，若企业半成品不直接转移至下一个生产步骤，而是通过半成品库收发核算，则自制半成品明细账应按各成本项目分设专栏，半成品的收发也应按成本项目登记。

分项逐步结转分步法下，半成品成本的结转可以按照实际成本结转，也可以按照计划成本结转。但是按照计划成本结转，需要按成本项目分项调整成本差异，这大大增加了计算的工作量。因此，在实际工作中普遍按照实际成本结转半成品成本。

采用分项逐步结转分步法结转半成品成本，可以直接、准确地提供按原始成本项目反映的企业产品成本资料，有利于从整个企业的角度考核和分析产品成本计划的执行情况，不需要进行成本还原。但是，采用此方法时成本结转工作较为复杂，而且在各步骤完工产品成本中看不出所耗上一步骤半成品成本和本步骤加工费用，不便于对各步骤完工产品的成本进行分析。综上所述，分项逐步结转分步法一般适用于在管理上不要求计算各步骤完工产品所耗半成品成本和本步骤加工费用，而要求按原始成本项目计算产品成本的企业。

能力训练

一、业务场景

启扬机械有限公司的甲产品生产分为两个步骤，分别由两个车间连续加工制成。原材料在开始生产时一次性投入，第一车间生产完工的甲半成品交半成品库验收，第二车间从半成品库领用后继续加工生产出甲产品，领用的半成品按实际成本计价（采用全月一次加权平均法）。第一车间与第二车间的月末在产品均按约当产量比例法计算，在产品的完成程度为50%。202×年11月，该公司有关产量、生产费用、甲半成品明细账资料分别如表2-3-10～表2-3-12所示。

表 2-3-10   各车间产量统计

202×年 11 月   单位：件

项目	第一车间	第二车间
月初在产品数量	100	200
本月投产数量	1 600	1 500
本月完工产品数量	1 400	1 600
月末在产品数量	300	100

表 2-3-11   各车间生产费用资料

202×年 11 月   单位：元

项目	月初在产品成本		本月发生费用	
	第一车间	第二车间	第一车间	第二车间
直接材料	29 000	39 000	98 500	
直接人工	10 000	24 000	52 000	108 000
制造费用	8 500	21 000	38 000	45 000
合计	47 500	84 000	188 500	153 000

表 2-3-12   自制半成品明细账

品名：甲半成品   202×年 11 月   金额单位：元

202×年		凭证号数	摘要	数量/件	金额	成本项目		
月	日					直接材料	直接人工	制造费用
11	1		期初余额	200	27 400	13 000	8 000	6 400

要求：采用分项逐步结转分步法计算启扬机械有限公司 202×年 11 月完工的甲产品成本。

二、注意事项

（1）保持严谨细致的工作态度，做到计算准确、账务处理规范。

（2）注意分项逐步结转分步法下半成品成本的结转，区分是否通过半成品库收发。

（3）分配率精确到小数点后四位，金额保留两位小数。

三、操作过程

序号	操作步骤	操作方法及说明	操作标准
1	工作准备	认真阅读案例资料，理清思路，准备好笔、纸、计算器等文具	读懂案例资料，文具摆放整齐，桌面整洁、有序
2	按生产步骤设置基本生产成本明细账	启扬机械有限公司的甲产品生产分为两个步骤，分别由第一车间和第二车间连续加工制成，因此可按照生产车间设置基本生产成本明细账，并根据表 2-3-11 登记月初在产品成本 基本生产成本明细账 202×年 11 月 生产车间：第一车间　　　　产品名称：甲半成品　　　　单位：元 | 项目	直接材料	直接人工	制造费用	合计
月初在产品成本	29 000	10 000	8 500	47 500		正确设立第一车间、第二车间的基本生产成本明细账，成本项目设置规范，期初余额登记准确、完整

续

序号	操作步骤	操作方法及说明	操作标准
2	按生产步骤设置基本生产成本明细账	基本生产成本明细账 202×年11月 生产车间：第二车间　　产品名称：甲产品　　单位：元 表格见下	正确设立第一车间、第二车间的基本生产成本明细账，成本项目设置规范，期初余额登记准确、完整

基本生产成本明细账（第二车间）

项目	直接材料	直接人工	制造费用	合计
月初在产品成本	39 000	24 000	21 000	84 000

序号	操作步骤	操作方法及说明	操作标准
3	计算第一步骤完工半成品的成本	根据本月生产费用资料及产量资料计算完工甲半成品的成本和月末在产品的成本，并登记第一车间甲半成品的基本生产成本明细账 基本生产成本明细账 202×年11月 生产车间：第一车间　　产品名称：甲半成品　　金额单位：元	表内数据对应正确，约当总产量、费用分配率、完工半成品成本及月末在产品成本计算正确

基本生产成本明细账（第一车间，甲半成品）

项目	直接材料	直接人工	制造费用	合计
月初在产品成本	29 000	10 000	8 500	47 500
本月生产费用	98 500	52 000	38 000	188 500
生产费用合计	127 500	62 000	46 500	236 000
本步骤完工产品数量/件	1 400	1 400	1 400	
月末在产品数量/件	300	300	300	
在产品约当产量/件	300	150	150	
约当总产量/件	1 700	1 550	1 550	
单位成本（分配率）/（元/件）	75	40	30	145
完工半成品成本	105 000	56 000	42 000	203 000
月末在产品成本	22 500	6 000	4 500	33 000

直接材料的约当总产量=1 400+300=1 700（件）
直接人工、制造费用的约当总产量=1 400+300×50%=1 550（件）
直接材料费用分配率=127 500÷1 700=75（元/件）
直接人工费用分配率=62 000÷1 550=40（元/件）
制造费用分配率=46 500÷1 550=30（元/件）
完工半成品成本=1 400×75+1 400×40+1 400×30=203 000（元）
月末在产品成本=300×75+150×40+150×30=33 000（元）

序号	操作步骤	操作方法及说明	操作标准
4	编制完工半成品入库的会计分录并登记自制半成品明细账	借：自制半成品——甲半成品　　　　　　　203 000 　　贷：生产成本——基本生产成本——第一车间　　203 000 自制半成品明细账 品名：甲半成品　　202×年11月　　金额单位：元	账户名称使用正确，借贷方向及金额正确，会计分录格式规范；自制半成品明细账登记规范、准确

自制半成品明细账

202×年 月	202×年 日	凭证号数	摘要	数量/件	金额	成本项目 直接材料	成本项目 直接人工	成本项目 制造费用
11	1		期初余额	200	27 400	13 000	8 000	6 400
11	30	略	本期入库	1 400	203 000	105 000	56 000	42 000
11	30		累计	1 600	230 400	118 000	64 000	48 400

序号	操作步骤	操作方法及说明	操作标准
5	计算本月发出半成品的成本	将上一步骤完工半成品转入半成品库，根据月初半成品数量和金额及本月入库半成品数量和金额，采用全月一次加权平均法，计算发出半成品的成本 加权平均单位成本=（27 400+203 000）÷（200+1 400）=144（元/件） 本月发出半成品的成本=1 500×144=216 000（元）	加权平均单位成本、发出半成品的成本计算正确

续

序号	操作步骤	操作方法及说明	操作标准
6	编制发出半成品的会计分录并登记自制半成品明细账	借：生产成本——基本生产成本——第二车间　216 000 　　贷：自制半成品——甲半成品　　　　　　　　216 000	账户名称使用正确，借贷方向及金额正确，会计分录格式规范；自制半成品明细账登记规范、准确
7	计算本月完工产品的成本	根据自制半成品明细账、本月生产费用及产量资料计算完工甲产品的成本和月末在产品成本，并登记第二车间甲产品的基本生产成本明细账	表内数据对应正确，约当总产量、费用分配率、完工产品成本及月末在产品成本计算正确

自制半成品明细账

品名：甲半成品　　　　　202×年11月　　　　　金额单位：元

202×年		凭证号数	摘要	数量/件	金额	成本项目		
月	日					直接材料	直接人工	制造费用
11	1		期初余额	200	27 400	13 000	8 000	6 400
11	30	略	本期入库	1 400	203 000	105 000	56 000	42 000
11	30		累计	1 600	230 400	118 000	64 000	48 400
11	30		单位成本		144	73.75	40	30.25
11	30		本期发出	1 500	216 000	110 625	60 000	45 375
11	30		期末结存	100	14 400	7 375	4 000	3 025

基本生产成本明细账

202×年11月

生产车间：第二车间　　　产品名称：甲产品　　　金额单位：元

项目	直接材料	直接人工	制造费用	合计
月初在产品成本	39 000	24 000	21 000	84 000
本月生产费用		108 000	45 000	153 000
耗用上一步骤半成品成本	110 625	60 000	45 375	216 000
生产费用合计	149 625	192 000	111 375	453 000
本步骤完工产品数量/件	1 600	1 600	1 600	
月末在产品数量/件	100	100	100	
在产品约当产量/件	100	50	50	
约当总产量/件	1 700	1 650	1 650	
单位成本（分配率）/（元/件）	88.014 7	116.363 6	67.500 0	271.878 3
完工产品成本	140 823.52	186 181.76	108 000	435 005.28
月末在产品成本	8 801.48	5 818.24	3 375	17 994.72

直接材料的约当总产量=1 600+100=1 700（件）

直接人工、制造费用的约当总产量=1 600+100×50%=1 650（件）

直接材料费用分配率=149 625÷1 700=88.014 7（元/件）

直接人工费用分配率=192 000÷1 650=116.363 6（元/件）

制造费用分配率=111 375÷1 650=67.500 0（元/件）

甲产品成本=1 600×（88.014 7+116.363 6+67.500 0）=435 005.28（元）

月末在产品成本=453 000-435 005.28=17 994.72（元）

【问题情境一】

　　某纺织厂主要生产各种花色的布匹，设有三个纺纱车间、两个织布车间。纺纱和织布的工序包括清花、粗纺、并条、粗纱、细纱、捻线、织布等。其生产的半成品不通过半成品库收发，直接转入下一生产步骤，管理上要求提供按原始成本项目反映的产品成本资料，你认为该纺织厂适合采用哪种成本计算方法？

　　提示：该纺织厂生产的布匹经过多个工序加工完成，且管理上要求提供按原始成本项目反映的产品成本资料，可采用综合逐步结转分步法或分项逐步结转分步法核算产品成本。但采用综合逐步结转分步法需进行成本还原，计算工作量较大，采用分项逐步结转分步法更好。

【问题情境二】

蓝天工厂生产的甲产品需经过 3 道工序加工完成，采用分项逐步结转分步法核算产品成本。原材料随生产进度逐步投入，月末采用约当产量比例法将各工序归集的生产费用在完工产品与在产品之间进行分配。某月末财务人员计算出的甲产品成本异常偏高，经查是车间存有已领未耗材料 20 000 元，尚未办理退库手续，全部计入了生产成本。该如何处理？

提示：对于该企业已领未耗的材料应及时办理退库手续，不能将其直接计入产品成本中，否则会导致虚增成本少计利润。同时，要及时做调账处理，冲减甲产品成本，调增材料费用。

四、学习结果评价

序号	评价内容	评价标准	评价结果
1	按生产步骤设置基本生产成本明细账	能正确设立第一车间、第二车间的基本生产成本明细账	□是□否
		能正确登记基本生产成本明细账的期初余额	□是□否
2	计算第一步骤完工半成品的成本	能正确计算第一步骤完工半成品的成本	□是□否
		能正确登记第一车间基本生产成本明细账	□是□否
3	编制完工半成品入库的会计分录并登记自制半成品明细账	能正确编制完工半成品入库的会计分录	□是□否
		能正确登记自制半成品明细账	□是□否
4	计算本月发出半成品的成本	能正确计算本月发出半成品的成本	□是□否
5	编制发出半成品的会计分录并登记自制半成品明细账	能正确编制发出半成品的会计分录	□是□否
		能正确登记自制半成品明细账	□是□否
6	计算本月完工产品的成本	能正确计算完工产品的成本	□是□否
		能正确登记第二车间基本生产成本明细账	□是□否
7	总评	"是"与"否"在本次评价中所占百分比	"是"占____％ "否"占____％

课后作业

一、单项选择题

1. 将各步骤所耗半成品费用，按照成本项目分项转入各步骤生产成本明细账的相应成本项目中的分步法是（   ）。

    A. 逐步结转分步法   B. 综合逐步结转分步法

    C. 分项逐步结转分步法   D. 平行结转分步法

2. 下列不属于分项逐步结转分步法的特点的是（   ）。

    A. 半成品的明细账也应分成本项目登记成本资料

    B. 可以简化产品成本的计算工作

    C. 可以提供按原始成本项目反映的成本资料，无须进行成本还原

    D. 各步骤所耗上一步骤的半成品费用，按照成本项目转入各步骤的相应成本项目中

二、多项选择题

1. 采用分项逐步结转分步法结转半成品成本的缺点有（   ）。

    A. 成本结转工作比较复杂

B. 需要进行成本还原

C. 不便于分析和管理各步骤完工产品的成本

D. 不便于从整个企业的角度考核和分析产品成本计划的执行情况

2. 采用分项逐步结转分步法（　　　　）。

A. 可直接提供按原始成本项目反映的产品成本资料，无须进行成本还原

B. 不能反映各步骤所耗上一步骤半成品成本资料

C. 有利于从整个企业的角度进行成本分析与考核

D. 半成品成本结转的工作量较大

三、判断题

1. 采用分项逐步结转分步法结转半成品成本，可以在各步骤生产成本明细账中反映出所耗上一步骤半成品的成本和本步骤的加工费用的水平。（　　　　）

2. 采用分项逐步结转分步法计算产品成本，必须通过"自制半成品"账户进行半成品收发的核算。（　　　　）

四、实训项目

（一）实训目的

学生能熟悉分项逐步结转分步法的一般计算程序，能熟练运用分项逐步结转分步法的基本原理计算产品成本。

（二）实训资料

宏达机械制造有限公司的甲产品由两个车间连续加工制成。原材料在开始生产时一次性投入，第一车间生产完工的甲半成品交半成品库验收，第二车间从半成品库领用甲半成品加工成甲产品，领用的半成品按实际成本计价（采用全月一次加权平均法）。第一车间与第二车间的月末在产品均按约当产量比例法计算，在产品的完成程度为 50%。202×年 9 月，该公司有关产量、生产费用、甲半成品明细账资料分别如表 2-3-13～表 2-3-15 所示。

表 2-3-13　　　　　　　　各车间产量统计

202×年 9 月

单位：件

项目	第一车间	第二车间
月初在产品数量	100	250
本月投产数量	900	900
本月完工产品数量	800	1 050
月末在产品数量	200	100

表 2-3-14　　　　　　　　各车间生产费用资料

202×年 9 月

单位：元

项目	月初在产品成本		本月发生费用	
	第一车间	第二车间	第一车间	第二车间
直接材料	10 500	14 900	99 500	
直接人工	8 500	23 500	63 500	84 300
制造费用	5 000	18 000	40 000	48 000
合计	24 000	56 400	203 000	132 300

表 2-3-15　　　　　　　　　　　　　　自制半成品明细账

品名：甲半成品　　　　　　　　　　　　202×年 9 月　　　　　　　　　　　　金额单位：元

202×年		凭证号数	摘要	数量/件	金额	成本项目		
月	日					直接材料	直接人工	制造费用
9	1		期初余额	200	47 000	23 000	15 000	9 000

（三）实训程序和要求

采用分项逐步结转分步法计算产品成本，并编制基本生产成本明细账（见表 2-3-16、表 2-3-17）。分配率精确到小数点后四位，金额保留两位小数。

（四）实训设计

（1）实训形式：本次实训由成本核算员 1 人独立完成。

（2）实训时间：约需 45 分钟。

（3）实训用纸：见表 2-3-16、表 2-3-17。

表 2-3-16　　　　　　　　　　　　　　基本生产成本明细账

202×年 9 月

生产车间：第一车间　　　　　　　　　产品名称：甲半成品　　　　　　　　金额单位：元

项目	直接材料	直接人工	制造费用	合计
月初在产品成本				
本月生产费用				
生产费用合计				
本步骤完工产品数量/件				
月末在产品数量/件				
在产品约当产量/件				
约当总产量/件				
单位成本（分配率）/（元/件）				
完工半成品成本				
月末在产品成本				

表 2-3-17　　　　　　　　　　　　　　基本生产成本明细账

202×年 9 月

生产车间：第二车间　　　　　　　　　产品名称：甲产品　　　　　　　　金额单位：元

项目	直接材料	直接人工	制造费用	合计
月初在产品成本				
本月生产费用				
耗用上一步骤半成品成本				
生产费用合计				
本步骤完工产品数量/件				
月末在产品数量/件				
在产品约当产量/件				
约当总产量/件				
单位成本（分配率）/（元/件）				
完工产品成本				
月末在产品成本				

职业能力 2-3-3　能够运用平行结转分步法进行成本计算

核心概念

平行结转分步法

学习目标

- 掌握平行结转分步法的基本原理；
- 理解平行结转分步法的特点及适用范围；
- 掌握平行结转分步法的核算程序，并能运用平行结转分步法计算产品成本；
- 勤学善思，热爱研究，具有分析问题与解决问题的能力。

基本知识

一、平行结转分步法的定义与特点

平行结转分步法是平行结转各步骤生产成本的方法，具体来说，就是在计算各步骤产品成本时，不计算各步骤所产半成品的成本，也不计算各步骤耗用上一步骤半成品的成本，只计算本步骤发生的直接材料、直接人工和制造费用等各项费用，以及这些费用中应计入产成品成本的份额，然后将各步骤成本明细账中应计入同一产成品成本的份额平行结转、汇总，计算出产成品成本。平行结转分步法下，各步骤之间只转移半成品实物，不结转半成品成本，因此，平行结转分步法又称为不计算半成品成本分步法。平行结转分步法的特点如下。

（1）不计算各步骤所产半成品的成本，只计算本步骤发生的直接材料、直接人工和制造费用等各项费用。

（2）各生产步骤之间只转移半成品实物，不转移半成品成本。不论半成品实物是在各步骤之间直接转移还是通过半成品库收发，都不通过"自制半成品"账户进行分类核算。

（3）月末要将生产费用在产成品与在产品之间按照一定的方法（约当产量比例法、定额比例法等）进行分配。这里的产成品是指经过所有生产步骤最终生产完工的产品。这里的在产品是指广义在产品，是就整个企业而言未完工的产品，具体包括：①尚在各生产步骤加工中的在产品，即狭义在产品；②各步骤生产完工转入半成品库中的半成品；③各步骤生产完工转入以后各步骤进一步加工，尚未最终形成产成品的在产品。

（4）将各步骤成本明细账中应计入产成品成本的份额平行结转、汇总，计算出产成品的总成本和单位成本。

二、平行结转分步法的适用范围

在采用分步法核算产品成本的大量大批多步骤生产的企业里，有的企业各步骤所生产的半成品种类繁多，而又很少对外销售，管理上也不要求计算各步骤半成品的成本，为了简化和高效推进成本核算工作，适宜采用平行结转分步法核算产成品成本。

三、平行结转分步法的核算程序

（1）按照产品的生产步骤和产品品种设置基本生产成本明细账（或产品成本计算单），账内按成本项目分设专栏，归集本步骤发生的各项费用，但不包括耗用上一步骤半成品的成本。

（2）月末将各步骤归集的生产费用在产成品和广义在产品之间进行分配，计算各步骤应计入产成品成本中的份额。

若在产品按约当产量比例法计算，有关计算公式如下。

某步骤约当总产量=产成品数量+该步骤狭义在产品数量×完工程度+后面各步骤月末在产品数量

某步骤某成本项目的费用分配率=（该步骤期初在产品成本+该步骤本期生产费用）/该步骤约当总产量

某步骤某成本项目应计入产成品成本中的份额=产成品数量×该步骤该成本项目的费用分配率

（3）将各步骤应计入产成品成本中的份额按成本项目平行结转、汇总，计算产成品总成本及单位成本。

能力训练

一、业务场景

启扬机械有限公司的甲产品生产分为三个步骤，分别由三个车间连续加工制成。原材料在开始生产时一次性投入，采用约当产量比例法在产成品和在产品之间分配各车间生产费用，月末在产品的完成程度均为50%。202×年11月，该公司有关产量、生产费用的资料分别如表2-3-18、表2-3-19所示。

表2-3-18　　　　　各车间产量统计

202×年11月　　　　　　　　　　　　　　　　单位：件

项目	第一车间	第二车间	第三车间
月初在产品数量	100	200	100
本月投产数量	1 700	1 600	1 500
本月完工产品数量	1 600	1 500	1 400
月末在产品数量	200	300	200

表2-3-19　　　　　各车间生产费用资料

202×年11月　　　　　　　　　　　　　　　　单位：元

项目	月初在产品成本			本月发生费用		
	第一车间	第二车间	第三车间	第一车间	第二车间	第三车间
直接材料	9 500			148 000		
直接人工	5 200	8 900	5 500	74 800	69 850	72 500
制造费用	4 800	8 500	3 600	55 200	54 500	53 400
合计	19 500	17 400	9 100	278 000	124 350	125 900

要求：采用平行结转分步法计算启扬机械有限公司 202×年 11 月生产的甲产品的成本。

二、注意事项

（1）保持严谨细致的工作态度，做到计算准确、账务处理规范。

（2）注意平行结转分步法下广义在产品约当产量的计算。

三、操作过程

序号	操作步骤	操作方法及说明	操作标准
1	工作准备	认真阅读案例资料，理清思路，准备好笔、纸、计算器等文具	读懂案例资料，文具摆放整齐，桌面整洁、有序
2	按照产品的生产步骤和产品品种设置基本生产成本明细账	启扬机械有限公司的甲产品生产分为三个步骤，分别由三个车间连续加工制成，因此可按照生产车间设置基本生产成本明细账，并根据表 2-3-19 登记月初在产品成本 **基本生产成本明细账** **202×年 11 月** 生产车间：第一车间　　　　　　　　　单位：元 <table><tr><td>摘要</td><td>直接材料</td><td>直接人工</td><td>制造费用</td><td>合计</td></tr><tr><td>月初在产品成本</td><td>9 500</td><td>5 200</td><td>4 800</td><td>19 500</td></tr><tr><td></td><td></td><td></td><td></td><td></td></tr></table> **基本生产成本明细账** **202×年 11 月** 生产车间：第二车间　　　　　　　　　单位：元 <table><tr><td>摘要</td><td>直接材料</td><td>直接人工</td><td>制造费用</td><td>合计</td></tr><tr><td>月初在产品成本</td><td></td><td>8 900</td><td>8 500</td><td>17 400</td></tr></table> **基本生产成本明细账** **202×年 11 月** 生产车间：第三车间　　　　　　　　　单位：元 <table><tr><td>摘要</td><td>直接材料</td><td>直接人工</td><td>制造费用</td><td>合计</td></tr><tr><td>月初在产品成本</td><td></td><td>5 500</td><td>3 600</td><td>9 100</td></tr><tr><td></td><td></td><td></td><td></td><td></td></tr></table>	正确设立第一车间、第二车间、第三车间的基本生产成本明细账，成本项目设置规范，期初余额登记准确、完整
3	计算各步骤应计入产成品成本中的份额	月末将各步骤归集的生产费用在产成品和广义在产品之间进行分配，计算各步骤应计入产成品成本中的份额，并登记基本生产成本明细账 **基本生产成本明细账** **202×年 11 月** 生产车间：第一车间　　　　　　金额单位：元 <table><tr><td>摘要</td><td>直接材料</td><td>直接人工</td><td>制造费用</td><td>合计</td></tr><tr><td>月初在产品成本</td><td>9 500</td><td>5 200</td><td>4 800</td><td>19 500</td></tr><tr><td>本月生产费用</td><td>148 000</td><td>74 800</td><td>55 200</td><td>278 000</td></tr><tr><td>生产费用合计</td><td>157 500</td><td>80 000</td><td>60 000</td><td>297 500</td></tr><tr><td>本月产成品数量/件</td><td>1 400</td><td>1 400</td><td>1 400</td><td></td></tr><tr><td>广义在产品约当产量/件</td><td>700</td><td>600</td><td>600</td><td></td></tr><tr><td>约当总产量/件</td><td>2 100</td><td>2 000</td><td>2 000</td><td></td></tr><tr><td>费用分配率/（元/件）</td><td>75</td><td>40</td><td>30</td><td>145</td></tr><tr><td>应计入产成品成本中的份额</td><td>105 000</td><td>56 000</td><td>42 000</td><td>203 000</td></tr><tr><td>月末在产品成本</td><td>52 500</td><td>24 000</td><td>18 000</td><td>94 500</td></tr></table>	表内数据对应正确，约当总产量、费用分配率、应计入产成品成本中的份额及月末在产品成本计算正确

续

序号	操作步骤	操作方法及说明	操作标准
3	计算各步骤应计入产成品成本中的份额	第一步骤约当产量的计算如下： 直接材料的约当总产量=1 400+200+300+200=2 100（件） 直接人工、制造费用的约当总产量=1 400+200×50%+300+200=2 000（件） 费用分配率的计算如下： 直接材料费用分配率=157 500÷2 100=75（元/件） 直接人工费用分配率=80 000÷2 000=40（元/件） 制造费用分配率=60 000÷2 000=30（元/件） 第一车间应计入产成品成本中的份额如下： 应计入直接材料中的份额=1 400×75=105 000（元） 应计入直接人工中的份额=1 400×40=56 000（元） 应计入制造费用中的份额=1 400×30=42 000（元） **基本生产成本明细账** **202×年11月** 生产车间：第二车间　　　　　　金额单位：元	表内数据对应正确，约当总产量、费用分配率、应计入产成品成本中的份额及月末在产品成本计算正确

基本生产成本明细账

202×年11月

生产车间：第二车间　　　　　　金额单位：元

摘要	直接材料	直接人工	制造费用	合计
月初在产品成本		8 900	8 500	17 400
本月生产费用		69 850	54 500	124 350
生产费用合计		78 750	63 000	141 750
本月产成品数量/件		1 400	1 400	1 400
广义在产品约当产量/件		350	350	350
约当总产量/件		1 750	1 750	1 750
费用分配率/（元/件）		45	36	81
应计入产成品成本中的份额		63 000	50 400	113 400
月末在产品成本		15 750	12 600	28 350

第二步骤约当产量的计算如下：

直接人工、制造费用的约当总产量=1 400+300×50%+200=1 750（件）

费用分配率的计算如下：

直接人工费用分配率=78 750÷1 750=45（元/件）

制造费用分配率=63 000÷1 750=36（元/件）

第二车间应计入产成品成本中的份额如下：

应计入直接人工中的份额=1 400×45=63 000（元）

应计入制造费用中的份额=1 400×36=50 400（元）

基本生产成本明细账

202×年11月

生产车间：第三车间　　　　　　金额单位：元

摘要	直接材料	直接人工	制造费用	合计
月初在产品成本		5 500	3 600	9 100
本月生产费用		72 500	53 400	125 900
生产费用合计		78 000	57 000	135 000
本月产成品数量/件		1 400	1 400	1 400
广义在产品约当产量/件		100	100	100
约当总产量/件		1 500	1 500	1 500
费用分配率/（元/件）		52	38	90
应计入产成品成本中的份额		72 800	53 200	126 000
月末在产品成本		5 200	3 800	9 000

续

序号	操作步骤	操作方法及说明	操作标准
3	计算各步骤应计入产成品成本中的份额	第三步骤约当产量的计算如下： 直接人工、制造费用的约当总产量=1 400+200×50%=1 500（件） 费用分配率的计算如下： 直接人工费用分配率=78 000÷1 500=52（元/件） 制造费用分配率=57 000÷1 500=38（元/件） 第三车间应计入产成品成本中的份额如下： 应计入直接人工中的份额=1 400×52=72 800（元） 应计入制造费用中的份额=1 400×38=53 200（元）	表内数据对应正确，约当总产量、费用分配率、应计入产成品成本中的份额及月末在产品成本计算正确
4	计算产成品总成本及单位成本	将各步骤应计入产成品成本中的份额按成本项目平行结转、汇总，计算产成品总成本及单位成本，编制产品成本汇总计算表	表内数据对应正确，产成品的总成本、单位成本计算正确

产品成本汇总计算表

产品名称：甲产品　　　　　　　　202×年11月　　　　　　　　单位：元

项目	直接材料	直接人工	制造费用	合计
第一车间	105 000	56 000	42 000	203 000
第二车间		63 000	50 400	113 400
第三车间		72 800	53 200	126 000
总成本	105 000	191 800	145 600	442 400
单位成本	75	137	104	316

【问题情境一】

某电机厂以生产中型电机为主，生产电机所用的大多数零部件均由本企业生产，然后由组装车间组装成产成品。该厂采用两级成本核算模式计算产品成本，每月各车间根据该车间当月生产任务单所列定额资料分别计算各任务单中完工产品在本车间新发生的定额成本，不包括所耗上步骤转来的半成品成本，也不计算在产品成本。月末将本车间实际发生的费用总额与该车间当月所有完工产品定额总成本的差异在各种完工产品之间进行分配，计算出该车间每种完工产品的实际成本。该电机厂采用何种分步法较为合适？月末将生产总耗费全部计入完工产品成本合适吗？

提示： 该电机厂应采用平行结转分步法计算产品成本，因为该厂生产的半成品零部件主要供本企业使用，不对外销售，且半成品的成本不随实物转移而结转。月末将生产总耗费全部计入完工产品成本，会使当月完工产品成本虚增，应采用一定的方法将生产费用在完工产品与月末在产品之间分配。

【问题情境二】

某可乐公司的生产流程分为四个步骤，第一步骤是将糖浆与碳酸水混合，制成可装罐的液体；第二步骤是检测和清洗空罐；第三步骤是将罐装液体装入空罐；第四步骤是在罐上加盖，然后将已装罐的可乐包装成箱。该公司生产的罐装液体及检测、清洗的空罐不对外销售，且公司不需要罐装液体和空罐的成本资料，则该公司宜采用哪种分步法？该公司能否按照客户订单采用分批法？

提示： 该公司生产的罐装液体及检测、清洗的空罐不对外销售，且公司不需要罐装液体和空罐的成本资料，可以采用平行结转分步法计算产品成本。该公司也可以根据客户订单灵活采用分批法等计算产品成本。

四、学习结果评价

序号	评价内容	评价标准	评价结果
1	按照产品的生产步骤和产品品种设置基本生产成本明细账	能正确设立各生产步骤的基本生产成本明细账	□是□否
		能正确登记基本生产成本明细账的期初余额	□是□否
2	计算各步骤应计入产成品成本中的份额	能正确计算各步骤约当总产量	□是□否
		能正确计算各成本项目的费用分配率	□是□否
		能正确计算各步骤应计入产成品成本中的份额	□是□否
		能正确登记各步骤基本生产成本明细账	□是□否
3	计算产成品总成本及单位成本	能正确计算产成品总成本及单位成本	□是□否
4	总评	"是"与"否"在本次评价中所占百分比	"是"占＿＿% "否"占＿＿%

📝 课后作业

一、单项选择题

1. 下列方法中属于不计算半成品成本的分步法是（　　　）。
   A. 逐步结转分步法
   B. 综合逐步结转分步法
   C. 分项逐步结转分步法
   D. 平行结转分步法

2. 平行结转分步法下，完工产品与月末在产品之间的费用分配是指（　　　）。
   A. 产成品与狭义在产品之间的费用分配
   B. 各步骤完工半成品与本步骤加工中的在产品之间的费用分配
   C. 最后步骤的产成品与广义在产品之间的费用分配
   D. 各步骤完工半成品与广义在产品之间的费用分配

3. 平行结转分步法下各步骤的费用（　　　）。
   A. 包括本步骤的费用和上一步骤转入的费用两部分
   B. 只包括本步骤的费用，不包括上一步骤转入的费用
   C. 第一步骤包括本步骤的费用，其余各步骤均包括上一步骤转入的费用
   D. 最后步骤包括本步骤的费用，其余各步骤均包括上一步骤转入的费用

二、多项选择题

1. 平行结转分步法中的在产品包括（　　　）。
   A. 尚在各步骤加工中的在产品
   B. 从半成品库转入以后各步骤进一步加工，尚未最后加工完成的产品
   C. 本步骤已完工转入半成品库的半成品
   D. 最后生产步骤的完工产品

2. 平行结转分步法的特点有（　　　）。
   A. 各生产步骤不计算半成品成本
   B. 各生产步骤之间不结转半成品成本
   C. 可以全面反映各步骤生产耗费水平
   D. 月末将生产费用在产成品与广义在产品之间分配

3. 平行结转分步法适用于（　　　）。

　　A. 半成品种类较多，逐步结转工作量较大的企业

　　B. 半成品不对外出售的企业

　　C. 半成品种类较少，逐步结转工作量不大的企业

　　D. 管理上不要求提供各步骤半成品成本资料的企业

三、判断题

1. 在平行结转分步法下，可以采用定额比例法在产成品和在产品之间分配费用。（　　　）

2. 与逐步结转分步法相比，平行结转分步法可以简化和加速成本计算工作。（　　　）

3. 采用平行结转分步法，各步骤可以同时计算产品成本，但各步骤间不结转半成品成本。
（　　　）

4. 采用平行结转分步法计算产品成本时，需要进行成本还原。（　　　）

四、实训项目

（一）实训目的

学生能熟悉平行结转分步法的一般计算程序，并能熟练运用平行结转分步法的基本原理计算产品成本。

（二）实训资料

宏达机械制造有限公司的 A 产品由两个车间连续加工制成。原材料在开始生产时一次性投入，第一车间与第二车间的月末在产品均按约当产量比例法计算，在产品的完成程度均为50%。202×年9月，该公司有关产量、生产费用资料分别如表 2-3-20、表 2-3-21 所示。

表 2-3-20　　　　　　　　　　　　各车间产量统计

202×年9月　　　　　　　　　　　　　　　　　　单位：件

项目	第一车间	第二车间
月初在产品数量	100	250
本月投产数量	900	900
本月完工产品数量	800	1 050
月末在产品数量	200	100

表 2-3-21　　　　　　　　　各车间生产费用资料

202×年9月　　　　　　　　　　　　　　　　　　单位：元

项目	月初在产品成本		本月发生费用	
	第一车间	第二车间	第一车间	第二车间
直接材料	20 500		128 000	
直接人工	21 000	19 000	79 000	80 000
制造费用	12 500	18 000	50 000	48 000
合计	54 000	37 000	257 000	128 000

（三）实训程序和要求

采用平行结转分步法计算产品成本，并编制基本生产成本明细账（见表 2-3-22、表 2-3-23）、产品成本汇总计算表（见表 2-3-24）。

（四）实训设计

（1）实训形式：本次实训由成本核算员 1 人独立完成。

（2）实训时间：约需 45 分钟。

（3）实训用纸：见表 2-3-22～表 2-3-24。

表 2-3-22　　　　　　　　　　　基本生产成本明细账

生产车间：第一车间　　　　　　　　　　　202×年 9 月　　　　　　　　　　　金额单位：元

摘要	直接材料	直接人工	制造费用	合计
月初在产品成本				
本月生产费用				
生产费用合计				
本月产成品数量/件				
广义在产品约当产量/件				
约当总产量/件				
费用分配率/（元/件）				
应计入产成品成本中的份额				
月末在产品成本				

表 2-3-23　　　　　　　　　　　基本生产成本明细账

生产车间：第二车间　　　　　　　　　　　202×年 9 月　　　　　　　　　　　金额单位：元

摘要	直接材料	直接人工	制造费用	合计
月初在产品成本				
本月生产费用				
生产费用合计				
本月产成品数量/件				
广义在产品约当产量/件				
约当总产量/件				
费用分配率/（元/件）				
应计入产成品成本中的份额				
月末在产品成本				

表 2-3-24　　　　　　　　　　　产品成本汇总计算表

产品名称：A 产品　　　　　　　　　　　202×年 9 月　　　　　　　　　　　金额单位：元

项目	直接材料	直接人工	制造费用	合计
第一车间				
第二车间				
总成本				
单位成本				

工作任务 2-4　分类法的计算与应用

职业能力 2-4-1　能够运用分类法进行成本计算

核心概念

分类法　系数分配法

学习目标

- 理解分类法的适用范围与优缺点；
- 掌握分类法的成本计算程序；
- 能结合不同企业的特点，合理划分产品类别；
- 能运用系数分配法，正确归集并分配类内产品的费用，计算类内各种产品的成本；
- 践行科学发展观，树立绿色可持续发展理念。

基本知识

一、认识分类法

分类法是指按产品的类别归集生产费用，在计算出某类产品总成本的基础上，按一定标准和方法分配计算类内各种产品成本的一种成本计算方法。分类法是一种简化的成本计算方法，必须与成本计算的各种基本方法结合使用。

采用分类法计算产品成本时，需要将不同品种、规格的产品划分为不同类别，在计算各类产品成本基础上，再按一定标准分配计算类内各种产品的成本。可见，产品的分类是否恰当，类距是否合适，分配标准的选择是否符合实际，将影响成本计算结果的准确性。

二、分类法的特点

1. 分类法是产品成本计算的辅助方法

分类法应根据各类产品的生产工艺特点和管理要求，与品种法、分批法和分步法结合使用。

2. 成本计算对象为产品的类别

分类法以产品的类别作为成本计算对象，按类别设置"生产成本——基本生产成本——×类产品"明细账，归集生产费用，计算该类产品成本。对于各类产品所耗费的直接费用，应直接记入"生产成本——基本生产成本——×类产品"明细账；对于各类产品所共同发生的间接费用，应采用相应的分配方法分配后记入"生产成本——基本生产成本——×类产品"明细账。

3. 成本计算期以及完工产品和在产品生产费用的分配取决于生产特点及管理要求

若是大量大批生产，分类法应结合品种法或分批法计算产品成本，通常产品成本计算期与会计期间相一致，期末一般需要将生产费用在完工产品和在产品之间分配；若是小批生产，应结合分批法计算产品成本，通常产品成本计算期与生产周期相一致，期末一般不需要将生产费用在完工产品和在产品之间分配。

三、分类法的成本计算程序

1. 合理确定产品类别

企业应依据产品的性质、用途、特点、耗用的原材料以及生产工艺过程特点划分产品类别。在进行产品分类时，确定的类距要适当。类距过大，会使品种、规格相差较大的产品成本相同，影响成本计算的准确性；类距过小，会增加成本计算工作量。企业确定类距时，应兼顾成本计算工作的简化与正确性。总之，确定产品类别时，不能将使用不同原材料、经过不同生产工艺过程的产品划分为一类，类内产品之间的类距也不能相差太大或太小。

2. 将各类产品作为成本计算对象，计算各类产品成本

按产品的类别设置"生产成本——基本生产成本——×类产品"明细账归集生产费用，A类产品生产成本明细账如图 2-4-1 所示，根据生产特点结合品种法、分批法、分步法分配计算各类产品成本。企业可以根据各项生产费用分配表登记"生产成本——基本生产成本——×类产品"明细账。

生产成本明细账

类别：A类

年		凭证		摘要	直接材料	直接人工	制造费用	合计
月	日	种类	号数		千百十万千百十元角分	千百十万千百十元角分	千百十万千百十元角分	千百十万千百十元角分

图 2-4-1　A类产品生产成本明细账

3. 计算类内各种产品成本

采用适当且合理的分配标准，分配计算类内各种产品的总成本和单位成本。计算类内产品成本时，一般采用系数分配法或定额比例法。为了简化计算，各类在产品成本往往不分到类内各种产品。

分类法成本计算程序见图 2-4-2。

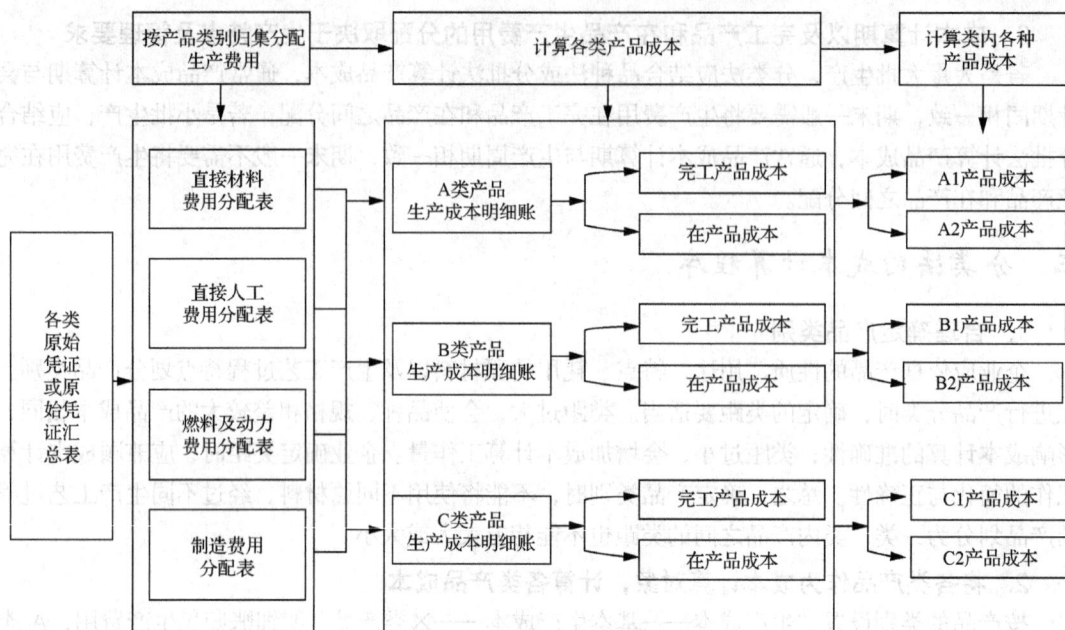

图 2-4-2 分类法成本计算程序

四、类内各种产品成本的分配方法

1. 系数分配法

在实际工作中，采用系数分配法计算类内各种产品成本。

系数分配法是指将各类产品总成本在类内各种产品之间按照系数进行分配的最简单、最常用的一种分配方法。系数可依据定额消耗量、定额成本、产品体积等技术经济指标确定。一般选择一种产量较多、生产较稳定的产品作为标准产品，将其系数设为 1，然后求出其他产品相对于标准产品的系数。系数一经确定，在一定时期内应稳定不变。

系数分配法的计算步骤如下。

（1）确定分配标准及标准产品。企业应选择与产品各项耗费有密切关系的分配标准，一般有定额消耗量、定额成本、计划成本、产品售价、产品的重量或体积等。当产品结构、所用原材料或工艺发生较大变动时，应另选分配标准。在同类产品中选择一种产量较多、生产较稳定的产品作为标准产品。

（2）确定系数。将标准产品的分配系数确定为 1，将其他产品的单位产品分配标准数据与标准产品的单位产品分配标准数据相比，求出的比例为其他产品的系数。

某产品的系数=该产品的分配标准数据÷标准产品的分配标准数据

（3）确定总系数。系数确定后，用各种产品的实际产量乘以系数，即得到总系数。

总系数=该产品的实际产量×该产品的系数

（4）按成本项目分别进行费用分配，计算分配率。

某成本项目费用分配率=某类产品某成本项目费用总额÷类内各种产品总系数之和

（5）计算类内各种产品成本。

类内某种产品应分配的某成本项目费用=该种产品总系数×某成本项目费用分配率

类内某产品的各成本项目费用相加即类内某产品的成本。

2. 定额比例法

定额比例法是对类内产品总成本按类内各种产品的定额比例进行分配，从而计算类内各种产品成本的方法。一般情况下，直接材料费用按照原材料定额消耗量比例分配，直接人工费用和制造费用按照定额工时比例分配。

五、分类法的应用条件与适用范围

产品成本计算的分类法，就是在产品品种、规格繁多，但可以按照一定标准分类的情况下，为简化成本计算工作而采用的一种成本计算方法，与生产类型无直接关系，可以在各种生产类型中应用。分类法主要适用于产品品种或规格较多，多种产品所用原材料以及生产工艺比较相似的企业或车间，如生产电子元件的企业、生产针织产品的企业、加工食品的相关企业、制鞋厂等。此外，分类法还可以用于计算联产品、副产品和等级品的成本。企业所生产的品种多、规格多，且数量少、费用比重小的一些零星产品，为了简化核算工作，也可以采用分类法计算成本。

六、分类法的优缺点

分类法的优点是不仅可以简化成本计算工作，而且能够在产品品种、规格繁多的情况下，分类掌握产品成本情况。分类法的缺点是由于类内各种产品成本的计算，无论是间接计入费用还是直接计入费用，都是按照一定分配标准比例进行分配的，因此计算结果有一定的假定性。

能力训练

一、业务场景

启扬机械有限公司生产的产品品种、规格繁多，其中甲、乙、丙三种产品的生产工艺过程及使用的原材料都相同，只是规格不同，可以划分为 A 类产品进行产品成本计算。该类产品的材料费用按材料定额成本系数分配，人工费用以及制造费用项目均按三种产品定额工时系数分配。该类产品中甲产品为标准产品。相关资料见表 2-4-1、表 2-4-2、图 2-4-3。

表 2-4-1　　　　　　　　　　产品产量和定额工时

产品类别	产品品种	产量/件	单位产品定额工时/小时
A 类	甲产品	1 000	220
	乙产品	800	330
	丙产品	240	308

表 2-4-2　　　　　　　单位产品材料消耗定额和计划单价

产品类别	产品品种	材料编号	消耗定额/千克	计划单价/元
A 类	甲产品	101	180	2.00
		202	100	2.80
		303	40	3.00
	乙产品	101	150	2.00
		202	90	2.80
		303	44	3.00
	丙产品	101	138	2.00
		202	120	2.80
		303	100	3.00

生产成本明细账

类别：A类

202×年 月	日	凭证 种类	号数	摘要	直接材料	直接人工	制造费用	合计
5	1			月初在产品成本	628000	570000	1076000	2274000
	31			本月费用	80616000	23866000	21401400	125883400
	31			费用合计	81244000	24436000	22477400	128157400
	31			完工产品成本	78312000	23838400	21556000	123706400
	31			月末在产品成本	2932000	597600	921400	4451000

图 2-4-3 A类产品生产成本明细账

要求：运用系数分配法计算启扬机械有限公司各种完工产品总成本及单位成本。

二、注意事项

（1）保持爱岗敬业、实事求是、肯钻研的工作态度。

（2）做到计算准确、规范。

（3）注意合理划分产品类别。

三、操作过程

序号	操作步骤	操作方法及说明	操作标准
1	工作准备	认真阅读案例资料，准备计算器、笔、纸等文具	读懂案例资料，文具摆放整齐，桌面整洁、有序
2	确定分配标准	根据案例资料，材料费用的分配标准为材料定额成本，人工费用和制造费用的分配标准为定额工时，甲产品为标准产品	分配标准选择合理、正确
3	计算系数（见A类产品系数计算表）	见下表及说明	公式运用正确，材料费用系数和定额工时系数计算准确

A类产品系数计算表　　　　　　金额单位：元

产品类别	产品品种	单位产品材料费用 原材料编号	单位产品材料费用 消耗定额/千克	单位产品材料费用 计划单价	单位产品材料费用 定额成本	材料费用系数	定额工时系数
A类	甲产品	101	180	2.00	360	1.00	1.00
		202	100	2.80	280		
		303	40	3.00	120		
		小计			760		
	乙产品	101	150	2.00	300	684÷760=0.90	330÷220=1.50
		202	90	2.80	252		
		303	44	3.00	132		
		小计			684		
	丙产品	101	138	2.00	276	912÷760=1.20	308÷220=1.40
		202	120	2.80	336		
		303	100	3.00	300		
		小计			912		

某产品的系数=该产品的分配标准数据÷标准产品的分配标准数据

甲产品为标准产品，材料费用系数和定额工时系数都为1

乙产品的材料费用系数=乙产品单位产品材料定额成本÷甲产品单位产品材料定额成本=684÷760=0.90

乙产品的定额工时系数=乙产品定额工时÷甲产品定额工时=330÷220=1.50

丙产品的材料费用系数=丙产品单位产品材料定额成本÷甲产品单位产品材料定额成本=912÷760=1.20

丙产品的定额工时系数=丙产品定额工时÷甲产品定额工时=308÷220=1.40

续

序号	操作步骤	操作方法及说明	操作标准
4	计算总系数(见A类产品总系数计算表)	**A类产品总系数计算表** 	项目	产量/件	材料费用系数	材料费用总系数/件	定额工时系数	定额工时总系数/件
---	---	---	---	---	---
甲产品	1 000	1.00	1 000	1.00	1 000
乙产品	800	0.90	720	1.50	1 200
丙产品	240	1.20	288	1.40	336
合计			2 008		2 536	 总系数=该产品的实际产量×该产品的系数 甲产品材料费用总系数=1 000×1.00=1 000（件） 乙产品材料费用总系数=800×0.90=720（件） 丙产品材料费用总系数=240×1.20=288（件） 甲产品定额工时总系数=1 000×1.00=1 000（件） 乙产品定额工时总系数=800×1.50=1 200（件） 丙产品定额工时总系数=240×1.40=336（件）	公式运用正确，总系数计算准确
5	计算分配率及类内各种产品成本(见A类产品成本计算表)	**A类产品成本计算表** 金额单位：元 | 项目	材料费用总系数/件	定额工时总系数/件	直接材料	直接人工	制造费用	合计	单位成本
---	---	---	---	---	---	---	---
分配率			390	94	85		
甲产品	1 000	1 000	390 000	94 000	85 000	569 000	569.00
乙产品	720	1 200	280 800	112 800	102 000	495 600	619.50
丙产品	288	336	112 320	31 584	28 560	172 464	718.60
合计	2 008	2 536	783 120	238 384	215 560	1 237 064		 为了简化计算，各类在产品成本往往不分到类内各种产品 （1）计算分配率 某成本项目费用分配率=某类产品某成本项目费用总额÷类内各种产品总系数之和 材料费用分配率=783 120÷2 008=390（元/件） 人工费用分配率=238 384÷2 536=94（元/件） 制造费用分配率=215 560÷2 536=85（元/件） （2）计算类内某种产品应分配的某成本项目费用 类内某种产品应分配的某成本项目费用=该种产品总系数×某成本项目费用分配率 甲产品应分配的直接材料=1 000×390=390 000（元） 乙产品应分配的直接材料=720×390=280 800（元） 丙产品应分配的直接材料=288×390=112 320（元） 甲产品应分配的直接人工=1 000×94=94 000（元） 乙产品应分配的直接人工=1 200×94=112 800（元） 丙产品应分配的直接人工=336×94=31 584（元） 甲产品应分配的制造费用=1 000×85=85 000（元） 乙产品应分配的制造费用=1 200×85=102 000（元） 丙产品应分配的制造费用=336×85=28 560（元） 甲产品总成本=390 000+94 000+85 000=569 000（元） 乙产品总成本=280 800+112 800+102 000=495 600（元） 丙产品总成本=112 320+31 584+28 560=172 464（元） 甲产品单位成本=569 000÷1 000=569.00（元/件） 乙产品单位成本=495 600÷800=619.50（元/件） 丙产品单位成本=172 464÷240=718.60（元/件）	公式运用正确，各成本项目分配率、各种产品总成本及单位成本计算准确

【问题情境】

某制鞋厂生产女鞋和男鞋，女鞋有牛皮鞋、羊皮鞋和布鞋3种，男鞋也有牛皮鞋、羊皮鞋和布鞋3种。成本核算员小王在进行成本核算时，采用分类法与品种法相结合的方法计算成本。他将鞋分为6类，即女牛皮鞋、女羊皮鞋、女布鞋、男牛皮鞋、男羊皮鞋、男布鞋，在计算6类产品的完工产品成本的基础上，采用系数分配法计算每类鞋中每种码号鞋的成本。小王的计算工作量非常大，小王的问题出在哪里呢？

提示：小王在成本核算中采用分类法与品种法相结合的方法计算成本的做法是对的，但是他对鞋的分类类距过小，使得成本计算的工作量增加。由于不同材质的鞋所耗的原材料以及生产工艺过程是不同的，所以应该将牛皮鞋、羊皮鞋和布鞋作为3类产品，在计算牛皮鞋、羊皮鞋、布鞋3类完工产品总成本的基础上，计算得出不同码号男鞋的成本和不同码号女鞋的成本，这样工作量会减少许多。

四、学习结果评价

序号	评价内容	评价标准	评价结果
1	根据企业生产特点和管理要求确定分配标准	能准确确定符合企业生产特点和管理要求的直接材料费用分配标准	□是□否
		能准确确定符合企业生产特点和管理要求的直接人工费用以及制造费用分配标准	□是□否
2	运用公式计算系数	能正确计算类内各种产品材料费用系数	□是□否
		能正确计算类内各种产品定额工时系数	□是□否
3	运用公式计算总系数	能正确计算类内各种产品材料费用总系数	□是□否
		能正确计算类内各种产品定额工时总系数	□是□否
4	运用公式计算分配率及类内各种产品成本	能正确计算各成本项目分配率	□是□否
		能正确计算类内每种产品的总成本和单位成本	□是□否
5	总评	"是"与"否"在本次评价中所占百分比	"是"占____%　"否"占____%

课后作业

一、单项选择题

1. 分类法中类内产品成本的计算方法是（ 　　 ）。

　　A. 约当产量比例法　　　　　　　　B. 交互分配法

　　C. 系数分配法　　　　　　　　　　D. 代数分配法

2. 分类法的目的在于（ 　　 ）。

　　A. 分类计算产品成本　　　　　　　B. 简化类内各种产品的成本计算工作

　　C. 准确计算各类产品成本　　　　　D. 分品种计算产品成本

二、多项选择题

1. 系数分配法（ 　　 ）。

　　A. 是与品种法性质相同的方法

　　B. 是完工产品和月末在产品之间分配费用的方法

C. 是计算类内产品成本的方法

D. 是一种成本计算方法

2. 分类法的适用范围有（　　　）。

A. 联产品

B. 副产品

C. 等级品

D. 品种、规格繁多，且数量少、费用比重小的一些零星产品

3. 不属于分类法优点的有（　　　）。

A. 可以简化成本计算工作

B. 便于成本控制

C. 可以使类内的各种产品成本的计算结果更为准确

D. 考虑生产类型

三、判断题

1. 采用分类法的目的在于正确计算产品的成本。（　　　）

2. 分类法是一种产品成本计算的辅助方法。（　　　）

3. 系数分配法是计算类内各种产品成本的方法。（　　　）

4. 企业将生产类型作为是否采用分类法进行成本核算的重要因素。（　　　）

四、案例分析题

某公司生产 O、P、Q 三种产品。该三种产品所用材料和工艺过程相近，都为 M 类产品。该公司 202×年 5 月生产 O 产成品 1 000 件、P 产成品 500 件、Q 产成品 600 件。材料费用系数按材料消耗定额比例计算，定额工时系数按工时消耗定额比例计算。该类产品的直接材料费用按材料费用系数分配，直接人工费用以及制造费用项目均按三种产品定额工时系数分配。该公司 202×年 5 月 M 类产品生产成本明细账如图 2-4-4 所示。

生产成本明细账

类别：M类

202×年		凭证		摘要	直接材料	直接人工	制造费用	合计
月	日	种类	号数		千百十万千百十元角分	千百十万千百十元角分	千百十万千百十元角分	千百十万千百十元角分
5	1			月初在产品成本	2 0 8 3 2 0	9 6 9 0 0	9 5 7 0 0	4 0 0 9 2 0
	31			本月费用	6 1 0 0 8 0	3 1 3 0 2 0	2 4 5 9 0 0	1 1 6 9 0 0 0
	31			费用合计	8 1 8 4 0 0	4 0 9 9 2 0	3 4 1 6 0 0	1 5 6 9 9 2 0
	31			完工产品成本	7 6 0 0 0 0	3 8 0 0 0 0	2 8 5 0 0 0	1 4 2 5 0 0 0
	31			月末在产品成本	5 8 4 0 0	2 9 9 2 0	5 6 6 0 0	1 4 4 9 2 0

图 2-4-4　M 类产品生产成本明细账

要求：请根据图 2-4-4 及其他已知资料将表 2-4-3～表 2-4-5 填写完整（分配率精确到小数点后两位）。

表 2-4-3   系数计算表

类别：M 类   202×年 5 月

产品名称	材料消耗定额/千克	系数	工时消耗定额/小时
O 产品（标准产品）	40		20
P 产品	48		30
Q 产品	20		10

表 2-4-4   总系数计算表

类别：M 类   202×年 5 月   单位：件

产品名称	产成品产量	材料费用		人工费用及制造费用	
		系数	总系数	系数	总系数
O 产品（标准产品）					
P 产品					
Q 产品					
合计					

表 2-4-5   类内产品成本分配表

类别：M 类   202×年 5 月   金额单位：元

项目	直接材料	直接人工	制造费用	合计
M 类产品完工产品总成本				
总系数/件				
分配率/（元/件）				
O 产品完工产品总成本				
O 产品单位成本				
P 产品完工产品总成本				
P 产品单位成本				
Q 产品完工产品总成本				
Q 产品单位成本				

职业能力 2-4-2　能够核算联产品、副产品和等级品的成本

核心概念

联产品　副产品　等级品

学习目标

* 掌握联产品、副产品、等级品的特点；

- 理解联产品、副产品的成本计算过程；
- 能结合不同企业的特点，采用适当的方法计算联产品、副产品、等级品的成本；
- 树立全局观念，立足整体，抓好局部，用局部的发展推动整体的发展。

📖 基本知识

一、联产品的成本计算

联产品是指使用同种原材料，经过同一生产过程，同时生产出来的两种或两种以上的性质或用途不同的主要产品。比如红糖、白砂糖、冰糖是以相同的原材料（甘蔗或者甜菜），通过相同的工艺、不同的步骤得到的不同种类的糖，这三种糖可称为联产品。

1. 联产品的特点

（1）都是企业的主要产品，是企业生产活动的主要目标。

（2）销售价格较高，对企业收入有较大贡献。

（3）要生产一种产品，通常要生产所有联产品，即在生产过程中使用同样的原材料，在同一生产过程中生产出来。

2. 联产品的成本计算过程

联产品的成本计算过程分为三个阶段。第一阶段（分离前）归集联合成本。将各种联产品归为一类，设置联产品成本明细账，归集联产品的生产费用，计算联产品的成本。第二阶段（分离点）分配联合成本。分离点是联合生产过程的结束，在分离点应采用可行的分配方法，将联合成本分配于各联产品。第三阶段（分离后）归集联产品的可归属成本。分离后按各种产品分别设置明细账，归集分离后所发生的加工成本。分离后每种产品发生的成本称为可归属成本。分离后，不需要进一步加工即可销售或结转的联产品，其成本就是分配的联产品成本。分离后，如需要进一步加工的，继续加工费用为直接费用的可直接计入产品成本，为间接费用的应在相关的产品间分配计入。该产品应负担的联合成本加上继续加工发生的可归属成本为该产品的成本。

3. 联产品的成本计算方法

（1）系数分配法。系数分配法是将各种联产品的实际产量，按事先规定的系数折合成标准产量，然后按照各联产品的标准产量比例来分配联合成本的方法。确定系数的标准可以是联产品的技术特征，如重量、体积、质量、性能等；也可以是经济指标，如定额成本、售价等。采用系数分配法分配联合成本，其正确与否取决于确定的系数是否正确。

（2）实物量分配法。实物量分配法是按各联产品在分离点上的重量、体积、长度等实物量比例，来分配联合成本的一种方法。该方法的优点是实物单位资料容易取得，计算简便易行；缺点是并非所有成本都与实物量直接有关；没有考虑成本与收入之间的关系，容易造成成本与收入不匹配。该方法适用于产品成本与实物量关系密切，且各联产品售价较为均衡的联产品的成本的分配。

（3）分离点售价法。分离点售价法是按各联产品分离点售价比例来分配联合成本的方法。其原理为售价较高的联产品应负担较多的联合成本，售价较低的联产品应负担较少的联合成本，分配的结果会使各种联产品的毛利率相同。但是，不是所有产品成本都与售价有关。此方法一般适用于分离后不再加工，且价格变动不大的联产品。分离点售价法中的售价指产品的销售收入，但是，这里的销售收入不是按照产品销售量计算的，而是按照产品产量计算的。也就是说，产品销售价值不仅包括已经售出产品的价值，还包括未售出产品的价值。

（4）可变现净值法。可变现净值法按各联产品的可变现净值比例来分配联合成本。可变现净值指产品最终售价减去其可归属成本的余额。对不需要进一步加工的联产品，其可变现净值就是其售价。可变现净值法适用于分离后仍需要进一步加工方可销售的联产品。用此方法计算联产品成本容易混淆联合成本与可归属成本的界限。

4. 联产品成本分配公式

联产品成本分配公式见表 2-4-6。

表 2-4-6　　　　　　　　　　联产品成本分配公式

分配方法	公式
系数分配法	某产品的系数=该产品的分配标准数据÷标准产品的分配标准数据 总系数=该产品的实际产量×该产品的系数 联产品成本分配率=应分配的总联合成本÷各种联产品总系数之和 某种产品应分的联合成本=联产品成本分配率×各种联产品总系数
实物量分配法	联合成本分配率=待分配联合成本÷（A产品实物数量+B产品实物数量） A产品应分配联合成本=联合成本分配率×A产品实物数量 B产品应分配联合成本=联合成本分配率×B产品实物数量
分离点售价法	联合成本分配率=待分配联合成本÷（A产品分离点售价+B产品分离点售价） A产品应分配联合成本=联合成本分配率×A产品分离点售价 B产品应分配联合成本=联合成本分配率×B产品分离点售价
可变现净值法	联合成本分配率=待分配联合成本÷（A产品可变现净值+B产品可变现净值） A产品应分配联合成本=联合成本分配率×A产品可变现净值 B产品应分配联合成本=联合成本分配率×B产品可变现净值 其中：某产品的可变现净值=分离点产量×该产品的单位售价-分离后的该产品的后续加工成本
通用方法	联合成本分配率=待分配联合成本÷各联产品分配标准合计 某联产品应分配联合成本=联合成本分配率×该产品分配标准

二、副产品的成本计算

副产品是指在同一生产过程中，使用同种原料，在生产主要产品的同时附带生产出来的非主要产品。副产品不是主要产品，但它有一定的价值和用途。比如生产红糖、白砂糖、冰糖的过程中产生的甘蔗渣，可以用来生产燃料乙醇或作为饲料、用于造纸等。

1. 副产品的特点

副产品是企业生产的次要产品，不是企业生产活动的主要目标，相对于主要产品而言，副产品的经济价值一般较小，销售价格一般较低。

2. 副产品的成本计算过程

企业可以不单独计算副产品成本，而采用与分类法相类似的方法计算成本，将副产品与主产品合为一类开设成本计算单，归集各项生产费用，计算该类产品的总成本；将副产品按照一定的方法计价，从总成本中扣除其成本，以扣除后的成本作为主产品的成本。在分配主副产品的加工成本时，通常先确定副产品的加工成本，然后再确定主产品的加工成本。

3. 副产品的成本计算方法

（1）副产品不计价法。副产品不负担联合成本，联合成本全部由主产品负担，该方法一般适用于副产品价值较低，分离后不再加工的情况。副产品的销售收入直接作为收益处理。这种方法计算简便，但由于副产品不负担联合成本，因此会影响主产品成本计算的准确性。

（2）副产品只负担可归属成本法。该方法下，副产品成本只包括分离后进一步加工的成本，不包括分离前的成本费用。这种方法的优缺点与副产品不计价法相同。

（3）副产品按固定成本计价法。这种方法是指将确定的固定成本作为副产品成本，从主产品成本中扣除。其中，固定成本可按固定价格计价，也可按计划成本计价。这种方法计算简便，但是当副产品成本变动较大、市价不稳定时，会影响主产品成本计算的准确性。

（4）副产品按售价扣除继续加工成本、销售费用、销售税金及销售利润后的余额计价法。该方法适用于副产品价值较高的情况。若副产品成本中直接材料费用所占比重较大或副产品成本占联合成本的比重较小，副产品成本可以从"直接材料"成本项目中一笔扣除；若副产品各成本项目中的比重相差不大或副产品成本在联合成本中所占比重较大，副产品成本可以按比例从各成本项目中扣减。其计算公式如下。

副产品的扣除单价=副产品的单位售价-（继续加工单位成本+单位销售费用+单位销售税金+合理的单位销售利润）

副产品的扣除成本=副产品的扣除单价×副产品的产量

主产品的成本=总联合成本-副产品的扣除成本

企业应该结合生产和管理的要求，选择合适的方法从联合成本中扣除副产品成本。

三、等级品的成本计算

等级品是指在同一生产过程中品种、规格相同，但质量等级不同的产品，比如生产出来的因颜色发黄不符合质量要求的次等白糖。等级低的产品质量差、售价低。

企业应根据等级品产生的原因，确定等级品的成本计算方法。

（1）等级品是材料质量、工艺过程本身等特点或自然情况造成的，可将各种等级品作为一类产品，计算一类产品的联合成本，再根据各种等级品的售价等标准确定系数，并将各等级品产量乘以系数得到总系数，采用系数分配法分配联合成本。

（2）等级品是生产管理不当、操作失误造成的，由于等级品用料相同，工艺过程也相同，则其成本也应相同，应采用实际产量比例法，直接按各等级品实际产量平均计算等级品的联合成本，从而使得等级品的单位成本水平一致。这样企业便可很容易发现等级低的产品因为售价降低带来的损失，从而解决生产管理中存在的问题。

📋 能力训练

一、业务场景

（1）启扬机械有限公司使用同一种原材料，在同一生产过程中生产出 O、P、Q 三种主要产品，以产品售价作为标准确定系数，以 O 产品为标准产品。相关资料见表 2-4-7、表 2-4-8。

表 2-4-7　　　　　　　　　　　　　　联产品产量、单位售价资料

产品名称	产量/千克	单位售价/元
O 产品	3 600	20
P 产品	1 960	24
Q 产品	1 100	16

表 2-4-8　　　　　　　　　　　　　　联产品成本资料

单位：元

项目	直接材料	直接人工	制造费用	合计
分离前的联合成本	46 800	11 240	3 448	61 488
各成本项目占总成本比重	76.11%	18.28%	5.61%	100%

（2）启扬机械有限公司同时也生产 M 和 N 产品。M 和 N 产品在分离前发生联合成本 800 万元，M 和 N 产品在分离后继续发生的单独加工成本分别为 600 万元和 400 万元，加工后 M 产品的销售总价为 3 600 万元，N 产品的销售总价为 2 400 万元。

（3）启扬机械有限公司在生产主产品 G 产品的同时，附带生产出副产品 E 产品。E 产品按售价扣除销售税金等有关项目后的余额计价，并按比例从联合成本各成本项目中扣除成本。相关资料见表 2-4-9、表 2-4-10。

表 2-4-9　　　　　　　　　　　　　　产量、单价资料

金额单位：元

产品名称	产量/吨	单位售价	单位税金	单位销售费用
G 产品	3 000			
E 产品	540	80	10	12

表 2-4-10　　　　　　　　　　　　　　相关成本、费用资料

单位：元

项目	直接材料	直接人工	制造费用	合计
本月主副产品共同成本	72 000	8 000	20 000	100 000
E 产品分离后加工费用		1 000	1 160	2 160

（4）某公司花费 450 000 元生产羊毛衫，产品中一级品 8 000 件、二级品 2 000 件、三级品 5 000 件，一级品的售价为 60 元、二级品的售价为 48 元、三级品的售价为 42 元。

要求：

（1）分别运用系数分配法、实物量（产量）分配法、分离点售价法计算联产品 O 产品、P 产品以及 Q 产品的成本。

（2）运用可变现净值法计算联产品 M 和 N 产品的成本。

（3）运用副产品按售价扣除销售税金、销售费用和销售利润后的余额计价法计算副产品 E 产品的成本并计算主产品成本。

（4）运用实物量分配法、系数分配法计算各等级羊毛衫的成本。

二、注意事项

（1）保持持之以恒、严谨细致的工作态度。

（2）分配率和比重都精确到小数点后两位。

三、操作过程

（1）运用系数分配法计算联产品 O 产品、P 产品以及 Q 产品的成本。

序号	操作步骤	操作方法及说明	操作标准
1	工作准备	认真阅读案例资料，准备计算器、笔、纸等文具	读懂案例资料，文具摆放整齐，桌面整洁、有序
2	确定分配标准	根据案例资料以产品售价作为标准确定系数，以 O 产品为标准产品	分配标准选择合理、正确
3	计算系数（见联产品系数计算表）	**联产品系数计算表** 	产品名称	单位售价/元	系数
---	---	---
O 产品	20	1.00
P 产品	24	1.20
Q 产品	16	0.80 | 某产品的系数=该产品的分配标准数据÷标准产品的分配标准数据 O 产品为标准产品，其系数为 1.00 P 产品的系数=P 产品的单位售价÷O 产品的单位售价=24÷20=1.20 Q 产品的系数=Q 产品的单位售价÷O 产品的单位售价=16÷20=0.80	公式运用正确，O、P、Q 产品系数计算正确
4	计算总系数（见联产品总系数计算表）	**联产品总系数计算表**　　单位：千克 	产品名称	产量	系数	总系数
O 产品	3 600	1.00	3 600
P 产品	1 960	1.20	2 352
Q 产品	1 100	0.80	880	 总系数=该产品的实际产量×该产品的系数 O 产品的总系数=O 产品的实际产量×该产品的系数=3 600×1.00=3 600（千克） P 产品的总系数=P 产品的实际产量×该产品的系数=1 960×1.20=2 352（千克） Q 产品的总系数=Q 产品的实际产量×该产品的系数=1 100×0.80=880（千克）	公式运用正确，O、P、Q 产品总系数计算正确
5	计算分配率及各种联产品成本（见各种联产品成本计算表）	**各种联产品成本计算表**　　金额单位：元 | 产品名称	联合成本	分配率/（元/千克）	总系数/千克	应分配的联合成本
---	---	---	---	---
O 产品			3 600	32 400
P 产品	61 488	9	2 352	21 168
Q 产品			880	7 920
合计			6 832	61 488	 （1）计算分配率 联产品成本分配率=应分配的总联合成本÷各种联产品总系数之和 O、P、Q 联产品成本分配率=61 488÷6 832=9（元/千克） （2）计算各种联产品成本 某种产品应分配的联合成本=联产品成本分配率×各种联产品总系数 O 产品应分配的联合成本=9×3 600=32 400（元） P 产品应分配的联合成本=9×2 352=21 168（元） Q 产品应分配的联合成本=9×880=7 920（元）	公式运用正确，联产品成本分配率、各种联产品总成本计算准确

序号	操作步骤	操作方法及说明	操作标准
6	计算各种联产品各成本项目（见各种联产品成本项目计算表）	**各种联产品成本项目计算表** 单位：元 表格如下： 项目 / 直接材料 / 直接人工 / 制造费用 / 合计 分离前各成本项目占联合成本的比重 / 76.11% / 18.28% / 5.61% / 100% O产品 / 24 659.64 / 5 922.72 / 1 817.64 / 32 400 P产品 / 16 110.964 8 / 3 869.510 4 / 1 187.524 8 / 21 168 Q产品 / 6 027.912 / 1 447.776 / 444.312 / 7 920 合计 / / / / 61 488 以分离前各成本项目占总联合成本的比重计算各种联产品各成本项目 O产品的直接材料=76.11%×32 400=24 659.64（元） O产品的直接人工=18.28%×32 400=5 922.72（元） O产品的制造费用=5.61%×32 400=1 817.64（元） P产品的直接材料=76.11%×21 168=16 110.964 8（元） P产品的直接人工=18.28%×21 168=3 869.510 4（元） P产品的制造费用=5.61%×21 168=1 187.524 8（元） Q产品的直接材料=76.11%×7 920=6 027.912（元） Q产品的直接人工=18.28%×7 920=1 447.776（元） Q产品的制造费用=5.61%×7 920=444.312（元）	各种联产品成本项目计算准确

（2）运用实物量（产量）分配法计算联产品O产品、P产品以及Q产品的成本。

序号	操作步骤	操作方法及说明	操作标准
1	工作准备	认真阅读案例资料，准备计算器、笔、纸等文具	读懂案例资料，文具摆放整齐，桌面整洁、有序
2	确定分配标准	以联产品的实际产量作为标准分配联合成本	结合企业实际，确定合理的分配基础
3	计算联合成本分配率	联合成本分配率=待分配联合成本÷（O产品产量+P产品产量+Q产品产量） 联合成本分配率=61 488÷（3 600+1 960+1 100）=9.23（元/千克）	公式运用正确，联合成本分配率计算准确
4	计算各种联产品成本	联产品应分配联合成本=联合成本分配率×各种联产品产量 O产品应分配联合成本=9.23×3 600=33 228（元） P产品应分配联合成本=9.23×1 960=18 090.80（元） Q产品应分配联合成本=61 488-33 228-18 090.80=10 169.20（元）	公式运用正确，各种联产品应分配的成本计算正确

（3）运用分离点售价法计算联产品O产品、P产品以及Q产品的成本。

序号	操作步骤	操作方法及说明	操作标准
1	工作准备	认真阅读案例资料，准备计算器、笔、纸等文具	读懂案例资料，文具摆放整齐，桌面整洁、有序
2	确定分配标准	以分离点上每种联产品的销售价格作为标准分配联合成本	结合企业实际，确定合理的分配基础
3	计算联合成本分配率	联合成本分配率=待分配联合成本÷（O产品分离点售价+P产品分离点售价+Q产品分离点售价） 联合成本分配率=61 488÷（3 600×20+1 960×24+1 100×16）=0.45	公式运用正确，联合成本分配率计算准确

续

序号	操作步骤	操作方法及说明	操作标准
4	计算各种联产品成本	联产品应分配联合成本=联合成本分配率×某联产品分离点售价 O产品应分配联合成本=0.45×3 600×20=32 400（元） P产品应分配联合成本=0.45×1 960×24=21 168（元） Q产品应分配联合成本=0.45×1 100×16=7 920（元）	公式运用正确，各种联产品应分配的成本计算正确

（4）运用可变现净值法计算联产品M和N产品的成本。

序号	操作步骤	操作方法及说明	操作标准
1	工作准备	认真阅读案例资料，准备计算器、笔、纸等文具	读懂案例资料，文具摆放整齐，桌面整洁、有序
2	确定分配标准	可变现净值指产品最终售价减去其可归属成本的余额。以可变现净值为标准分配联合成本	结合企业实际，确定合理的分配标准
3	计算各种联产品可变现净值	M产品的可变现净值=3 600-600=3 000（万元） N产品的可变现净值=2 400-400=2 000（万元）	公式运用正确，各种联产品可变现净值计算准确
4	计算联合成本分配率	联合成本分配率=待分配联合成本÷（M产品可变现净值+N产品可变现净值） 联合成本分配率=800÷（3 000+2 000）=0.16	公式运用正确，联合成本分配率计算准确
5	计算各种联产品成本	联产品应分配联合成本=联合成本分配率×某联产品可变现净值 M产品应分配联合成本=0.16×3 000=480（万元） N产品应分配联合成本=0.16×2 000=320（万元）	公式运用正确，各种联产品应分配的成本计算正确

（5）运用副产品按售价扣除销售税金、销售费用和销售利润后的余额计价法计算副产品E产品的成本并计算主产品成本。

序号	操作步骤	操作方法及说明	操作标准
1	工作准备	认真阅读案例资料，准备计算器、笔、纸等文具	读懂案例资料，文具摆放整齐，桌面整洁、有序
2	计算主副产品联合成本中各成本项目金额占总成本的比重（见主副产品联合成本各成本项目占比计算表）	主副产品联合成本各成本项目占比计算表 | 项目	金额/元	比重
直接材料	72 000	72%
直接人工	8 000	8%
制造费用	20 000	20%
合计	100 000	100% | 直接材料比重=72 000÷100 000×100%=72% 直接人工比重=8 000÷100 000×100%=8% 制造费用比重=20 000÷100 000×100%=20%	正确计算主副产品联合成本中各成本项目金额占总成本的比重
3	计算副产品的扣除成本	副产品的扣除单价=副产品的单位售价-（继续加工单位成本+单位销售费用+单位销售税金+合理的单位销售利润） 副产品的扣除成本=副产品的扣除单价×副产品的产量 副产品E产品的扣除成本=[80-10-12-（1 000+1 160）÷540]×540=29 160（元）	公式运用正确，副产品E产品的扣除成本计算正确

续

序号	操作步骤	操作方法及说明	操作标准
4	按各成本项目占联合成本比重计算分离前副产品成本（见副产品各成本项目计算表）	**副产品各成本项目计算表** 单位：元 分离前 E 产品直接材料=29 160×72%=20 995.2（元） 分离前 E 产品直接人工=29 160×8%=2 332.8（元） 分离前 E 产品制造费用=29 160×20%=5 832（元）	公式运用正确，分离前副产品各成本项目计算准确
5	计算副产品总成本	E 产品总成本=副产品分离前成本+副产品分离后成本 E 产品直接材料=20 995.20（元） E 产品直接人工费用=2 332.80+1 000=3 332.80（元） E 产品制造费用=5 832+1 160=6 992（元） E 产品总成本=20 995.20+3 332.80+6 992=31 320（元）	公式运用正确，副产品总成本计算正确
6	计算主产品总成本	主产品的联合成本=总联合成本-副产品的扣除成本 主产品 G 产品的总成本=100 000-29 160=70 840（元）	公式运用正确，主产品总成本计算正确

副产品各成本项目计算表明细：

项目	联合成本		E 产品（540 吨）		
			总成本		
	金额	比重	分离前	分离后	合计
直接材料	72 000.00	72%	20 995.20		20 995.20
直接人工	8 000.00	8%	2 332.80	1 000.00	3 332.80
制造费用	20 000.00	20%	5 832.00	1 160.00	6 992.00
合计	100 000.00	100%	29 160.00	2 160.00	31 320.00

（6）运用实物量分配法计算各等级羊毛衫的成本。

序号	操作步骤	操作方法及说明	操作标准
1	工作准备	认真阅读案例资料，准备计算器、笔、纸等文具	读懂案例资料，文具摆放整齐，桌面整洁、有序
2	计算等级品成本分配率	等级品成本分配率=450 000÷（8 000+2 000+5 000）=30（元/件）	根据资料已知内容正确计算等级品成本分配率
3	计算各等级品的成本	一级品的成本=30×8 000=240 000（元） 二级品的成本=30×2 000=60 000（元） 三级品的成本=30×5 000=150 000（元）	公式运用正确，各等级品成本计算正确

（7）运用系数分配法计算各等级羊毛衫的成本。

序号	操作步骤	操作方法及说明	操作标准
1	工作准备	认真阅读案例资料，准备计算器、笔、纸等文具	读懂案例资料，文具摆放整齐，桌面整洁、有序
2	确定分配标准	根据案例资料以产品售价作为标准确定系数，以一级品为标准产品	分配标准选择合理、正确

续

序号	操作步骤	操作方法及说明	操作标准
3	计算系数（见各等级品系数计算表）	**各等级品系数计算表** 	产品名称	单位售价/元	系数
一级品	60	1.00
二级品	48	0.80
三级品	42	0.70 | 某产品的系数=该产品的分配标准数据÷标准产品的分配标准数据 一级品为标准产品，其系数为1.00 二级品的系数=二级品的单位售价÷一级品的单位售价=48÷60=0.80 三级品的系数=三级品的单位售价÷一级品的单位售价=42÷60=0.70	公式运用正确，各等级品系数计算正确
4	计算总系数（见各等级品总系数计算表）	**各等级品总系数计算表** 单位：件 	产品名称	产量	系数	总系数
一级品	8 000	1.00	8 000
二级品	2 000	0.80	1 600
三级品	5 000	0.70	3 500	 总系数=该产品的实际产量×该产品的系数 一级品的总系数=一级品的实际产量×一级品的系数=8 000×1.00=8 000（件） 二级品的总系数=二级品的实际产量×二级品的系数=2 000×0.80=1 600（件） 三级品的总系数=三级品的实际产量×三级品的系数=5 000×0.70=3 500（件）	公式运用正确，各等级品总系数计算正确
5	计算分配率及各等级品成本（见各等级品成本计算表）	**各等级品成本计算表** | 产品名称	联合成本/元	分配率/（元/件）	总系数/件	应分配的联合成本/元
一级品			8 000	274 800
二级品	450 000	34.35	1 600	54 960
三级品			3 500	120 240
合计			13 100	450 000	 （1）计算分配率 等级品成本分配率=应分配的联合成本÷各等级品总系数之和 等级品成本分配率=450 000÷13 100=34.35（元/件） （2）计算各等级品成本 某种产品应分配的成本=等级品成本分配率×各等级品总系数 一级品应分配的成本=34.35×8 000=274 800（元） 二级品应分配的成本=34.35×1 600=54 960（元） 三级品应分配的成本=450 000-274 800-54 960=120 240（元）	公式运用正确，等级品成本分配率、各等级品成本计算准确，三级品成本倒挤计算

【问题情境一】

企业投入原油可生产出汽油、柴油、天然气三种联产品，采用分离点售价法计算联产品汽油、柴油以及天然气的成本。企业成本核算员将销售量乘以销售单价得到分离点售价，会计主管提出不应该这样计算，那应该怎样计算分离点售价呢？

提示：不应该用销售量乘以销售单价得到分离点售价。分离点售价法中的售价指产品销售收入，但是这里的销售收入不是按照产品销售量计算的，而是按照产品产量计算的，即产品销售价值不仅包括已经售出产品的价值，还包括未售出产品的价值。

【问题情境二】

某企业副产品销售价格不稳定，按月来看，副产品收入占收入总额的比例有时超过20%，按年来看，全年副产品收入占收入总额的比例不到10%。企业认为全年副产品收入占全年收入总额的比例较小，于是采用副产品不计价法计算副产品成本。企业的做法对吗？

提示：企业的做法不对。副产品的成本计算准确性直接影响主产品成本计算的准确性，影响企业的利润。该企业在副产品收入占收入总额比重较大的月份仍然不计算副产品成本，主产品会负担副产品的成本，会提高主产品的定价，从而影响主产品的竞争力，进而影响企业的利润。可见，企业不能盲目采用一种成本计算方法计算副产品成本，应该结合企业生产工艺过程，总结副产品与主产品关系，综合运用各种成本计算方法，制定符合企业实际的副产品成本计算方案。

四、学习结果评价

序号	评价内容	评价标准	评价结果
1	运用系数分配法计算联产品成本	能正确确定分配标准	□是□否
		能正确计算系数	□是□否
		能正确计算总系数（标准产量）	□是□否
		能正确计算分配率及各种联产品成本	□是□否
		能正确计算各种联产品各成本项目	□是□否
2	运用实物量分配法计算联产品成本	能确定联产品的实际产量为分配标准	□是□否
		能正确计算联合成本分配率	□是□否
		能正确计算各种联产品成本	□是□否
3	运用分离点售价法计算联产品成本	能正确确定分离点上每种联产品的销售价格为分配标准	□是□否
		能正确计算联合成本分配率	□是□否
		能正确计算各种联产品成本	□是□否
4	运用可变现净值法计算联产品成本	能正确确定可变现净值为分配标准	□是□否
		能正确计算各种联产品可变现净值	□是□否
		能正确计算联合成本分配率	□是□否
		能正确计算各种联产品成本	□是□否
5	运用副产品按售价扣除销售税金、销售费用和销售利润后的余额计价法计算副产品成本并计算主产品成本	能正确计算主副产品联合产品成本中各成本项目金额占总成本的比重	□是□否
		能正确计算副产品的扣除成本	□是□否
		能按各成本项目占联合成本比重正确计算分离前副产品成本	□是□否
		能正确计算副产品总成本	□是□否
		能正确计算主产品总成本	□是□否
6	运用实物量分配法计算各等级品的成本以及运用系数分配法计算各等级品的成本	能运用实物量分配法正确计算各等级品的成本	□是□否
		能运用系数分配法正确计算各等级品的成本	□是□否
7	总评	"是"与"否"在本次评价中所占百分比	"是"占___% "否"占___%

课后作业

一、单项选择题

1. 红糖、白砂糖、冰糖是（ ）。

    A. 联产品   B. 副产品   C. 等级品   D. 一等品

2. 沥青原料油和渣油是在生产加工原油的过程中得到的（　　　）。

  A. 联产品   B. 副产品   C. 等级品   D. 一等品

二、多项选择题

1. 联产品的分配方法有（　　　）。

  A. 系数分配法 B. 实物量分配法 C. 分离点售价法 D. 可变现净值法

2. 副产品的分配方法有（　　　）。

  A. 副产品不计价法

  B. 副产品只负担可归属成本法

  C. 副产品按固定成本计价法

  D. 副产品按售价扣除销售税金、销售费用和销售利润后的余额计价法

三、判断题

1. 企业应根据等级品产生的原因，确定等级品的成本计算方法。（　　　）

2. 联产品、副产品是指不同品种的产品，等级品是指同一品种、不同质量的产品。（　　　）

四、案例分析题

1. 某煤炭企业的某成本中心生产一级、二级、三级煤炭三种联产品，一级煤炭产量2 000吨，售价为120元/吨；二级煤炭产量3 000吨，售价为110元/吨；三级煤炭产量3 600吨，售价为100元/吨。该成本中心实际生产成本为784 000元。一级煤炭为标准产品。

  要求：请运用系数分配法计算联产品一级、二级、三级煤炭的成本。若分配率除不尽，请精确到小数点后四位。

2. 某企业生产联产品甲和乙，2月发生联合加工成本2 160万元。假定甲产品的产量为260件，乙产品的产量为140件；甲产品的单位售价为2万元/件，乙产品的单位售价为4万元/件。

  该企业2月还生产联产品丙和丁。丙和丁产品在分离前发生联合加工成本900万元，在分离后继续发生的单独加工成本分别为150万元和100万元。加工后，丙产品的销售总价为900万元，丁产品的销售总价为600万元。

  要求：

  （1）请运用实物量分配法计算甲、乙两种联产品的成本。

  （2）请运用可变现净值法计算丙、丁两种联产品的成本。

  （3）请运用分离点售价法计算联产品甲产品和乙产品的成本。

3. 某企业在生产H主产品的同时，附带生产出I副产品。假定本期共发生费用500 000元，其中直接材料为300 000元，直接人工为124 800元，制造费用为75 200元；H主产品产量为32 000千克，I副产品产量为2 000千克，单位售价为28元，单位税金为3.2元，单位销售费用和利润合计4.8元。副产品成本从"直接材料"成本项目中扣减。

  要求：请运用副产品按售价扣除销售税金、销售费用和销售利润后的余额计价法计算副产品的成本并计算主产品成本。

工作任务 2-5　定额法的计算与应用

核心概念

定额成本　脱离定额差异　材料成本差异　定额变动差异

学习目标

- 掌握定额法的产品成本计算程序；
- 理解定额法的优缺点与适用范围；
- 能结合不同企业的特点，计算定额成本及其差异，最终计算产品实际成本；
- 树立降本增效的意识，养成勤俭节约的习惯。

基本知识

定额法是以产品的定额成本为基础加减定额差异和定额变动差异，从而计算产品实际成本的方法。定额法是成本计算的辅助方法，必须与品种法、分批法、分步法结合起来应用。使用定额法计算产品成本时，成本计划、核算、控制和分析可以同步进行。

定额法将实际费用划分为定额成本与定额差异两部分，能分析差异产生的原因，并将问题及时反馈给相关部门。其计算公式如下。

产品实际成本=按现行定额计算的产品定额成本±脱离现行定额差异±材料成本差异±月初在产品定额变动差异

一、定额法的产品成本计算程序

（1）按企业生产工艺特点和管理要求确定成本计算对象及成本计算的基本方法。

（2）按定额成本标准逐项分解，计算各成本项目的定额费用，编制产品定额成本计算表。

（3）将发生的生产费用划分为定额成本和定额成本差异两部分。

（4）按确定的成本计算方法，归集各项定额成本差异，并在完工产品和在产品之间进行分配。若期末在产品数量较少，占用的成本较少，为简化成本核算工作，可将定额差异全部计入完工产品成本中；若期末在产品数量较大，占用的成本较多，则定额差异应按定额成本的比例，在完工产品和在产品之间进行分配。

（5）根据计算产品实际成本的公式，求得完工产品实际成本。

二、产品定额成本

定额成本是企业产品生产成本的现行定额，它反映了当期应达到的成本水平，合理的现行定额成本是衡量企业成本节约或超支的尺度。

1. 定额成本与计划成本的异同

（1）相同点。定额成本和计划成本都是根据各种有关的现行消耗定额和计划单价计算的成本。

直接材料费用定额、直接人工费用定额、制造费用定额的合计数为单位产品的定额成本或计划成本。相关计算公式如下。

$$直接材料费用定额=产品原材料消耗定额×原材料计划单价$$
$$直接人工费用定额=产品生产工时定额×计划工资率$$
$$制造费用定额=产品生产工时定额×计划制造费用率$$

（2）不同点。定额成本是以现行消耗定额为依据计算的产品成本，计算定额成本所用的价格是不同时期的计划价格，反映了企业在各时期现有生产条件下应该达到的成本水平，定额成本在计划期内是变动的，应随着生产技术的进步以及劳动生产率的提高不断进行修订，是企业内部经营管理、成本管理的重要组成部分，是企业降低成本、控制成本的重要手段。计划成本则是以计划期内平均消耗定额为根据计算的产品成本，计算计划成本所用的价格是全年平均计划价格，计划成本反映了企业在整个计划期内成本的奋斗目标，一般是国家或企业上级主管部门在计划期内对企业或下属机构进行成本考核的依据。

2. 产品定额成本的制定

定额成本中原材料消耗定额和产品生产工时定额都是现行定额。产品定额成本包括零、部件定额成本和产成品定额成本，通常由生产、技术、财务等部门共同制定。在零、部件不多的情况下，一般先制定零件定额成本，然后再汇总计算部件和产成品的定额成本。在零、部件较多的情况下，为了简化成本计算工作，可以不计算零件的定额成本，直接根据零件定额卡所列的材料消耗定额以及工时定额数据，结合原材料计划单价、计划工资率、计划制造费用率，计算部件定额成本，最终计算产品定额成本。零件定额卡、部件定额成本卡、产品定额成本卡分别见表 2-5-1～表 2-5-3。

表 2-5-1　　　　　　　　　　　　零件定额卡

零件名称：甲零件　　　　　　　　　202×年××月　　　　　　　　　金额单位：元

材料名称	计量单位	材料消耗定额	材料计划单位成本			材料定额成本	
甲材料	千克	3	6			18	
工序编号	工时定额/小时	累计工时定额/小时	小时工资率/（元/小时）	小时制造费用率/（元/小时）		工资定额	制造费用定额
1	5	5	6	3		30	15
2	10	15	6	3		60	30
合计						90	45

表 2-5-2　　　　　　　　　　　　部件定额成本卡

部件名称：C 部件　　　　　　　　　202×年××月　　　　　　　　　金额单位：元

零件名称	需用数量/件	材料定额成本	工资定额成本	制造费用定额成本	定额成本合计
甲零件	1	18	90	45	153
乙零件	2	10	100	80	190
装配			100	50	150
合计		28	290	175	493

表 2-5-3　　　　　　　　　　　　产品定额成本卡

产品名称：101 产品　　　　　　　　202×年××月　　　　　　　　　金额单位：元

部件名称	需用数量/件	材料定额成本	工资定额成本	制造费用定额成本	定额成本合计
C 部件	1	28	290	175	493

部件名称	需用数量/件	材料定额成本	工资定额成本	制造费用定额成本	定额成本合计
D 部件	2	20	300	100	420
装配			110	50	160
合计		48	700	325	1 073

三、脱离定额差异的核算

脱离定额差异是生产费用脱离现行定额或预算的数额，它标志着各项生产费用支出的合理程度。脱离定额差异按成本项目分为直接材料脱离定额差异、直接人工脱离定额差异、制造费用脱离定额差异。

1. 直接材料脱离定额差异的核算

直接材料脱离定额差异的核算，一般有限额领料法、整批分割法、盘存法三种。

（1）限额领料法是根据企业制定的材料消耗定额来核算材料定额差异的一种方法。企业按限额领料单中所规定的限额领料。若因增加产量需要增加用料，应办理追加限额手续，仍用限额领料单领料，不属于超额领料。凡是由于其他情况超过限额的领料，应设置专门的超额领料单等差异凭证。如果领用代用材料，则应将领用的代用材料的数量折算成原定额材料的数量，在限额领料单内冲减相应的数量。对于车间已领未用的材料，应及时办理退库手续，以编写的退料单为差异凭证。月末将限额领料单内的材料余额和各种差异凭证进行汇总，可计算出定额差异。限额领料法不能完全控制用料，期初、期末车间可能存在余料，只有投产的产品数量等于规定的产品数量，且车间期初、期末均无余料或期初、期末数量相等时，领料差异才是用料脱离定额差异。脱离定额差异采用用料差异计算，并且限额领料单中余额以及退料金额都是材料脱离定额的节约差异。相关计算公式如下。

本期原材料定额消耗量=本期投产产品数×单位定额消耗量

本期原材料实际消耗量=本期领用原材料数量+期初结余原材料数量-期末结余原材料数量

本期原材料脱离定额差异=（本期原材料实际消耗量-本期原材料定额消耗量）×原材料计划单价

（2）整批分割法应按切割材料的批别设置材料切割计算单（见表 2-5-4）。切割计算单上填明切割材料的名称、数量、消耗定额和应切割的毛坯数量。在切割完成后，再填写实际切割的毛坯数量、退料数量、废料数量和材料实际消耗量，将实际切割的毛坯数量乘以消耗定额可求得材料定额消耗量。材料定额消耗量与材料实际消耗量比较，可确定材料定额差异。整批分割法的优点是能及时反映和控制材料的耗用情况，但是填制材料切割单的工作量很大，因而只适用于按批核算材料脱离定额差异的一些贵重材料。

表 2-5-4　　　　　　　　　　材料切割计算单

材料名称：M 材料　　　　　　　　　　　　　　　　材料计量单位：千克

产品名称：2002 产品　　　　　　　　　　　　　　　计划单位成本：1.7 元

切割工人和姓名：××　　　　　　　　　　　　　　机床编号：H

切割日期：202×年××月××日　　　　　　　　　　完工日期：202×年××月××日

发料数量	退回余料数量	材料实际消耗量	废料实际回收数量
265.00	5.00	260.00	20.00

单件消耗定额	单件回收废料定额	应切割的毛坯数量	实际切割的毛坯数量	材料定额消耗量	废料定额回收量
5.00	0.30	52.00	48.00	240.00	14.40

材料脱离定额差异			废料脱离定额差异			差异原因	责任者
数量	单价	金额	数量	单价	金额	未按规定操作,废料增多	××
20.00	9.00	180.00	−5.60	4.00	−22.40		

材料切割单中有关数据计算如下。

应切割的毛坯数量＝260÷5＝52（件）

材料定额消耗量＝48×5＝240（千克）

废料定额回收量＝48×0.30＝14.40（千克）

材料脱离定额差异＝（260−240）×9＝180（元）

废料脱离定额差异＝（14.40−20）×4＝−22.40（元）

材料脱离定额总差异＝180−22.40＝157.60（元）

材料脱离定额总差异157.60元为超支差异,其中,回收废料超过定额的差异可以冲减材料费用,应为负数列示,为−22.40元。

（3）盘存法。对于不能采用整批分割法的材料,为了更好地控制用料,应通过定期盘存的方法计算差异。具体程序如下。

① 用本期完工产品数量加上期末在产品数量,减去期初在产品数量,得到本期投产数量。

② 计算材料定额消耗量,公式如下。

产品投产数量×材料消耗定额＝材料定额消耗量

③ 根据限额领料单、超额领料单和退料单等凭证,以及车间余料的盘存资料汇总计算材料实际消耗量。

④ 计算材料脱离定额差异,公式如下。

材料脱离定额差异＝（材料实际消耗量−材料定额消耗量）×材料的计划单价

由于盘存法下消耗量是倒挤得到的,所以计算结果不够准确。该方法适用于连续式大量生产的企业。

总之,在实际工作中,不论采用哪种方法,都应根据各种领料凭证和差异凭证,按照产品成本计算对象汇总编制材料定额费用和脱离定额差异汇总表,如表2-5-5所示。表中应详细列明该批或该种产品所耗各种材料的计划单位成本、定额费用、脱离定额差异及差异原因,并据以登记生产成本明细账和各种产品成本计算单。

表2-5-5　　　　　　　　　　材料定额费用和脱离定额差异汇总表

产品名称：3001产品　　　　　　　　　　202×年×月　　　　　　　　　　金额单位：元

原材料类别	材料编号	数量单位	计划单位成本	定额费用		计划价格费用		脱离定额差异		差异原因
				数量	金额	数量	金额	数量	金额	
原料	301	千克	4	5 500	22 000	5 600	22 400	100	400	
主要材料	302	千克	5	4 700	23 500	4 900	24 500	200	1 000	
合计					45 500		46 900		1 400	

2. 直接人工脱离定额差异的核算

直接人工脱离定额差异的核算因企业采用的工资制度不同而不同。

（1）计件工资下直接人工脱离定额差异的核算。计件工资下，生产工人工资脱离定额差异的核算与原材料脱离定额差异的核算类似，符合定额的生产工人工资，可以反映在产量记录中；对于脱离定额差异，应该经过一定的手续，反映在专设的工资差异凭证中，并填明差异原因，以便根据工资差异凭证进行分析。

（2）计时工资下直接人工脱离定额差异的核算。计时工资下，由于实际人工费用总额到月终才能确定，因此，直接人工脱离定额差异不能在平时按照产品直接计算，只有在月末实际直接人工费用总额确定以后，才能计算。

若直接人工费用属于直接计入费用，则产品的直接人工脱离定额差异计算公式如下。

某产品的直接人工脱离定额差异=该产品实际直接人工-（该产品实际产量×该产品直接人工定额）

若直接人工费用属于间接计入费用，则产品的直接人工脱离定额差异计算公式如下。

计划单位小时直接人工=某车间计划产量的定额直接人工总额÷该车间计划产量的定额生产工时

实际单位小时直接人工=该车间实际直接人工总额÷该车间实际生产工时总额

某产品的定额直接人工=该产品实际产量的定额生产工时×计划单位小时直接人工

某产品的实际直接人工用=该产品实际产量的实际生产工时×实际单位小时直接人工

某产品直接人工脱离定额差异=该产品实际直接人工-该产品定额直接人工

在定额法下，直接人工脱离定额差异的核算同直接材料脱离定额差异的核算一样。不论采用哪一种工资形式，都应按照成本计算对象汇总编制定额生产工资和脱离定额差异汇总表。在汇总表中反映产品的定额工资、实际工资、工资脱离定额差异及其产生的原因等，以考核和分析各种产品定额工资的执行情况，并据以计算产品的工资费用。

3. 制造费用脱离定额差异的核算

制造费用属于间接计入费用，在日常核算中不能按照产品直接确定脱离定额差异，而只能根据月份的费用计划，按照费用的发生地点和费用项目，核算脱离计划的差异，据以对费用的发生进行控制和监督。各种产品应负担的制造费用脱离定额差异，只有到月末将实际费用分配给各种产品以后，才能以其实际费用与定额费用相比较加以确定。制造费用脱离定额差异的核算方法与计时工资下直接人工脱离定额差异的核算方法类似。

四、材料成本差异的分配

在定额法下，定额费用等于定额消耗量乘以计划单位成本，直接材料脱离定额差异等于消耗量差异乘以计划单位成本。材料成本差异为材料或半成品实际成本与计划成本的差异，它反映所耗材料或半成品的价差。因此，在月末计算产品实际成本时，还应根据材料成本差异率分配材料成本差异。

某种产品应分配的材料成本差异=（该产品材料定额费用±脱离定额差异）×材料成本差异率

五、定额变动差异核算

定额变动差异是指对旧定额进行修订而产生的新旧定额之间的差额。定额变动差异的产生，是定额本身变动的结果，与生产费用节约或超支无关。定额成本的修订，一般是在月初、季初或年初，为了使月初在产品定额成本和本月投入产品的定额成本水平一致，应按新定额对月初在产品的定额成本进行调整，计算月初在产品定额变动差异。新旧定额的变化，在引起定额变动差异变化的同时，会引起产品定额成本的相反变化，即定额降低会增加定额变动差异，会减少定额成本。

1. 定额变动差异与定额差异的不同

（1）发生的时间不同。定额变动差异不经常发生，不需要经常核算；定额差异是定额与实际发生的差异，经常发生，企业要及时了解定额差异产生的原因，不断降低生产费用。

（2）差异的处理方式不同。定额变动差异可以直接计入与其相关的某一产品成本中；定额差异一般不是由某一种产品所引起的，是企业各方面工作的综合结果，需要分配计入有关产品成本中。

2. 定额变动差异的计算

（1）直接计算法。相关计算公式如下。

月初在产品定额变动差异=月初在产品按原定额计算的成本-月初在产品按调整后的定额计算的定额成本

若月初修订产品材料消耗定额，则月初在产品定额变动差异的计算公式如下。

月初在产品定额变动差异=$\sum$[（变动前单位零部件材料消耗定额-变动后单位零部件材料消耗定额）×定额变动的零部件数量×材料单价]

（2）系数计算法。按直接计算法计算月初在产品定额变动差异，在构成产品的零部件种类较多的情况下，工作量往往很大。为了简化计算工作，可以采用系数计算法。相关计算公式如下。

定额变动系数=按新定额计算的单位产品成本÷按旧定额计算的单位产品费用

月初在产品定额变动差异=按旧定额计算的月初在产品成本-按旧定额计算的月初在产品费用×定额变动系数

月末应在完工产品和月末在产品之间按定额成本比例对定额成本脱离定额差异、定额变动差异以及材料成本差异进行分配。

六、定额法的优缺点及适用范围

1. 定额法的优点

①有利于加强成本的日常控制。定额法可以计算出定额与实际费用之间的差异额，企业能以此为依据并采取措施减小差异额。②有利于定期进行成本分析。定额法可以计算出定额成本、脱离定额差异、定额变动差异等各项指标，有利于进行对比分析。③有利于提高成本定额和成本计划的制定水平。通过对定额差异的分析，企业可以对定额进行修订，从而提高定额的管理水平。④有利于各项定额差异在完工产品和在产品之间进行合理分配。

2. 定额法的缺点

①定额法需要核算定额成本、脱离定额差异以及定额变动差异，工作量较大。②不便于对各个责任部门的工作情况进行考核分析。③定额资料若不准确，则会影响成本计算的准确性。

3. 定额法的适用范围

定额法一般适用于产品已经定型，产品品种比较稳定，各项定额比较齐全、准确，原始记录健全的企业。定额法与生产类型并无直接联系，不论是哪种生产类型的企业，只要具备齐全、准确的定额等条件，都可以采用定额法计算产品成本。

📝 **能力训练**

一、业务场景

启扬机械有限公司大批量生产 A 产品。各项消耗定额比较稳定，采用定额法计算产品成本。A 产品的定额变动差异和材料成本差异由完工产品负担；脱离定额差异按定额比例法在完工产品和月末在产品之间分配。月初 A 在产品成本见表 2-5-6。

表 2-5-6　　　　　　　　　　　　　　　月初 A 在产品成本

202×年 9 月

单位：元

成本项目	直接材料	直接人工	制造费用	合计
月初在产品定额成本	36 000.00	3 780.00	2 700.00	42 480.00
脱离定额差异	-2 114.20	245.00	106.80	-1 762.40

（1）A 产品月初在产品单位产品旧的直接材料定额为 360 元，本月启用新的单位产品直接材料定额为 342 元。A 产品月初在产品按旧定额计算的直接材料定额费用为 36 000 元。请运用系数计算法，计算月初在产品定额变动差异及月初在产品定额成本调整额。

（2）该公司 9 月生产 A 产品的车间计划产量的直接人工费用定额为 62 160 元，计划定额工时总数为 5 920 小时；实际生产工时总数为 6 200 小时，实际发生直接人工 64 635 元。本月 A 产品定额工时为 3 672 小时，实际生产工时为 3 600 小时。请计算 A 产品直接人工脱离定额差异。

（3）该公司 9 月生产 A 产品的车间计划产量的制造费用定额为 44 400 元，实际发生制造费用 48 360 元。计划定额工时总数为 5 920 小时，实际生产工时总数为 6 200 小时；本月 A 产品定额工时为 3 672 小时，实际生产工时为 3 600 小时。请计算 A 产品制造费用脱离定额差异。

（4）该公司 9 月生产 A 产品所耗材料定额费用为 171 000 元，脱离定额差异为节约 2 400 元，原材料的成本差异率为节约 2%。请计算 A 产品应分摊的材料成本差异。

（5）本月完工 A 产品 310 件，原材料一次投料。单位产品直接材料定额为 342 元。单位产品定额工时为 8 小时，计划每小时工资率为 16 元，计划每小时制造费用率为 12 元。计算完工产品定额成本。

要求：完成资料（1）～（5）小题内容的计算，并将定额法产品成本计算表（见表 2-5-7）填写完整。

表 2-5-7　　　　　　　　　　　　　　　定额法产品成本计算表

产品名称：A 产品　　　　　　　　　　　　202×年 9 月

单位：元

摘要	行次	直接材料	直接人工	制造费用	合计
月初在产品定额成本	1				
在产品脱离定额差异	2				
在产品定额成本调整额	3				
在产品定额变动差异	4				

摘要	行次	直接材料	直接人工	制造费用	合计
本月定额成本	5				
本月脱离定额差异	6				
本月材料成本差异	7				
定额成本合计	8=1+3+5				
脱离定额差异合计	9=2+6				
材料成本差异合计	10=7				
定额变动差异	11=4				
脱离定额差异分配率	12=9÷8				
完工产品定额成本	13				
完工产品脱离定额差异	14=13×12				
完工产品材料成本差异	15=10				
完工产品定额变动差异	16=11				
结转完工产品实际成本	17=13+14+15+16				
月末在产品定额成本	18=8-13				
在产品脱离定额差异	19=9-14				

二、注意事项

（1）保持认真钻研、不畏困难的工作态度。

（2）做到计算准确、精益求精。

（3）脱离定额差异分配率为百分数，精确到小数点后两位。

三、操作过程

序号	操作步骤	操作方法及说明	操作标准
1	工作准备	认真阅读案例资料，准备计算器、笔、纸等文具	读懂案例资料，文具摆放整齐，桌面整洁、有序
2	运用系数计算法，计算月初在产品定额变动差异和月初在产品定额成本调整额	（1）计算定额变动系数 定额变动系数=按新定额计算的单位产品成本÷按旧定额计算的单位产品成本 定额变动系数=342÷360=0.95 （2）计算月初在产品定额变动差异 月初在产品定额变动差异=按旧定额计算的月初在产品成本-按旧定额计算的月初在产品成本×定额变动系数 月初在产品定额变动差异=36 000×（1-0.95）=1 800（元） （3）计算月初在产品定额成本调整额 月初在产品定额成本调整额=直接材料新定额费用-直接材料旧定额费用=-1 800（元）	公式运用正确，月初在产品定额变动差异以及月初在产品定额成本调整额计算准确

续

序号	操作步骤	操作方法及说明	操作标准
3	计算 A 产品直接人工脱离定额差异	计划单位小时直接人工=某车间计划产量的定额直接人工总额÷该车间计划产量的定额生产工时 实际单位小时直接人工=该车间实际直接人工总额÷该车间实际生产工时总额 某产品的定额直接人工=该产品实际产量的定额生产工时×计划单位小时直接人工 某产品的实际直接人工=该产品实际产量的实际生产工时×实际单位小时直接人工 某产品直接人工脱离定额差异=该产品实际直接人工-该产品定额直接人工 计划单位小时直接人工=62 160÷5 920=10.50（元） 实际单位小时直接人工=64 635÷6 200=10.425（元） A 产品的定额直接人工=3 672×10.50=38 556（元） A 产品的实际直接人工=3 600×10.425=37 530（元） A 产品直接人工脱离定额差异=37 530-38 556=-1 026（元）	公式运用正确，A 产品直接人工脱离定额差异计算准确
4	计算 A 产品制造费用脱离定额差异	计划单位小时制造费用=44 400÷5 920=7.5（元） 实际单位小时制造费用=48 360÷6 200=7.8（元） A 产品的定额制造费用=3 672×7.5=27 540（元） A 产品的实际制造费用=3 600×7.8=28 080（元） A 产品制造费用脱离定额差异=28 080-27 540=540（元）	公式运用正确，A 产品制造费用脱离定额差异计算准确
5	计算 A 产品应分摊的材料成本差异	某种产品应分配的材料成本差异=（该产品材料定额费用±脱离定额差异）×材料成本差异率 A 产品应分配的材料成本差异=（171 000-2 400）×（-2%）=-3 372（元）	公式运用正确，A 产品应分配的材料成本差异计算准确
6	计算脱离定额差异分配率	（1）将相关数据填入定额法产品成本计算表 月初在产品定额成本以及在产品脱离定额差异根据表 2-5-6 填列 在产品定额成本调整额是调整按旧定额计算的月初在产品定额成本（降低时为负数），为第 2 步计算所得 在产品定额变动差异，为第 2 步计算所得，与在产品定额成本调整额正负相反 本月定额成本中直接材料根据资料（4）为 171 000 元，直接人工为第 3 步计算所得，为 38 556 元；制造费用为第 4 步计算所得，为 27 540 元 本月脱离定额差异中直接材料脱离定额差异根据资料（4）为-2 400 元，直接人工脱离定额差异为第 3 步计算所得，为-1 026 元；制造费用脱离定额差异为第 4 步计算所得，为 540 元 本月材料成本差异为第 5 步计算所得，为-3 372 元 定额成本合计=月初在产品定额成本+在产品定额成本调整额+本月定额成本 脱离定额差异合计=在产品脱离定额差异+本月脱离定额差异 材料成本差异合计=-3 372 元 定额变动差异=1 800 元	将正确数据填入表格并正确计算脱离定额差异分配率

续

序号	操作步骤	操作方法及说明	操作标准
6	计算脱离定额差异分配率	（2）计算脱离定额差异分配率 由于脱离定额差异按定额比例法在完工产品和月末在产品之间分配，所以脱离定额差异分配率=脱离定额差异合计÷定额成本合计 直接材料脱离定额差异分配率=（2 400+2 114.20）÷（36 000+171 000−1 800）×100%=−2.20% 直接人工脱离定额差异分配率=（−1 026+245）÷（38 556+3 780）×100%=1.84% 制造费用脱离定额差异分配率=（540+106.80）÷（27 540+2 700）×100%=2.14%	将正确数据填入表格并正确计算脱离定额差异分配率
7	计算完工产品定额成本	根据资料（5）可以得到 完工A产品直接材料定额成本=310×342=106 020（元） 完工A产品直接人工定额成本=310×8×16=39 680（元） 完工A产品制造费用定额成本=310×8×12=29 760（元）	根据资料，正确计算完工产品定额成本
8	计算完工产品脱离定额差异并计算完工产品实际成本	完工产品定额成本根据第7步计算所得 完工产品脱离定额差异=完工产品定额成本×脱离定额差异分配率 A产品的定额变动差异和材料成本差异由完工产品负担 完工产品实际成本=完工产品定额成本+完工产品脱离定额差异+完工产品材料成本差异+完工产品定额变动差异 月末在产品定额成本=定额成本合计−完工产品定额成本 在产品脱离定额差异=脱离定额差异合计−完工产品脱离定额差异 最终填写完整的定额法产品成本计算表，见表2-5-8	将正确数据填入表格，并正确计算完工产品脱离定额差异以及完工产品实际成本

表 2-5-8　　　　　　　　　　定额法产品成本计算表

产品名称：A产品　　　　　　　　　　202×年9月　　　　　　　　　　单位：元

摘要	行次	直接材料	直接人工	制造费用	合计
月初在产品定额成本	1	36 000.00	3 780.00	2 700.00	42 480.00
在产品脱离定额差异	2	−2 114.20	245.00	106.80	−1 762.40
在产品定额成本调整额	3	−1 800.00			−1 800.00
在产品定额变动差异	4	1 800.00			1 800.00
本月定额成本	5	171 000.00	38 556.00	27 540.00	237 096.00
本月脱离定额差异	6	−2 400.00	−1 026.00	540.00	−2 886.00
本月材料成本差异	7	−3 372.00			−3 372.00
定额成本合计	8=1+3+5	205 200.00	42 336.00	30 240.00	277 776.00
脱离定额差异合计	9=2+6	−4 514.20	−781.00	646.80	−4 648.40
材料成本差异合计	10=7	−3 372.00			−3 372.00
定额变动差异	11=4	1 800.00			1 800.00
脱离定额差异分配率	12=9÷8	−2.20%	−1.84%	2.14%	
完工产品定额成本	13	106 020.00	39 680.00	29 760.00	175 460.00

摘要	行次	直接材料	直接人工	制造费用	合计
完工产品脱离定额差异	14=13×12	-2 332.44	-730.11	636.86	-2 425.69
完工产品材料成本差异	15=10	-3 372.00			-3 372.00
完工产品定额变动差异	16=11	1 800.00			1 800.00
结转完工产品实际成本	17=13+14+15+16	102 115.56	38 949.89	30 396.86	171 462.31
月末在产品定额成本	18=8-13	99 180.00	2 656.00	480.00	102 316.00
在产品脱离定额差异	19=9-14	-2 181.76	-50.89	9.94	-2 222.71

【问题情境一】

在运用限额领料法计算直接材料脱离定额差异时，宏达机械制造有限公司的成本核算会计有一个疑问：某限额领料单规定的在产品数量为 500 件，本期投产的产品也是 500 件，每件产品的直接材料消耗定额为 6 千克，则限额领料单为 3 000 千克，本月实际领料为 2 700 千克，期末余料为 100 千克，没有期初余料，为什么领料差异 300 千克不是直接材料脱离定额差异呢？

提示： 直接材料脱离定额差异是产品生产中实际用料脱离现行定额而形成的成本差异，而不一定是领料差异。其计算公式如下。

本期原材料定额消耗量=本期投产产品数×单位定额消耗量

本期原材料实际消耗量=本期领用原材料数量+期初结余原材料数量-期末结余原材料数量

本期原材料脱离定额差异=（本期原材料实际消耗量-本期原材料定额消耗量）×原材料计划单价

该问题的计算过程如下。

步骤一：计算本期原材料定额消耗量=500×6=3 000（千克）。

步骤二：计算本期原材料实际消耗量=2 700-100=2 600（千克）。

步骤三：计算原材料脱离定额差异=2 600-3 000=-400（千克）。

宏达机械制造有限公司的成本核算会计应该考虑期末余料，以实际用料量来计算本期原材料实际消耗量。

【问题情境二】

某企业采用盘存法计算直接材料脱离定额差异，其成本核算会计发现该企业原材料是随着生产进度陆续投入的，该企业用本期完工产品数量加上期末在产品数量，再减去期初在产品数量得到本期投产数量，进而计算材料定额消耗量，他发现得到的数据不够准确，该企业应该如何计算材料定额消耗量呢？

提示： "产品投产数量×材料消耗定额=材料定额消耗量" 是没有问题的，但是该企业原材料随生产进度陆续投入，则 "本期投产数量=本期完工产品+期末在产品的约当产量-期初在产品的约当产量"，修正公式后再来计算材料定额消耗量，数据就准确了。

四、学习结果评价

序号	评价内容	评价标准	评价结果
1	运用系数计算法，计算月初在产品定额变动差异和月初在产品定额成本调整额	能正确运用系数计算法计算月初在产品定额变动差异	□是□否
		能正确计算月初在产品定额成本调整额	□是□否

续

序号	评价内容	评价标准	评价结果
2	运用公式计算A产品直接人工脱离定额差异	能正确计算计划及实际单位小时直接人工	□是□否
		能正确计算某产品的定额及实际直接人工	□是□否
		能正确计算某产品直接人工脱离定额差异	□是□否
3	运用公式计算A产品制造费用脱离定额差异	能正确计算制造费用脱离定额差异	□是□否
4	运用公式计算A产品应分摊的材料成本差异	能正确计算某产品应分摊的材料成本差异	□是□否
5	运用定额比例法计算脱离定额差异分配率	能正确计算直接材料脱离定额差异分配率	□是□否
		能正确计算直接人工脱离定额差异分配率	□是□否
		能正确计算制造费用脱离定额差异分配率	□是□否
6	根据资料计算完工产品定额成本	能正确计算完工产品定额成本	□是□否
7	运用公式计算完工产品脱离定额差异并计算完工产品实际成本	能运用定额比例法正确计算完工产品脱离定额差异	□是□否
		能正确计算完工产品实际成本	□是□否
8	总评	"是"与"否"在本次评价中所占百分比	"是"占___% "否"占___%

课后作业

一、单项选择题

1. 产品成本计算的定额法（　　）。

    A. 只适用于大量生产　　　　　　　　B. 只适用于大批生产

    C. 只适用于多步骤生产　　　　　　　D. 与生产类型没有直接关系

2. 不是定额法中直接材料脱离定额差异的计算方法的是（　　）。

    A. 限额领料法　　　B. 整批分割法　　　C. 盘存法　　　D. 系数法

3. 直接材料脱离定额差异是（　　）。

    A. 数量差异　　　B. 材料成本差异　　　C. 价格差异　　　D. 定额变动差异

二、多项选择题

1. 定额法的缺点有（　　）。

    A. 工作量大

    B. 不便于对各个责任部门的工作情况进行考核与分析

    C. 不利于提高企业定额管理水平

    D. 不利于企业进行成本分析

2. 运用定额法计算产品实际成本时应该考虑的因素有（　　）。

    A. 定额成本　　　　　　　　　　　　B. 脱离定额差异

    C. 材料成本差异　　　　　　　　　　D. 月初在产品定额变动差异

三、判断题

1. 定额变动差异和定额差异是相同的概念。（　　）

2. 只有多步骤生产的企业才能采用定额法进行成本核算。（　　）

3. 产品实际成本=按现行定额计算的产品定额成本±脱离定额差异±材料成本差异±月初在产品定额变动差异。（　　　）

四、案例分析题

宏达机械制造有限公司大批量生产 B 产品。各项消耗定额比较稳定，采用定额法计算产品成本。9 月有关 B 产品直接材料费用的资料如下。

（1）月初在产品定额费用为 2 800 元，月初在产品脱离定额差异为节约 40 元，月初在产品定额费用调整为降低 40 元。定额变动差异全部由完工产品负担。

（2）本月定额费用为 11 200 元，本月脱离定额差异为节约 800 元。

（3）本月原材料成本节约差异为节约 4%，材料成本差异全部由完工产品负担。

（4）本月完工产品的定额费用为 12 000 元。

要求：

（1）计算月末在产品原材料定额费用。

（2）分配原材料脱离定额差异（原材料脱离定额差异率为百分数，精确到小数点后两位）。

（3）计算本月原材料费用应分配的材料成本差异。

（4）计算本月完工产品和月末在产品成本应负担的原材料实际费用。

工作领域三
成本报表编制与分析

　　本工作领域主要学习成本报表编制与分析的基本知识，包括产品生产成本表的编制、主要产品单位成本表的编制、制造费用明细表的编制、产品成本计划完成情况分析、主要产品单位成本表分析等内容。

　　要求学生能根据给定资料，选择按照产品种类或成本项目正确编制产品生产成本表；能获取企业主要产品成本资料，正确编制主要产品单位成本表，正确反映企业主要产品单位成本信息；能获取企业费用相关数据资料，编制制造费用明细表、管理费用明细表等，充分反映企业费用支出情况；能够结合成本报表及相关资料，选择适当的成本分析方法，对产品成本计划完成情况进行分析；能对主要产品单位成本进行一般分析，能熟练掌握主要产品单位成本的项目分析，从而寻找降低成本的途径，为企业经营活动提供帮助。

工作任务 3-1　成本报表编制

职业能力 3-1-1　能够编制产品生产成本表

核心概念

成本报表

学习目标

- 掌握产品生产成本表的基本结构；
- 能按照产品种类或成本项目编制产品生产成本表；
- 能区分不同编制方式所反映信息的异同；
- 具有严谨认真、精益求精的职业素养。

基本知识

一、认识成本报表

成本报表是根据企业产品成本和经营管理费用等会计资料定期编制，反映企业一定时期产品成本、经营管理费用的水平和构成情况的会计报表。成本报表能够反映企业生产费用与产品成本的构成及其升降变动情况，可用于考核各项费用与生产成本计划执行情况，它是会计报表体系的重要组成部分。

（一）成本报表的作用

企业日常的成本核算资料是分散的，成本报表则是对企业成本核算工作的全面总结，编制成本报表可以起到以下作用。

1. 提高企业成本管理水平

将成本报表的实际数与成本计划数进行比较，可以检查成本计划的执行情况，比较结果是进一步分析完成或未完成计划的具体原因、制定下期成本计划的重要依据。

2. 为企业统筹安排人力、物力、财力提供重要依据

成本报表可以揭示影响产品成本指标和费用指标变动的情况，有利于找到相关影响因素。企业能从生产技术、生产组织和经营管理等各方面挖掘节约费用和降低产品成本的潜力，提高企业经济效益。

3. 为企业进行生产决策提供重要依据

成本报表提供的产品成本和费用资料，可以为企业、车间和部门加强日常成本、费用管理提供数据支撑，也是企业预测成本、利润，编制产品成本和各项费用计划，制定产品价格的重要依据。

（二）成本报表的分类

1. 按成本报表反映的内容分类

（1）反映成本计划完成情况的报表。这类成本报表重在揭示企业为生产一定种类和数量产品所耗费的成本费用是否达到预定的目标。表中主要列示了报告期的实际成本水平、计划成本水平、历史先进水平以及同行业先进水平。通过比较分析，找出差距、查明原因、提出措施，为挖掘降低产品成本的潜力提供资料。该类报表主要有：产品生产成本表、主要产品单位成本表等。其中，产品生产成本表也称商品产品成本表，是反映企业在报告期内生产的全部商品产品总成本以及各种主要商品产品的总成本和单位成本的会计报表。利用该表，可以分析和考核全部商品产品和主要商品产品成本计划，以及可比商品产品成本降低计划的完成情况。主要产品单位成本表是反映企业在报告期内生产的各种主要产品单位成本构成情况的会计报表。

（2）反映费用支出情况的报表。这类成本报表重在揭示企业一定时期内生产经营费用支出的总额及其构成情况。通过分析比较，企业可以了解费用支出的合理程度和变化趋势，从而有利于企业管理部门正确制定费用预算，考核各项消耗和支出指标的完成情况，以便明确经济责任、控制费用支出。该类报表主要有制造费用明细表、管理费用明细表、销售费用明细表等。其中制造费用明细表是反映工业企业在一定时期内发生的各项制造费用及其构成情况的成本报表，表中的各明细项目应包括企业各个生产单位为组织和管理生产所发生的各项费用；管理费用明细表是反映企业管理部门为组织和管理生产所支出的全部费用，并将其与预算费用进行比较的明细表；销售费用明细表是反映企业在年度内发生的销售费用明细情况的报表。

2. 按成本报表的报送对象分类

（1）对内成本报表。对内成本报表是指为了企业内部经营管理需要而编制的各种成本报表。

（2）对外成本报表。对外成本报表是指为企业以外信息需求者而编制的各种成本报表。

3. 按成本报表的编制时间分类

（1）定期成本报表。定期成本报表是为了满足企业日常成本管理的需要，及时反馈成本信息而编制的。定期成本报表按编制时间分为年报、月报、旬报、周报、日报等，能及时反映成本报表信息。

（2）不定期成本报表。不定期成本报表是为了满足企业内部管理的特殊要求而在需要时编报的，能灵活反映成本报表信息。

（三）成本报表的特点

（1）成本报表主要服务于企业的内部经营管理。成本报表主要为企业内部管理服务，满足企业管理者、成本责任者对成本信息的需求，有利于观察、分析、考核成本的动态变化，有利于控制计划成本目标的实现，有利于预测工作的开展。

（2）成本报表的种类、格式、内容等一般由企业自行决定。对内成本报表主要围绕成本管理需要反映内容，没有明确规定统一的内容和范围，不强调成本报表内容的完整性，往往从管理需要出发对某一问题或某一侧面进行重点反映，揭示差异，找出原因，分清责任。因此，对内成本报表的成本指标可以多样化，以满足不同使用者和不同管理者对成本信息的需求，使对内成本报表真正为企业成本管理服务。

（3）成本报表是会计核算资料与其他技术经济资料密切结合的产物，具有综合性。

二、按产品种类反映的产品生产成本表的编制

1. 按产品种类反映的产品生产成本表的结构

按产品种类反映的产品生产成本表，是按产品种类汇总反映企业在报告期内所形成的全部产品的单位成本和总成本情况的报表。该表分为基本报表和补充资料两部分，基本报表分为表头和表体两部分，补充资料主要反映可比产品成本降低额和可比产品成本降低率等，具体样式可参照表 3-1-1。

表 3-1-1　　　　　　　　　　产品生产成本表（按产品种类反映）

编制单位：　　　　　　　　　　　　202×年××月　　　　　　　　　　　　金额单位：

产品名称	计量单位	实际产量		单位成本				本月总成本			本年累计总成本		
		本月①	本年累计②	上年实际平均③	本年计划④	本月实际⑤=⑨÷①	本年累计实际平均⑥=⑫÷②	按上年实际平均单位成本计算⑦=①×③	按本年计划单位成本计算⑧=①×④	本月实际⑨	按上年实际平均单位成本计算⑩=②×③	按本年计划单位成本计算⑪=②×④	本年实际⑫
可比产品合计													
不可比产品合计													
全部产品生产成本合计													

补充资料：①可比产品成本降低额；②可比产品成本降低率。

表 3-1-1 包括实际产量、单位成本、本月总成本和本年累计总成本四部分。表体中分可比产品和不可比产品两大类，主要产品还应按产品种类分别反映。所谓可比产品，是企业上年或近年内曾经正常生产而本年继续生产、有以前年度的成本和技术经济资料的产品。除此之外的为不可比产品。

编制按产品种类反映的产品生产成本表，旨在分析和考核各种类产品和全部产品本月和全年累计的成本计划的执行结果，对各种类产品成本和全部产品成本的节约或超支情况进行评价；分析和考核各种可比产品和全部产品本月和本年累计的成本相对于上年的升降情况；分析和考核各种可比产品成本降低计划的执行情况，促使企业采取措施，不断降低产品成本。产品生产成本表也为企业进一步分析产品单位成本指明了方向。

2. 按产品种类反映的产品生产成本表的编制方法

表 3-1-1 的填列方法如下。

（1）实际产量栏：各种产品的本月实际产量，应根据相应的生产成本明细账或产品成本汇总表填列；本年累计实际产量，应根据本月实际产量，加上上月本表的本年累计实际产量计算后填列。

（2）单位成本栏：上年实际平均单位成本，反映可比产品去年的平均单位成本，可根据上年12 月的本表的本年累计实际平均单位成本填列；本年计划单位成本，反映各种主要产品的本年计

划单位成本，应根据年度成本计划的有关数字填列；本月实际单位成本，根据该产品本月总成本和总产量求得，应根据各产品成本汇总表或按下列公式由表中数字计算填列。

$$某产品本月实际单位成本=某产品本月实际总成本/某产品本月实际产量$$

本年累计实际平均单位成本，可按下列公式由表中数字计算填列。

$$某产品本年累计实际平均单位成本=某产品本年累计实际总成本/某产品本年累计实际总产量$$

（3）本月总成本栏：本月实际总成本可根据各种产品成本汇总表填列；其他两项根据表中各种产品本月实际产量分别乘以上年实际平均单位成本和本年计划单位成本计算填列。

（4）本年累计总成本栏：本年实际累计总成本应根据上月本表本栏与本月本表实际总成本之和填列；其他两项根据表中各种产品本年累计产量分别乘以上年实际平均单位成本和本年计划单位成本计算填列。

由于不可比产品过去没有正式生产过，无成本资料可以比较，因而凡与上年实际平均单位成本有关的栏目，不可比产品均不填列。

补充资料主要包括可比产品成本降低额、可比产品成本降低率等指标。其计算公式如下。

可比产品成本降低额=可比产品按上年实际平均单位成本计算的本年累计总成本-可比产品本年实际累计总成本

可比产品成本降低率=（可比产品成本降低额/可比产品按上年实际平均单位成本计算的本年累计总成本）×100%

三、按成本项目反映的产品生产成本表的编制

1. 按成本项目反映的产品生产成本表的结构

表 3-1-2 是按成本项目汇总反映企业在报告期内全部产品成本的报表。该表分为表头和表体两部分，表体主要包括生产费用和产品生产成本两部分，一般无补充资料信息。

表 3-1-2　　　　　　　　　　　产品生产成本表（按成本项目反映）

编制单位：　　　　　　　　　　　202×年××月　　　　　　　　　　　　　　单位：

项目	上年实际	本年计划	本月实际	本年累计实际
直接材料				
直接人工				
制造费用				
生产费用合计				
加：在产品、自制半成品期初余额				
减：在产品、自制半成品期末余额				
生产成本合计				

表 3-1-2 中生产费用部分按成本项目反映报告期内发生的各项生产费用及其合计数。生产成本部分是在生产费用合计的基础上，加上在产品和自制半成品的期初余额，减去在产品和自制半成品的期末余额，计算出的生产成本合计数。该表包括上年实际、本年计划、本月实际和本年累计实际。

按成本项目反映的产品生产成本表，旨在反映报表报告期内全部产品生产费用的支出情况和各项费用的构成情况，并据以进行生产费用支出评价；考核和分析年度生产费用计划的执行结果，以及本年生产费用相对于上年的升降情况；考核和分析年度产品生产总成本计划的执行结果，以

及本年产品生产总成本相对于上年的升降情况，并据以分析影响成本升降的各项因素。

2. 按成本项目反映的产品生产成本表的编制方法

表 3-1-2 的填列方法是：上年实际应根据上年 12 月本表的本年累计实际填列；本年计划应根据成本计划有关资料填列；本月实际中的生产费用按各产品成本明细账所记填列；本月生产费用按成本项目分别汇总填列；期初、期末在产品、自制半成品余额，应根据各种产品成本明细账的期初、期末在产品成本和各种自制半成品明细账的期初、期末余额分别填列。本年累计实际应根据本月实际，加上月本表的本年累计实际计算填列。

📝 能力训练

一、业务场景

表 3-1-3 所示为宏达机械制造有限公司 202×年 12 月有关产品产量、单位成本和总成本的资料。

表 3-1-3　　　　　　　　　　产品成本信息

编制单位：宏达机械制造有限公司　　　　　　　　202×年 12 月　　　　　　　　　　金额单位：元

产品名称		实际产量/件		单位成本		总成本	
		本月	本年累计	上年实际平均数	本年计划	本月实际	本年累计实际
可比产品	A 产品	100	900	800	780	75 000	684 000
	B 产品	30	500	500	480	13 500	235 000
不可比产品	C 产品	300	3 200		1 150	375 000	3 520 000

要求：根据上述资料，按产品种类编制产品生产成本表（见表 3-1-4）。

表 3-1-4　　　　　　　　　　产品生产成本表

编制单位：宏达机械制造有限公司　　　　　　　　202×年 12 月　　　　　　　　　　金额单位：元

产品名称	计量单位	实际产量		单位成本				本月总成本			本年累计总成本		
		本月	本年累计	上年实际平均	本年计划	本月实际	本年累计实际平均	按上年实际平均单位成本计算	按本年计划单位成本计算	本月实际	按上年实际平均单位成本计算	按本年计划单位成本计算	本年实际
可比产品合计													
A 产品	件												
B 产品	件												
不可比产品合计													
C 产品	件												
全部产品生产成本合计													

二、注意事项

（1）保持认真钻研、不畏困难的工作态度。

（2）做到计算准确、精益求精。

三、操作过程

序号	操作步骤	操作方法及说明	操作标准
1	工作准备	认真阅读案例表格资料，准备计算器、笔、纸等文具	读懂表格资料，桌面整洁、有序
2	实际产量栏的计算	根据表 3-1-3 中实际产量栏填写	正确读取表格数据
3	单位成本栏的计算	上年实际平均单位成本和本年计划单位成本根据表 3-1-3 中单位成本栏填写。本月实际单位成本=本月实际总成本/本月实际产量，比如 A 产品本月实际单位成本=75 000/100=750（元）；本年累计实际平均单位成本=本年实际总成本/本年累计实际产量，比如 A 产品本年累计实际平均单位成本=684 000/900=760（元）。B、C 产品与 A 产品计算方法一致，结果见表 3-1-5	正确读取表格数据，正确计算本月实际单位成本和本年累计实际平均单位成本
4	本月总成本栏的计算	按上年实际平均单位成本计算本月总成本=本月实际产量×上年实际平均单位成本，比如 B 产品按上年实际平均单位成本计算本月总成本=30×500=15 000（元）；按本年计划平均单位成本计算本月总成本=本月实际产量×本年计划单位成本，比如 B 产品按本年计划平均单位成本计算本月总成本=30×480=14 400（元）；本月实际总成本根据表 3-1-3 中总成本栏数据填写。A、C 产品与 B 产品计算方法类似，结果见表 3-1-5	正确读取表格数据，正确计算按上年实际平均单位成本计算和按本年计划平均单位成本计算所得本月总成本
5	本年累计总成本栏的计算	按上年实际平均单位成本计算本年累计总成本=本年累计实际产量×上年实际平均单位成本，比如 B 产品按上年实际平均单位成本计算本年累计总成本=500×500=250 000（元）；按本年计划平均单位成本计算本年累计总成本=本月实际产量×本年计划单位成本，比如 B 产品按本年计划平均单位成本计算本年累计总成本=500×480=240 000（元）；本年实际总成本根据表 3-1-3 中总成本栏数据填写。A、C 产品与 B 产品计算方法类似，结果见表 3-1-5	正确读取表格数据，正确计算按上年实际平均单位成本计算、按本年计划平均单位成本计算所得本年累计总成本
6	完整填制表格	将前面计算所得数据填到表 3-1-4 中	所填数据与表 3-1-5 中数据完全一致
7	补充资料的计算	可比产品成本降低额=可比产品按上年实际平均单位成本计算的本年累计总成本-可比产品本年实际累计总成本=970 000-919 000=51 000（元）；可比产品成本降低率=（可比产品成本降低额/可比产品按上年实际平均单位成本计算的本年累计总成本）×100%=51 000÷970 000×100%=5.26%	正确计算可比产品成本降低额和可比产品成本降低率

表 3-1-5　　　　　　　　　　产品生产成本表

编制单位：宏达机械制造有限公司　　　　　　　202×年 12 月　　　　　　　　　金额单位：元

产品名称	计量单位	实际产量		单位成本				本月总成本			本年累计总成本		
		本月	本年累计	上年实际平均	本年计划	本月实际	本年累计实际平均	按上年实际平均单位成本计算	按本年计划单位成本计算	本月实际	按上年实际平均单位成本计算	按本年计划单位成本计算	本年实际
可比产品合计	—	—	—	—	—	—	—	95 000	92 400	88 500	970 000	942 000	919 000
A 产品	件	100	900	800	780	750	760	80 000	78 000	75 000	720 000	702 000	684 000
B 产品	件	30	500	500	480	450	470	15 000	14 400	13 500	250 000	240 000	235 000
不可比产品合计		—	—	—	—	—	—	345 000	375 000	—	3 680 000	3 520 000	—
C 产品	件	300	3 200	—	1 150	1 250	1 100	—	345 000	375 000	—	3 680 000	3 520 000
全部产品生产成本合计		—	—	—	—	—	—	437 400	463 500	—	4 622 000	4 439 000	—

【问题情境一】

宏达机械制造有限公司会计在编制产品生产成本表补充资料部分时，计算出了可比产品成本降低额和可比产品成本降低率。然而公司财务经理需要他提供可比产品成本计划降低额和可比产品成本计划降低率，从而更全面了解可比产品成本情况，那宏达机械制造有限公司会计应如何提供相关数据呢？

提示： 因"可比产品成本计划降低额=计划产量×上年平均单位成本-计划产量×计划单位成本"，在所提供资料中没有计划产量数据，故而无法计算。一般提供预算数据的单位可以查到相关数据，假设此处可比产品成本计划降低额为 37 000 元，那么可比产品成本计划降低率如下。

可比产品成本计划降低率=[可比产品成本计划降低额÷（计划产量×上年平均单位成本）]×100%=37 000÷970 000×100%=3.81%

需要注意，如果出现产品成本的超支额和超支率，则应在降低额和降低率项目中用负数填列。

【问题情境二】

宏达机械制造有限公司会计按照产品种类反映编制的产品生产成本表，公司财务经理拿到报表时却说产品材料费用、人工费用及制造费用没有体现出来，这时宏达机械制造有限公司会计应如何编制成本报表呢？

提示： 产品生产成本表是反映企业在报告期内生产的全部产品成本资料的报表。该表一般分为两种：一种按成本项目反映，另一种按产品种类反映。按成本项目反映的产品生产成本表是按成本项目汇总反映企业在报告期内发生的全部生产成本以及产品生产成本合计额的报表。按产品种类反映的产品生产成本表是按产品种类汇总反映企业在报告期内生产的全部产品的单位成本和总成本的报表。

宏达机械制造有限公司会计应根据管理需要选择合适的方式编制成本报表，但因公司财务经理需要成本项目信息，所以这时宏达机械制造有限公司会计应按照成本项目编制成本报表。

四、学习结果评价

序号	评价内容	评价标准	评价结果
1	实际产量栏的计算	能正确读取表 3-1-3 中相关信息	□是□否
		能正确填写表 3-1-4 中实际产量数据	□是□否
2	单位成本栏的计算	能正确填写表 3-1-4 中实际产量数据	□是□否
		能正确计算本月实际单位成本和本年累计实际平均单位成本	□是□否
3	本月总成本栏的计算	能正确填写表 3-1-4 中本月总成本数据	□是□否
		能正确按上年实际平均单位成本计算和按本年计划平均单位成本计算本月总成本	□是□否
4	本年累计总成本栏的计算	能正确填写表 3-1-4 中本年累计总成本数据	□是□否
		能正确按上年实际平均单位成本计算和按本年计划平均单位成本计算本年累计总成本	□是□否
5	完整填制表格	能正确填写表 3-1-4	□是□否
6	补充资料的计算	能正确计算可比产品成本降低额	□是□否
		能正确计算可比产品成本降低率	□是□否
7	总评	"是"与"否"在本次评价中所占百分比	"是"占___% "否"占___%

课后作业

一、单项选择题

1. 可比产品成本降低额的正确计算方法为（　　　）。
   A. 可比产品按上年实际平均单位成本计算的本年累计总成本-本年累计实际总成本
   B. 可比产品按上年实际平均单位成本计算的本年累计总成本-本年计划总成本
   C. 本年累计实际总成本-本年计划总成本
   D. 上年累计实际总成本-本年累计实际总成本

2. 企业编制主要产品单位成本表时应按（　　　）分别编制。
   A. 产品品种　　　　　　　　　　　B. 产品产量
   C. 产品单位成本　　　　　　　　　D. 产品总成本和产品产量

3. 对可比产品成本降低率没有影响的因素是（　　　）。
   A. 产品品种比重　　　　　　　　　B. 产品产量
   C. 产品品种比重和产品产量　　　　D. 产品单位成本

二、多项选择题

1. 在商品产品成本表中反映的指标有（　　　）。
   A. 全部商品产品的总成本　　　　　B. 全部商品产品的单位成本
   C. 主要商品产品的总成本　　　　　D. 主要商品产品的单位成本
   E. 主要商品产品的单耗

2. 编制商品产品成本表的作用有（　　　）。
   A. 考核全部商品产品成本计划的完成情况
   B. 考核主要商品产品成本计划的完成情况
   C. 分析可比产品成本降低任务的完成情况
   D. 分析不可比产品成本降低任务的完成情况
   E. 分析期间费用降低任务的完成情况

3. 商品产品成本表中，对于可比产品需要列出的单位成本有（　　　）。
   A. 上年实际平均单位成本　　　　　B. 本年计划单位成本
   C. 本月实际单位成本　　　　　　　D. 本年累计实际平均单位成本
   E. 历史最好水平单位成本

4. 在下列有关成本报表的论述中，正确的说法有（　　　）。
   A. 工业企业的成本报表是用来反映工业企业一定时期产品成本和经营管理费用水平和构成情况的报告文件
   B. 工业企业成本报表可以为企业确定产品价格、预测利润提供数据资料
   C. 工业企业的成本报表的种类、项目、格式和编制方法完全由企业自行确定
   D. 工业企业的成本报表并不是对外报送或公布的会计报表

三、案例分析题

甲企业有关产品产量、单位成本和总成本的资料如表 3-1-6 所示。

表 3-1-6 　　　　　　　　　　甲企业成本资料

编制单位：甲企业 　　　　　　　　202×年12月 　　　　　　　　　金额单位：元

产品名称		实际产量/件		单位成本		总成本	
		本月	本年累计	上年实际平均数	本年计划	本月实际	本年累计实际
可比产品	A产品	90	800	70	71	7 200	60 000
	B产品	30	500	50	48	1 200	22 000
	C产品	70	700	70	80	5 500	75 000
不可比产品	D产品	30	320		50	1 500	18 000
	E产品	60	780		80	5 000	75 000

要求：根据上述资料，编制产品生产成本表（见表3-1-7）。

表 3-1-7 　　　　　　　　　　产品生产成本表

编制单位：甲企业 　　　　　　　　202×年12月 　　　　　　　　　金额单位：元

产品名称	计量单位	实际产量		单位成本				本月总成本			本年累计总成本		
		本月	本年累计	上年实际平均	本年计划	本月实际	本年累计实际平均	按上年实际平均单位成本计算	按本年计划单位成本计算	本月实际	按上年实际平均单位成本计算	按本年计划单位成本计算	本年实际
可比产品合计													
A产品	件												
B产品	件												
C产品	件												
不可比产品合计													
D产品	件												
E产品	件												
全部产品生产成本合计													

职业能力 3-1-2　能够编制主要产品单位成本表

核心概念

主要产品单位成本表

学习目标

- 掌握主要产品单位成本表的基本结构；

- 能编制主要产品单位成本表；
- 能读取主要产品单位成本表所包含的信息；
- 树立大局意识与主业意识。

基本知识

主要产品单位成本表是指反映企业在报告期内生产的各种主要产品单位成本的水平、构成及各种主要技术经济指标执行情况的报表。该表可以考核各种主要产品单位成本计划的执行结果，分析各成本项目及各种消耗定额的变动情况，便于在生产同种产品的企业之间进行成本对比。

一、主要产品单位成本表的结构

主要产品单位成本表应按主要产品分别编制，例如A产品单位成本表、B产品单位成本表。该表是对产品生产成本表所列各种主要产品成本的补充说明，反映的信息更详细。

主要产品单位成本表由基本部分和补充资料两部分构成。基本部分主要列示两部分内容：一是产品名称、规格、计量单位、产量、销售单价等信息；二是主要产品按成本项目反映的产品单位成本的构成及其水平。其中，在单位成本部分还可以分别反映历史先进水平、上年实际平均、本年计划、本月实际和本年累计实际平均五个方面的信息。补充资料反映的是上年和本年的主要技术经济指标，此处所列示信息相对灵活，企业可以按照信息需要填列。主要产品单位成本表的内容结构及其格式如表3-1-8所示。

表3-1-8　　　　　　　　　　　主要产品单位成本表

编制单位：　　　　　　　　　　　　　202×年××月　　　　　　　　　　　　　金额单位：元

产品名称		本月计划产量		
规格		本月实际产量		
计量单位		本年累计计划产量		
销售单价		本年累计实际产量		
成本项目	历史先进水平	上年实际平均	本年计划	本月实际	本年累计实际平均
直接材料					
直接人工					
制造费用					
生产成本合计					
主要技术经济指标	耗用量	耗用量	耗用量	耗用量	耗用量
主要材料消耗/千克					
工时/小时					

二、主要产品单位成本表的编制

主要产品单位成本表的编制依据主要包括有关产品的成本明细账资料、成本计划、历年有关成本资料、上年度本表有关资料及产品产量等资料。表内项目的填列方法如下。

（1）基本部分的产品名称、规格、计量单位等根据有关产品目录填列，本月实际产量及本年累计实际产量应根据产品成本明细账或产品成本汇总表填列；销售单价应根据产品定价表填列，也可根据主营业务收入明细账资料填列。

（2）各成本项目的历史先进水平（即企业历史上单位成本水平最低年份的成本水平），应根据本企业历史上该种产品成本最低年度本表的本年累计实际平均单位成本项目填列。

（3）各成本项目的上年实际平均单位成本，根据上年度本表的本年累计实际平均单位成本项目填列。

（4）各成本项目的本年计划单位成本，应根据本年度成本计划填列。

（5）各成本项目的本月实际单位成本，应根据生产成本明细账或产品成本汇总表填列。

（6）各成本项目的本年累计实际平均单位成本，应根据该种产品的生产成本明细账所记自年初至报告期末完工入库产品实际总成本，除以本年累计实际产量计算填列。

（7）产品生产成本合计，分别按历史先进水平、上年实际平均、本年计划、本月实际以及本年累计实际平均单位成本项目组成内容的合计数额填列。需要注意的是，上述填列的各种成本项目数字，应与产品生产成本表中的各有关数字核对相符。

（8）补充资料中主要技术经济指标的数额，应根据企业会计、统计资料或上级有关部门规定的指标名称和填列方法计算填列。

能力训练

一、业务场景

乙产品为宏达机械制造有限公司所生产的主要产品，202×年12月，乙产品本月计划产量180件，本月实际产量200件，本年累计计划产量2 350件，本年累计实际产量2 450件，销售单价160元，相关成本资料如表3-1-9所示。

表3-1-9　　乙产品成本信息

编制单位：宏达机械制造有限公司　　　　202×年12月　　　　单位：元

成本项目	历史先进水平平均单位成本	上年实际平均单位成本	本年计划平均单位成本	本月实际平均单位成本	本年累计实际平均单位成本
直接材料	66	67	67	68	67
直接人工	29	29	30	30	30
制造费用	38	38	38	39	36
合计	133	134	135	137	133

要求：根据上述资料，编制主要产品单位成本表（见表3-1-10）。

表3-1-10　　主要产品单位成本表

编制单位：宏达机械制造有限公司　　　　202×年12月　　　　金额单位：元

产品名称		本月计划产量	
规格		本月实际产量	
计量单位		本年累计计划产量	
销售单价		本年累计实际产量	
成本项目	历史先进水平	上年实际平均	本年计划	本月实际	本年累计实际平均
直接材料					
直接人工					
制造费用					
生产成本合计					

二、注意事项

（1）准确读取表格数据。

（2）灵活运用表格反映相关信息。

三、操作过程

序号	操作步骤	操作方法及说明	操作标准
1	工作准备	认真阅读案例所给表格及文字资料，准备计算器、笔、纸等文具	读懂表格资料，桌面整洁、有序
2	基本信息填列	根据案例资料文字部分填列	正确读取数据资料信息
3	成本项目填列	成本项目中历史先进水平栏根据表 3-1-9 历史先进水平平均单位成本栏填写，上年实际平均栏根据表 3-1-9 上年实际平均单位成本栏填写，本年计划栏根据表 3-1-9 本年计划平均单位成本栏填写，本月实际栏根据表 3-1-9 本月实际平均单位成本栏填写，本年累计实际平均栏根据表 3-1-9 本年累计实际平均单位成本栏填写	正确读取表格数据，正确填写表格内容
4	完整填制表格	将前面序号 2～3 步数据填到表 3-1-10 中	所填数据与表 3-1-11 中数据完全一致
5	补充资料填列	本案例中没有给用量等相关信息，故而可不填写	灵活处理表格内容

表 3-1-11　　　　　　　　　　主要产品单位成本表

编制单位：宏达机械制造有限公司　　　　　　　　202×年 12 月　　　　　　　　　　　金额单位：元

产品名称	乙产品		本月计划产量		180
规格	—		本月实际产量		200
计量单位	件		本年累计计划产量		2 350
销售单价	160		本年累计实际产量		2 450
成本项目	历史先进水平	上年实际平均	本年计划	本月实际	本年累计实际平均
直接材料	66	67	67	68	67
直接人工	29	29	30	30	30
制造费用	38	38	38	39	36
生产成本合计	133	134	135	137	133

【问题情境一】

在编制宏达机械制造有限公司主要产品单位成本表时，表 3-1-9 中已经给出单位成本，故不需要计算，如果此处没有单位成本数据，一般怎么计算呢？

提示：单位成本=总成本/产量。比如在求历史先进水平栏数据时，应该采用的是有成本资料数据以来，算出来的历年单位成本数据中最小的数值。

【问题情境二】

在编制宏达机械制造有限公司主要产品单位成本表时，有同学认为有本年计划数值没有上年计划数值，是不是可以添加一列"上年计划数"。宏达机械制造有限公司会计将上年计划数值单独列在了表中，财务经理看后说，表中上年计划数值没有意义，可以删除。为什么呢？

提示：计划成本是指根据计划期内的各种消耗定额和费用预算以及有关资料预先计算的成本。它反映计划期产品成本应达到的标准，是计划期在成本方面的努力目标。实际成本又称历史成本，是指取得或制造某项财产物资时所实际支付的现金或者现金等价物。

一般在涉及计划成本和实际成本选用时，如果有实际成本数据，就很少采用计划成本数据。

四、学习结果评价

序号	评价内容	评价标准	评价结果
1	基本信息填列	能正确读取案例资料中相关信息	□是□否
		能正确填写表 3-1-10 中的基本信息	□是□否
2	成本项目填列	能正确填写表 3-1-10 中的成本项目数据	□是□否
		能结合要求填写主要技术经济指标	□是□否
3	完整填制表格	能正确填写表 3-1-10 中的数据	□是□否
4	总评	"是"与"否"在本次评价中所占百分比	"是"占____%　　"否"占____%

课后作业

一、单项选择题

1. 企业编制主要产品单位成本表时应按（　　　）分别编制。

　　A. 产品品种　　　　　　B. 成本项目　　　　　　C. 产品种类　　　　　　D. 核算对象

2. 主要产品单位成本表中的历史先进水平是指（　　　）。

　　A. 企业历史上单位成本水平最低年份的成本水平

　　B. 企业历史上单位成本水平最高年份的成本水平

　　C. 企业开业第一年的单位成本水平

　　D. 与其他企业相比单位成本较低年份的成本水平

3. 在主要产品单位成本表中不需要反映的指标是（　　　）。

　　A. 上年实际平均单位成本　　　　　　　　B. 本年计划单位成本

　　C. 本月实际单位成本　　　　　　　　　　D. 本月实际总成本

4. 不在主要产品单位成本表中反映的指标有（　　　）。

　　A. 上年实际平均单位成本　　　　　　　　B. 本年计划总成本

　　C. 本月实际单位成本　　　　　　　　　　D. 本月计划总成本

二、判断题

1. 主要产品单位成本表是按成本项目反映的产品生产成本表的进一步补充。（　　　）

2. 主要产品单位成本表中的一些数字可以在产品生产成本表中找到。（　　　）

职业能力 3-1-3　能够编制制造费用明细表

核心概念

制造费用明细表　降低额　降低率

学习目标

- 掌握制造费用明细表的基本结构；
- 能编制制造费用明细表；

- 能读取制造费用明细表所包含的信息；
- 具有勤俭节约与降本增效的意识。

基本知识

制造费用明细表是指反映企业在报告期内发生的制造费用及其构成情况的报表。制造费用明细表一般只反映基本生产车间的制造费用。

一、制造费用明细表的结构

制造费用明细表一般按制造费用项目反映上年实际数、本年实际数、本年计划数及本年制造费用降低额、本年制造费用降低率。降低额是指一定时期内的实际成本（或费用）小于计划成本（或费用）的数额，是反映成本降低情况的绝对数指标。降低率一般是指一定时期内的实际成本（或费用）与计划成本（或费用）相比较的增长幅度，是反映成本降低情况的相对数指标。

有些企业在编制时也会将制造费用项目分为变动制造费用和固定制造费用两大类。制造费用明细表的一般格式如表 3-1-12 所示。

表 3-1-12　　　　　　　　　　　制造费用明细表

编制单位：　　　　　　　　　　　202×年××月　　　　　　　　　　单位：元

	项目	上年实际数	本年实际数	本年计划数	降低额	降低率
1	职工薪酬					
2	折旧费					
3	修理费					
4	办公费					
5	水电费					
6	机物料消耗					
7	低值易耗品					
8	保险费					
9	停工损失					
10	其他					
	合计					

编制制造费用明细表具有以下作用：一是可以按费用项目分析制造费用本年实际数相较于上年同期实际数的增减变化情况，在表中列有本月计划数的情况下，月末还可以分析本月计划的执行结果；二是可以在年度内按照制造费用项目分析制造费用年度计划的执行情况，预测年末制造费用的节约或超支情况，以便采取措施，将制造费用控制在年度计划之内；三是可以分析本年累计实际制造费用的构成情况，并与上年同期实际构成情况和计划构成情况比较，分析制造费用构成的发展变化情况和原因。因此，编制制造费用明细表对企业具有重要意义。

二、制造费用明细表的编制

制造费用明细表的具体编制方法如下。

（1）上年实际数应根据上年同期本表的本年实际数填列，也可以依据上年制造费用明细账填列。

（2）本年实际数应根据制造费用总账科目所属各基本生产车间制造费用明细账的本年合计数汇总计算填列。

（3）本年计划数应根据本年制造费用计划数填列。

（4）降低额依据本年计划数和本年实际数的差额填列。

（5）降低率依据降低额与本年计划数的比值填列。

需要注意的是，制造费用明细表没有固定格式，有些企业在年中也会编制，有时需要填写本月数据，填写方法类似。另外，除了编制制造费用明细表，有些企业还会编制其他费用报表，比如管理费用明细表，整体编制方法类似，依据企业需要信息，设计和填列表格内容。

能力训练

一、业务场景

表 3-1-13 为宏达机械制造有限公司编制的制造费用明细表，表中主要列示了制造费用的本年计划数、上年同期实际数、本月实际数、本年累计实际数等信息，因财务决策需要提报相关制造费用本年的降低额和降低率，请将计算结果填入表格中。

表 3-1-13   制造费用明细表

编制单位：宏达机械制造有限公司   202×年 12 月   单位：元

	项目	本年计划数	上年同期实际数	本月实际数	本年累计实际数	降低额	降低率
1	职工薪酬	85 600	6 856	7 289	86 520		
2	折旧费	98 600	8 089	8 357	99 840		
3	修理费	30 200	2 765	2 538	30 500		
4	办公费	32 560	2 682	2 520	30 240		
5	水电费	45 700	3 708	3 800	45 650		
6	机物料消耗	28 500	2 257	2 199	27 260		
7	劳动保护费	42 400	3 608	3 423	40 300		
8	其他	36 540	3 854	3 654	28 715		
	合计	400 100	33 819	33 780	389 025		

二、注意事项

（1）数据信息读取准确无误，计算细致认真。

（2）应灵活运用表格反映相关信息。

三、操作过程

序号	操作步骤	操作方法及说明	操作标准
1	工作准备	认真阅读案例所给表格及文字资料，准备计算器、笔、纸等文具	读懂表格资料，桌面整洁、有序
2	降低额的计算	降低额=本年计划数-本年累计实际数。职工薪酬的降低额=85 600-86 520=-920（元），办公费的降低额=32 560-30 240=2 320（元）。需要注意，如果降低额为负数，说明实际数比计划数多，超支了；如果为正数，说明实际数比计划数少，节约了。其他项目的降低额计算方法类似，具体结果见表 3-1-14 降低额栏	正确读取数据资料信息并计算

续

序号	操作步骤	操作方法及说明	操作标准
3	降低率的计算	降低率=降低额÷本年计划数。职工薪酬的降低率=（−920÷85 600）×100%=−1.07%，制造费用总的降低率=（11 075÷400 100）×100%=2.77%。其他项目的降低率计算方法类似，具体结果见表 3-1-14 降低率栏	依据降低额计算结果正确计算降低率
4	完整填制表格	将前面序号 2~3 步数据填到表 3-1-13 中	所填数据与表 3-1-14 中数据完全一致

表 3-1-14　　　　　　　　　　　制造费用明细表

编制单位：宏达机械制造有限公司　　　　　　　202×年 12 月　　　　　　　　　　单位：元

	项目	本年计划数	上年同期实际数	本月实际数	本年累计实际数	降低额	降低率
1	职工薪酬	85 600	6 856	7 289	86 520	−920	−1.07%
2	折旧费	98 600	8 089	8 357	99 840	−1 240	−1.26%
3	修理费	30 200	2 765	2 538	30 500	−300	−0.99%
4	办公费	32 560	2 682	2 520	30 240	2 320	7.13%
5	水电费	45 700	3 708	3 800	45 650	50	0.11%
6	机物料消耗	28 500	2 257	2 199	27 260	1 240	4.35%
7	劳动保护费	42 400	3 608	3 423	40 300	2 100	4.95%
8	其他	36 540	3 854	3 654	28 715	7 825	21.41%
	合计	400 100	33 819	33 780	389 025	11 075	2.77%

【问题情境一】

宏达机械制造有限公司在编制制造费用明细表（见表 3-1-14）时，制造费用分为 8 项。在实际工作中，如果制造费用项目繁多，制造费用二级科目设置得多，那么在编制制造费用明细表时该如何处理呢？

提示：制造费用二级科目根据企业需要设置，一般会有工资、职工福利费、职工教育经费、修理费、办公费、低值易耗品摊销、租赁费、运输费、差旅费、水电费、车辆费、保险费、折旧费、通信费等，有些企业核算得更为详细，明细科目有几十个，那在编制造费用明细表时，因项目多，有时就需要梳理项目。比如，可以将项目分为变动制造费用、固定制造费用，也可以将制造费用项目中比重较大的项目单独列出，将其他比重较小的项目通过其他列示。需要注意的是，这里的制造费用明细表与财务处理中的账表是不一样的，这里的制造费用明细表内容更多。

【问题情境二】

计算制造费用明细表中降低额和降低率，主要采用什么方法？

提示：比较分析法。制造费用明细表中的降低额和降低率采用比较分析法计算而来。比较分析法是通过实际数与基数的对比来提示实际数与基数之间的差异，借以反映经济活动的成绩和问题的一种分析方法。表中的降低额就是计划数与实际数相减得出的。

四、学习结果评价

序号	评价内容	评价标准	评价结果
1	降低额的计算及填列	能正确读取案例资料中相关信息	□是□否
		能正确计算降低额	□是□否
2	降低率的计算及填列	能正确读取案例资料中相关信息	□是□否
		能正确计算降低率	□是□否
3	完整填制表格	能正确填写表 3-1-13	□是□否
4	总评	"是"与"否"在本次评价中所占百分比	"是"占___％　"否"占___％

课后作业

一、单项选择题

1. 下列不是期间费用明细表的是（　　　）。

　　A. 管理费用明细表　　　　　　　　B. 销售费用明细表

　　C. 生产情况表　　　　　　　　　　D. 财务费用明细表

2. 关于降低率的描述不正确的是（　　　）。

　　A. 一般是指一定时期内的实际成本与计划成本相比较的增长幅度

　　B. 反映成本降低情况的相对数指标

　　C. 制造费用降低率是制造费用降低额与制造费用本年实际数的比值

　　D. 制造费用降低率是制造费用降低额与制造费用本年计划数的比值

3. 企业利息支出的本年累计实际数为 58 000 元，本年计划数为 60 000 元，本年利息收入为 3 520 元，则本年累计实际支出与计划数相比（　　　）。

　　A. 节约 2 000 元　　B. 节约 5 520 元　　C. 超支 1 520 元　　D. 节约 1 520 元

二、多项选择题

1. 制造费用明细表一般反映（　　　）。

　　A. 制造费用的本年累计实际数　　　B. 制造费用的本年实际数

　　C. 制造费用的本月实际数　　　　　D. 制造费用的上年同期实际数

2. 反映费用成本的报表主要有（　　　）。

　　A. 管理费用明细表　　　　　　　　B. 制造费用明细表

　　C. 商品成本明细表　　　　　　　　D. 主要产品单位成本明细表

三、判断题

1. 财务费用明细表是企业在一定期间内发生的财务费用及其构成情况的报表。（　　　）

2. 销售费用明细表反映的信息完全来自销售费用明细账。（　　　）

工作任务 3-2　成本报表分析

职业能力 3-2-1　能够进行产品成本计划完成情况分析

核心概念

成本分析　成本降低额　成本降低率

学习目标

- 掌握成本分析方法；
- 能正确计算产品成本降低额和降低率；
- 能对产品成本计划完成情况进行分析；
- 树立远大目标，努力实现个人梦与中国梦。

基本知识

成本分析是利用核算资料及其他有关资料，对成本水平与构成的变动情况进行分析，系统研究影响成本升降的各因素及其变动的原因，从而寻找降低成本途径的过程。它是成本管理工作的重要环节。成本分析有利于企业正确认识、掌握和运用成本变动的规律，实现降低成本的目标；有助于进行成本控制，正确评价成本计划完成情况；还可为制定成本计划、经营决策提供重要依据，指明成本管理工作的努力方向。

一、成本分析方法

（1）对比分析法。对比分析法也称比较分析法，是通过实际数与基数的对比来提示实际数与基数之间的差异，借以反映经济活动的成绩和问题的一种分析方法。通过比较，企业可以对指标的一般状况进行评价，可以找到进一步分析的方向。对比分析法是一种最基本的分析方法，其他各种分析方法都是以对比分析法为基础的。运用对比分析法的关键是选定基数，也就是选定比较的标准。一般常用的比较形式有以下几种。

① 实际指标与计划指标或定额数相比较。这种对比可以确定企业成本计划指标或定额数的完成情况，为进一步进行成本分析指明方向。

② 实际指标与前期指标相比较。这种对比可以揭示成本指标的发展趋势和发展速度，借以观察企业生产经营管理水平的提高程度。

③ 本企业指标与同类企业指标相比较。这种对比可以表示企业的先进（落后）程度及其与同类企业的差距，借以判断企业的成本管理水平，为学习先进、挖掘潜力指明方向，促进企业和广大员工向更高的目标努力。

④ 对预测方案进行决策时的分析对比。通过这种对比，企业可以判断不同决策方案的经济性、可行性，以便从中选取较优方案。这种方法在实际工作中得到广泛应用。例如企业生产中所用的零配件，在既可以自制也可以外购的情况下，一般要通过对两种方案的差别成本进行比较，选择成本较低的方案为较优方案。

在运用对比分析法时，必须注意成本指标要有可比性，即对比指标的计算口径、计价基础和时间单位等要一致，这是正确运用对比分析法的前提。

（2）比率分析法。比率分析法是将企业同一时期具有内在联系的技术经济指标相对比，计算各种技术经济指标的比率，据以分析成本活动的质量、水平和结构的分析方法。根据分析的不同内容和不同要求，比率分析法又分为相关比率分析、构成比率分析、动态比率分析三种不同形式。

① 相关比率分析。相关比率分析是将两种性质不同但又相关的指标进行对比，计算相关指标间的比率，以便从经济活动的客观联系中，深入地认识企业的生产经营状况的方法。如将利润与成本相比较计算的成本利润率，可以反映每消耗 1 元成本所获得的盈利。相关比率的计算公式如下。

$$相关比率=（某项经济指标的绝对值/另一有联系的某经济指标的绝对值）\times 100\%$$

② 构成比率分析。构成比率分析是根据某个经济指标的各个组成部分在总体中所占的比重，来分析其构成内容的变化，以便进一步掌握该项经济活动的特点和变化趋势的方法。通过了解这些构成变化与技术改造、经营管理之间的关系，企业可以确定加强管理的重点。计算分析各成本项目占总成本的比重在报告期的变动，可以为寻求最佳成本结构或通过调整成本结构而达到降低成本的目的提供有益的信息。

③ 动态比率分析。动态比率分析是将连续若干时期同类成本指标的数据进行对比，揭示该项成本指标的发展方向和增减速度，以观察成本费用的变化趋势的一种分析方法，也称趋势分析法。动态比率又分为定基比率和环比比率两种。

定基比率也称定基发展速度，它以某一时期的数量为基数，将分析期各个时期的数量都和基期相比，计算各个时期较基期的增减比率。环比比率也称环比发展速度，它将分析期各个时期的数量都和其前一期数量对比，计算其较前一期的增减比率。其计算公式如下。

$$定基发展速度=（报告期发展水平/某一固定基期发展水平）\times 100\%$$
$$环比发展速度=（报告期发展水平/上期发展水平）\times 100\%$$

（3）因素分析法。因素分析法又称经验分析法，是一种定性分析方法，主要指根据价值工程对象选择应考虑的各种因素，凭借分析人员的知识和经验集体研究确定选择对象的一种方法。该方法简单易行，要求价值工程人员对产品熟悉，经验丰富，在研究对象彼此相差较大或时间紧迫的情况下比较适用，缺点是无定量分析、主观影响大。因素分析法包括连环替代法和差额分析法，在进行成本分析时用得较多的方法是连环替代法，它是把综合经济指标分解为若干经济因素，然后分别测定各个因素变动对综合经济指标影响程度的一种分析方法。

采用连环替代法测定各个因素对综合指标的影响程度时，要假定其中某一个因素变化，其他因素不变，从而求出一种新的组合，新组合和原组合之间的差异，就是变化因素对综合经济指标的影响程度。按照一定顺序，依次用变化因素的数值代替原值，以分别测定各个因素的变化对综合指标的影响程度。连环替代法的一般计算程序如下。

① 根据各个因素之间的数学运算关系，列出计算公式。

② 按照一定的替代顺序，依次以每个因素的实际数替换基数，有几个因素就替换几次。每次替换后要计算出替代指标，然后用替代指标减去替换前的指标，差额就代表该替换因素对实际数与基数之间差异的影响程度。

③ 将各个因素的影响值相加，得到指标的实际数与基数之间的总差额。

这种方法是依次用各个因素的实际数替换基数，直至把各因素替换完为止，所以也称为连环替代法。

差额分析法是在经济活动分析中，确定引起某个经济指标变动的各个因素的影响程度的一种计算方法。与连环替代法内容相同，在几个相互联系的因素共同影响着某一个经济指标的情况下，可应用这一方法计算各个因素对该经济指标发生变动的影响程度。

二、全部产品成本计划完成情况分析

成本计划完成情况分析，是指对企业成本计划完成情况进行分析。进行成本计划完成情况分析的目的是找出影响企业成本计划完成情况的因素，从而找出影响成本升降的因素。在进行分析时，首先应从全部产品成本计划完成情况进行分析，这样有利于从总体上把握成本计划完成情况。

对全部产品成本计划完成情况分析主要通过计算降低额与降低率进行。其中全部产品成本降低额为全部产品的实际产量乘以计划单位成本与全部产品的实际产量乘以实际单位成本的差额。全部产品成本降低率为全部产品成本降低额与全部产品的实际产量乘以计划单位成本的比值。

三、可比产品成本降低计划完成情况分析

可比产品是指企业过去生产过并且有着完整的成本资料的产品。分析可比产品成本降低计划完成情况，可以检查企业成本降低工作的成绩。进行分析时可以从计划和实际两个方面进行，具体公式如下。

可比产品成本计划降低额=计划产量×上年平均单位成本-计划产量×计划单位成本

可比产品成本计划降低率=[可比产品成本计划降低额/（计划产量×上年平均单位成本）]×100%

可比产品成本实际降低额=实际产量×上年平均单位成本-全部可比产品本年实际总成本

可比产品成本实际降低率=[可比产品成本实际降低额/（实际产量×上年平均单位成本）]×100%

四、影响可比产品成本计划完成情况的因素分析

通过总括分析，企业可以对可比产品成本降低计划完成情况有一定了解，在此基础上还必须对影响可比产品成本降低计划完成情况的具体因素进行分析。影响企业可比产品成本降低计划完成情况的因素主要有产品产量、产品品种结构和产品单位成本等。

（1）产品产量的影响。产品成本计划降低额是按照产品计划产量计算的，而实际降低额是按照实际产量计算的。因此，在其他条件不变的情况下，产量的增减会影响到成本降低额，但不会引起成本降低率的变化。

产量变动对成本降低额的影响=[∑（实际产量×上年实际单位成本）-∑（计划产量×上年实际单位成本）]×计划成本降低率

（2）产品品种结构的影响。全部可比产品成本降低率实际上是以各种产品个别成本降低率为基础来计算的，由于各种可比产品成本降低率不同，如果成本降低率大的产品在全部产品中的比重提高，全部产品成本降低率和成本降低额就会增加；如果成本降低率小的产品在全部产品中的比重降低，成本降低额和降低率就会减少。

产品品种结构对成本降低额的影响可以用结构变动后的降低额减去结构变动前的降低额反映，计算公式如下。

产品品种结构变动对成本降低额的影响=[∑（实际产量×上年实际单位成本）-∑（实际产量×计划单位成本）]-∑（实际产量×上年实际单位成本）×计划成本降低率

产品品种结构变动对成本降低率的影响=品种结构变动对成本降低额的影响数/∑（实际产量×上年实际单位成本）

（3）产品单位成本的影响。可比产品成本计划降低额和实际降低额分别是以计划单位成本和实际单位成本为基础与上年实际单位成本比较得出的。因此，产品单位成本的变动必然会影响产品成本降低计划完成情况。实际单位成本比计划单位成本下降得越多，成本降低额和降低率就越大；实际单位成本比计划单位成本下降得越少，成本降低额和降低率就越小。其公式如下。

单位成本变动对成本降低额的影响=∑［实际产量×（本年计划单位成本-实际单位成本）］

单位成本变动对成本降低率的影响=单位成本变动对成本降低额的影响/∑（实际产量×实际单位成本）

可比产品成本计划降低额和降低率是根据各种产品的计划产量确定的，实际降低额和降低率是根据实际产量计算的。在产品品种结构和产品单位成本不变的情况下，产量增减会使成本降低额同比例增减，因而不会使成本降低率发生变化（成本降低率计算公式中的分子和分母发生同比例变动）。产品单位成本变动，则会引起成本降低额和降低率同时变动。产品单位成本降低使成本降低额和降低率增加；产品单位成本提高使成本降低额和降低率减少。此外，由于各种产品的成本降低程度不同，因而产品品种结构变化，也会影响成本降低额和降低率同时发生变动。成本降低程度大的产品比重增加，会使成本降低额和降低率增加；成本降低程度小的产品比重减少，会使成本降低额和降低率减少。

📝 能力训练

一、业务场景
表 3-2-1 为宏达机械制造有限公司产品生产成本表，列示了相关产品成本信息。

表 3-2-1　　　　　　　　　产品生产成本表

金额单位：元

产品名称	计量单位	实际产量		单位成本				本月总成本			本年累计总成本		
		本月	本年累计	上年实际平均	本年计划	本月实际	本年累计实际平均	按上年实际平均单位成本计算	按本年计划单位成本计算	本月实际	按上年实际平均单位成本计算	按本年计划单位成本计算	本年实际
可比产品合计								705 600	706 560	678 960	8 515 500	8 498 800	8 416 830
A 产品	件	1 200	14 500	579	578.4	557.1	572.54	694 800	696 480	668 520	8 395 500	8 386 800	8 301 830
B 产品	台	180	2 000	60	56	58	57.5	10 800	10 080	10 440	120 000	112 000	115 000
不可比产品合计								760		720	7 600		7 200
C 产品	台	20	200		38	36	35.5	760		720	7 600		7 200
全部产品生产成本合计								707 320		679 680	8 506 400		8 424 030

补充资料：

① 可比产品成本降低额为 98 670 元（本年计划降低额为 17 800 元），可比产品成本降低率为 1.159%（本年计划降低率为 0.202%）；

② 某企业生产 A、B 两种产品，共同耗用甲种材料，其实际成本为 10 000 元，两种产品的

原材料费用定额为 A 产品 8 元，B 产品 4 元；当月的实际产量为 A 产品 600 件，B 产品 800 台。

要求：

（1）根据上述资料，计算该企业全部可比产品的成本降低额和降低率。

（2）用连环替代法分别计算产品产量、产品品种结构和产品单位成本三个因素变动对可比产品成本降低计划执行结果的影响程度。

二、注意事项

（1）保持认真钻研、不畏困难的工作态度。

（2）数据信息读取准确无误，计算细致认真。

三、操作过程

序号	操作步骤	操作方法及说明	操作标准
1	工作准备	认真阅读案例表格资料，准备计算器、笔、纸等文具	读懂表格资料，桌面整洁、有序
2	计算实际降低额与降低率	可比产品成本比上年实际降低额=8 515 500-8 416 830=98 670（元） 可比产品成本比上年实际降低率=98 670÷8 515 500×100%=1.159%	正确计算实际降低额和实际降低率
3	与计划降低额和降低率比较	根据表 3-2-1 补充资料对可比产品成本降低额计划执行结果进行分析可知 98 670-17 800=80 870（元），对可比产品成本降低率计划执行结果分析可知 1.159%-0.202%=0.957%。成本降低额和成本降低率均超额完成计划	正确读取表格数据，能对数据进行简单的对比分析
4	分析产品产量对可比产品成本降低计划执行结果的影响	产品产量变动对成本降低额的影响可按下列公式计算：产品产量变动对成本降低额的影响=∑（本期实际产量×上年实际平均单位成本）×计划降低率-计划降低额=8 515 500×0.202%-17 800=-598.69（元）。由于产量减少，实际成本降低额减少 598.69 元，对成本降低率无影响	能正确运用公式计算产品产量变动对成本降低额的影响和成本降低率的影响
5	分析产品品种结构对可比产品成本降低计划执行结果的影响	产品品种结构变动对成本降低额的影响=∑（本期实际产量×上年实际平均单位成本）-∑（本期实际产量×本年计划单位成本）-∑（本期实际产量×上年实际平均单位成本）×计划降低率=8 515 500-8 498 800-8 515 500×0.202%=-501.31（元）；产品品种结构变化对成本降低率的影响=成本降低额的影响/∑（本期实际产量×上年实际平均单位成本）×100%=-501.31÷8 515 500×100%≈-0.006%。由于品种结构变动，实际成本降低额减少 501.31 元，降低率减少 0.006%，影响不大	能正确运用公式计算产品品种结构变动对成本降低额的影响和成本降低率的影响
6	分析产品单位成本对可比产品成本降低计划执行结果的影响	产品单位成本变动对成本降低额的影响=∑（本期实际产量×本期计划单位成本）-∑（本期实际产量×本期实际单位成本）=8 498 800-8 416 830=81 970（元）；产品单位成本变动对成本降低率的影响=产品单位成本变动对成本降低额的影响/∑（本期实际产量×上年实际平均单位成本）×100%=81 970÷8 515 500×100%≈0.963%。由于产品单位成本的变动，实际成本降低额增加 81 970 元，降低率增加 0.963%	能正确运用公式计算产品单位成本变动对成本降低额的影响和成本降低率的影响
7	影响因素总体评价	可比产品实际成本降低率为 1.159%，超过计划要求的 0.202%，超额降低 0.957%；实际降低额为 98 670 元，超过计划要求的 17 800 元，超额降低 80 870 元。由于产品产量减少，实际成本降低额减少 598.69 元；由于产品品种结构变动，实际成本降低额减少 501.31 元，降低率减少 0.006%，影响不大；由于产品单位成本的变动，实际成本降低额增加 81 970 元，降低率增加 0.963%。在单位成本变动的影响下，A 产品单位成本又较大幅度降低，使可比产品成本降低 84 970 元，而 B 产品单位成本比计划有所上升，使可比产品成本上升 3 000 元。说明该企业在降低成本方面取得了一定的成绩，但是也存在不足，B 产品未完成成本降低任务，应进一步查明原因	能结合前面计算结果总体分析影响因素

【问题情境一】

对宏达机械制造有限公司影响可比产品成本降低计划情况的因素进行分析，说明产品产量、产品品种结构、产品单位成本变动与成本降低额与成本降低率之间有怎样的规律。

提示：（1）产品产量与成本降低额同方向变化，对成本降低率没有影响。

（2）产品品种结构：成本降低幅度大的产品在全部可比产品产量中所占比重比计划增加，成本降低率和成本降低额会增加；成本降低幅度大的产品在全部可比产品产量中所占比重比计划减少，成本降低率和成本降低额会减小。

（3）产品单位成本与成本降低额和成本降低率同方向变化。

【问题情境二】

宏达机械制造有限公司会计在运用连环替代法进行成本分析时，先替换材料单价，然后替换产品产量，最后替换单位产品材料消耗量。财务经理看后说替换的顺序错了，分析结果不对。宏达机械制造有限公司会计应该怎样处理呢？

提示：因素分析法是依据分析指标与其影响因素的关系，从数量上确定各因素对分析指标的影响方向和影响程度的一种方法。使用因素分析法时应当注意：因素分解的关联性；因素替换的顺序性；顺序替换的连环性；计算结果的假定性。由于因素分析法计算的各因素变动的影响数，会因替换计算顺序的不同而有差别，因此计算结果不免带有假定性，即它不可能使每个因素计算的结果都绝对准确。使用因素分析法分析某一因素对分析指标的影响时，假定其他因素都不变，顺序确定每一个因素单独变化产生的影响。

连环替换法替换因素排序的一般原则：先换量的因素，再换质的因素；并按照影响指标的重要程度来安排各因素的替换顺序，先替换主要因素，后替换次要因素。

四、学习结果评价

序号	评价内容	评价标准	评价结果
1	计算实际降低额与降低率	能正确计算可比产品成本实际降低额	□是□否
		能正确计算可比产品成本实际降低率	□是□否
2	与计划降低额和降低率比较	能正确读取表 3-2-1 补充资料信息	□是□否
		能正确分析比较实际与计划执行情况	□是□否
3	分析产品产量对可比产品成本降低计划执行结果的影响	能正确计算产品产量对可比产品成本降低计划执行结果的影响	□是□否
		能对影响情况进行分析	□是□否
4	分析产品品种结构对可比产品成本降低计划执行结果的影响	能正确计算产品品种结构对可比产品成本降低计划执行结果的影响	□是□否
		能对影响情况进行分析	□是□否
5	分析产品单位成本对可比产品成本降低计划执行结果的影响	能正确计算产品单位成本对可比产品成本降低计划执行结果的影响	□是□否
		能对影响情况进行分析	□是□否
6	影响因素总体评价	能正确结合 1~5 步对影响可比产品成本计划完成情况的因素进行分析	□是□否
7	总评	"是"与"否"在本次评价中所占百分比	"是"占＿＿% "否"占＿＿%

课后作业

一、单项选择题

1. 成本管理中的成本分析主要是指（　　　）。

    A. 事前的成本分析　B. 事中的成本分析　C. 事后的成本分析　D. 成本的总括分析

2. 下列不属于成本分析的基本方法的是（　　　）。

    A. 对比分析法　　　B. 产量分析法　　　C. 因素分析法　　　D. 相关分析法

3. 根据实际成本指标与不同时期的指标对比，来揭示差异，分析差异产生原因的方法称为（　　　）。

    A. 因素分析法　　　B. 差额分析法　　　C. 对比分析法　　　D. 相关分析法

4. 企业在进行成本分析时，计算成本利润率指标时，所采用的分析方法是（　　　）。

    A. 对比分析法　　　B. 重点分析法　　　C. 因素分析法　　　D. 比率分析法

5. 在进行全部商品产品成本分析时，计算成本降低率时，是用成本降低额除以（　　　）。

    A. 按计划产量计算的计划总成本　　　B. 按计划产量计算的实际总成本

    C. 按实际产量计算的计划总成本　　　D. 按实际产量计算的实际总成本

6. 在进行可比产品成本降低计划完成情况分析时，产品品种结构的变动（　　　）。

    A. 只影响成本降低额，不影响成本降低率

    B. 只影响成本降低率，不影响成本降低额

    C. 既影响成本降低额，也影响成本降低率

    D. 既不影响成本降低额，也不影响成本降低率

    E. 可能影响成本降低率，但不一定影响成本降低额

二、多项选择题

1. 成本分析一般包括（　　　）。

    A. 成本的事前分析　B. 成本的事中分析　C. 成本的事后分析　D. 成本的一般分析

    E. 成本的总括分析

2. 采用对比分析法时，可采取的形式有（　　　）。

    A. 绝对数对比　　　B. 相对数对比　　　C. 定额与实际对比　　　D. 定额与标准对比

    E. 增减差额对比

3. 在进行全部商品产品成本计划完成情况分析时，需要计算的指标有（　　　）。

    A. 全部商品产品成本降低额　　　　B. 全部商品产品成本降低率

    C. 可比产品成本降低额　　　　　　D. 可比产品成本降低率

    E. 不可比产品成本降低额

4. 在进行可比产品成本分析时，需要计算的各项指标包括（　　　）。

    A. 可比产品成本实际降低额　　　　B. 可比产品成本实际降低率

    C. 可比产品成本计划降低额　　　　D. 可比产品成本计划降低率

    E. 可比产品成本上年度降低额和降低率

5. 影响可比产品成本降低计划完成情况的因素主要有（　　　）。

    A. 产品单位成本　　　　　　　　　B. 产品单位利润

    C. 产品单位税金　　　　　　　　　D. 产品品种结构

    E. 产品产量

6. 在进行可比产品成本降低计划完成情况分析时，对于产品单位成本的变动，下列说法正确的有（　　）。

A. 产品单位成本的变动影响成本降低额

B. 产品单位成本的变动影响成本降低率

C. 产品单位成本的变动不影响成本降低额

D. 产品单位成本的变动不影响成本降低率

E. 产品单位成本的变动既不影响成本降低额，也不影响成本降低率

7. 在计算可比产品成本计划降低额时，需要计算的指标有（　　）。

A. 实际产量按上年实际单位成本计算的总成本

B. 实际产量按本年实际单位成本计算的总成本

C. 计划产量按上年实际单位成本计算的总成本

D. 计划产量按本年计划单位成本计算的总成本

E. 实际产量按本年计划单位成本计算的总成本

三、案例分析题

某企业生产乙产品，乙产品的直接材料费用情况如表 3-2-2 所示。

表 3-2-2　　　　　　　　　　　　　　乙产品的直接材料费用情况

项目	单位	计划数	实际数	差异
产品产量	件	120	150	+30
单位产品材料消耗用量	千克	20	18	-2
材料单价	元	5	6	+1
材料消耗总额	元	12 000	16 200	+4 200

要求：由表 3-2-2 可知，材料消耗总额实际比计划超支 4 200 元，请采用因素分析法分析材料费用超支具体受哪些因素的影响并计算影响额。

职业能力 3-2-2　能够进行主要产品单位成本表分析

核心概念

主要产品单位成本表分析

学习目标

- 掌握主要产品单位成本分析的方法；
- 能正确计算各成本项目对主要产品单位成本的影响；
- 能结合计算结果分析主要产品单位成本表；
- 培养辩证思维能力，能够分析现实问题。

前面主要介绍对全部产品或者可比产品进行分析，然而每个企业都有主要产品，因此对主要产品单位成本进行分析也非常重要。在对产品成本进行综合分析的基础上，必须进一步对主要产品的单位成本进行分析，把综合分析的一般认识具体到各种产品上，加以检验，提高认识，以便更加深入具体地研究成本计划的完成情况和产品成本变动趋势。

对主要产品单位成本表进行分析时应选择成本超支或者节约较多的产品作为重点进行分析，这样便于抓住重点、深入探究超支或节约的原因。对主要产品单位成本表进行分析时，可以依据主要产品单位成本表中本期实际的生产成本与其他各种成本进行分析，然后再按照成本项目进行具体分析。

表 3-2-3 为宏达机械制造有限公司 202×年 12 月主要产品单位成本表。

表 3-2-3　　　　　　　　　　　主要产品单位成本表

编制单位：宏达机械制造有限公司　　　　　　　202×年 12 月　　　　　　　　　金额单位：元

产品名称	A 产品		本月实际销量	1 200 件
规格	一		本年累计实际产量	14 500 件
计量单位	件		销售单价	680
成本项目	历史先进水平	上年实际平均	本年计划	本月实际	本年累计实际平均
直接材料	400.48	483.5	483.6	482.6	483
直接人工	19.07	51.94	51.2	35.2	49.43
制造费用	10.45	43.56	43.6	40.3	40.11
生产成本合计	430	579	578.4	558.1	572.54
主要技术经济指标	耗用量	耗用量	耗用量	耗用量	耗用量
主要材料/千克	40	42	40	38	39

一、主要产品单位成本的一般分析

现以宏达机械制造有限公司 A 产品的单位成本表为例进行一般分析。A 产品的本年累计实际平均单位成本 572.54 元和本月实际单位成本 558.1 元，均分别低于本年计划单位成本 578.4 元和上年实际平均单位成本 579 元，但远远高于历史先进水平 430 元。说明该公司 A 产品成本水平是比较高的，但是由于物价上涨、工资增加、折旧率提高等因素的影响，本年累计实际平均单位成本和本月实际单位成本较历史最高水平还存在很大的差距。

结合往年数据还可以对宏达机械制造有限公司 A 产品成本近年来的变动趋势进行分析。表 3-2-4 为宏达机械制造有限公司 A 产品的实际平均单位成本趋势分析表。

表 3-2-4　　　　　　　　　　　成本变动趋势表

编制单位：宏达机械制造有限公司　　　　　　　202×年 12 月

项目	2016 年	2017 年	2018 年	2019 年	2020 年
单位成本/元	572	573	582	579	572.54
定基比率/%	100	100.174 8	101.748 3	101.223 8	100.094 4
环比比率/%		100.174 8	101.570 7	99.484 5	98.884 3

通过表 3-2-4 可以得出：A 产品的单位成本如果以 2016 年为基期，以后四年均高于 2016 年，2018 年最高；如果以上一年为基期，2017 年比 2016 年提高，2018 年比 2017 年提高，而 2019 年比 2018 年降低，2020 年比 2019 年降低。可见 A 产品的单位成本变动趋势并不是逐年提高，而是呈"驼峰形"，说明该公司近两年来成本管理水平有所提高。为了查明 A 产品单位成本降低的具体原因，还需要按照成本项目进行成本分析。

二、主要产品单位成本的项目分析

1. 直接材料费用分析

由表 3-2-3 可知，A 产品的各种成本项目中，直接材料费用占产品单位成本的比重都在 80% 以上，占比较大，而本月实际直接材料费用略低于本年计划、上年实际平均、本年累计实际平均水平。为找出直接材料费用的下降原因，现将直接材料费用计划与实际对比进行分析，如表 3-2-5 所示。

表 3-2-5　　　　　　　　　直接材料费用计划与实际对比

金额单位：元

项目	材料消耗数量/千克	材料价格	直接材料费用
本年计划	40	12.09	483.60
本月实际	38	12.70	482.60
直接材料费用差异			−1

从表 3-2-5 可以看出，A 产品单位成本中的直接材料费用本月实际比本年计划节约 1 元。单位产品直接材料费用是材料消耗数量与材料价格的乘积，其影响因素不外乎材料消耗数量差异（量差）和材料价格差异（价差）两个方面。现用差额分析法计算这两个因素变动对直接材料费用的影响。

材料消耗数量变动的影响=（38-40）×12.09=-24.18（元）

材料价格变动的影响=（12.70-12.09）×38=23.18（元）

两种因素影响程度合计=-24.18+23.18=-1（元）

通过上述计算可以看出，由于材料消耗数量节约（由 40 千克降低为 38 千克），材料费用降低 24.18 元，由于材料价格提高（由 12.09 元提高为 12.70 元），材料费用超支 23.18 元，两者相抵，净节约了 1 元。由此可见，该种产品材料消耗的节约掩盖了材料价格提高所引起的材料费用的超支事实。材料消耗节约通常都是生产车间改革生产工艺、加强成本管理的结果。材料价格的提高，则要看是市场价格上涨或者国家调整价格的原因，还是材料采购过程的原因。

2. 直接人工费用分析

由表 3-2-3 可知，A 产品单位成本的直接人工费用中，本月实际不仅低于本年累计实际平均，而且还低于本年计划，但远高于历史先进水平。企业实行的工资制度如果是计件工资制，这些变动主要是计件单价变动引起的，应该查明该种产品计件单价变动的原因。如果是计时工资制，单位成本中的直接工资费用是根据单位产品所耗用的工时数和每小时的工资费用分配计入的，可以比照直接材料费用，采用差额分析法计算产品所耗工时数变动（量差）和每小时工资费用变动（价差）对直接人工费用变动的影响。

假设 A 产品每件所耗工时的计划、实际和每小时工资费用的计划、实际如表 3-2-6 所示。

表 3-2-6　　　　　　　　　　直接人工费用计划与实际对比

金额单位：元

项目	单位产品所耗工时/小时	每小时工资费用	直接人工费用
本年计划	14	3.65	51.10
本月实际	8	4.40	35.20
直接人工费用差异	-6	0.75	-15.90

从表 3-2-6 可以看出，A 产品单位成本中的直接人工费用本月实际比本年计划降低 15.9 元。现采用差额分析法计算两个因素变动对直接人工费用的影响。

单位产品所耗工时变动的影响=（8-14）×3.65=-21.90（元）

每小时工资费用变动的影响=（4.4-3.65）×8=6（元）

两因素影响程度合计=-21.90+6=-15.90（元）

上述分析计算表明 A 产品直接人工费用节约 15.9 元，是工时消耗大幅度节约的结果，而每小时工资费用则是超支的，抵消了部分工时消耗节约所产生的直接人工费用的降低额。应进一步查明单位产品工时消耗节约和每小时工资费用超支的原因。单位产品所耗工时的节约，一般是生产工人提高了劳动熟练程度，从而提高了劳动生产率的结果，但也不排除是偷工减料造成的。因此，企业也应该查明节约工时是否影响了产品的质量。每小时工资费用是以生产工资总额除以生产工时总额计算求出的。生产工资总额减少，可以节约每小时工资费用，否则会使每小时工资费用超支。在工时总额固定的情况下，减少非生产工时，增加生产工时总额，可以节约每小时工资费用。因此，要查明每小时工资费用变动的具体原因，还应对生产工时的利用情况进行调查研究。

3. 制造费用分析

单位产品制造费用受单位产品生产工时与工时费用率两个因素的影响。单位产品生产工时取决于劳动生产率。工时制造费用率，受制造费用总额（制造费用的数额）变动的影响。随着劳动生产率的提高和产品产量的增多，制造费用中的变动费用会相应增多，但固定费用基本稳定不变，所以工时费用率将会降低。假设 A 产品单位产品制造费用工时计划、实际如表 3-2-7 所示。

表 3-2-7　　　　　　　　　　制造费用计划与实际对比

项目	单位产品生产工时/小时	工时费用率/（元/小时）	制造费用/元
本年计划	14	3.11	43.54
本年实际	8	5.03	40.24
制造费用差异	-6	1.92	-3.30

根据上述资料，制造费用实际比计划降低 3.3 元，分析如下。

单位产品生产工时减少的影响=（8-14）×3.11=-18.66（元）

工时费用率提高的影响=（5.03-3.11）×8=15.36（元）

两因素影响程度合计=-18.66+15.36=-3.30（元）

上述分析表明 A 产品制造费用节约 3.30 元，是单位产品生产工时消耗大幅度节约的结果，而工时费用率是上升的，抵消了部分单位产品生产工时消耗节约所产生的制造费用的降低额。

能力训练

一、业务场景

宏达机械制造有限公司 B 产品相关成本信息如表 3-2-8 和表 3-2-9 所示。

表 3-2-8　　　　　　　　　　　　B 产品单位成本　　　　　　　　　　　　单位：元

成本项目	上年实际平均	本年计划	本年实际
直接材料	1 862	1 890	2 047
直接人工	150	168	164
制造费用	248	212	209
合计	2 260	2 270	2 420

表 3-2-9　　　　　　　　　　　　B 产品材料耗用

项目	上年实际平均	本年计划	本年实际
原材料消耗量/千克	950	900	890
原材料单价/元	1.96	2.10	2.30

要求：

（1）根据上述资料分析 B 产品单位生产成本计划完成情况。

（2）分析影响原材料费用变动的因素和各因素对材料费用的影响程度。

二、注意事项

（1）正确读取数据信息。

（2）正确运用公式进行计算。

三、操作过程

序号	操作步骤	操作方法及说明	操作标准
1	工作准备	认真阅读案例表格资料，准备计算器、笔、纸等文具	读懂表格资料，桌面整洁、有序
2	B 产品单位生产成本计划完成情况	B 产品单位成本实际比计划降低额=2 420-2 270=150（元），实际比计划超了 150 元，B 产品单位成本实际比计划降低率=150÷2 270×100%=6.61%，比计划超了 6.61%。针对具体项目来说，直接材料超支 157 元，超支率为 8.31%；直接人工节约 4 元，节约率为 2.38%；制造费用节约 3 元，节约率为 1.42%。在总单位成本中本年直接材料成本占比 84.59%，本年计划占比 83.26%	正确计算实际降低额和实际降低率，并进行简要分析
3	材料消耗量变动影响分析	材料消耗量变动的影响=（890-900）×2.10=-21（元），本期实际消耗量低于本年计划消耗量，使材料成本节约了 21 元	正确计算材料消耗量变动的影响
4	材料价格变动影响分析	材料价格变动的影响=（2.3-2.1）×890=178（元），本期实际材料价格高于本年计划材料价格，使材料成本超支了 178 元	正确计算材料价格变动的影响
5	材料消耗量和材料价格对单位成本的总影响	-21+178=157（元），直接材料本年实际比计划超支 157 元，导致 B 产品单位成本因材料成本变动超支 157 元	能正确分析直接材料成本变动对产品单位成本的影响

【问题情境一】

编制产品单位成本表时，宏达机械制造有限公司会计没有填写表中主要技术经济指标，财务经理看后说表中技术经济指标空着不合适，那这部分内容应如何分析呢？

提示： 技术经济指标分析是指技术经济指标的变动对单位产品成本的影响。在表中列示的主要技术经济指标有材料利用率、劳动生产率、产量增长率、产品合格率等，其通过反映劳动生产率的提高直接或间接影响产品成本。结合技术经济指标进行成本分析，不仅可以研究这些指标对产品成本的影响程度，而且可以促进企业提高各项指标，寻找降低成本的途径。这部分的分析主要可以从以下几个方面进行。

一是材料利用率的变动对成本的影响。材料利用率就是单位产品材料的消耗率，提高材料利用率就是降低单位产品材料的消耗率，从而降低产品成本中的材料成本。二是劳动生产率的变动对成本的影响。劳动生产率水平可以用同一劳动在单位时间内生产某种产品的数量来表示，单位时间内生产的产品数量越多，劳动生产率就越高；也可以用生产单位产品所耗费的劳动时间来表示，生产单位产品所需要的劳动时间越少，劳动生产率就越高。三是产品质量变动对成本的影响。在生产消耗水平不变的前提下，产品质量提高必然会使单位产品成本降低。衡量质量的指标很多，如合格品率、废品率、等级品率等。四是产量变动对成本的影响。产品产量变动会使产品成本中的固定成本相对节约或超支，从而影响产品单位成本。

【问题情境二】

对产品单位成本表进行分析时，宏达机械制造有限公司会计没有头绪，便去咨询财务经理，经理告知先进行一般分析再进行成本项目分析。在工作中对产品单位成本表进行分析的流程是什么呢？

提示：在对产品单位成本表进行分析时一般先进行一般分析，一般分析能为成本项目分析指明方向，但一般分析相对笼统，想要查明成本升降的原因还要进行成本项目分析。一般分析中常用的方法有比较分析法和趋势分析法，成本项目分析中主要运用因素分析法。

四、学习结果评价

序号	评价内容	评价标准	评价结果
1	B 产品单位生产成本计划完成分析	能正确计算实际降低额和实际降低率	□是□否
		能对 B 产品单位生产成本计划完成情况进行简要分析	□是□否
2	材料消耗量变动影响分析	能正确计算材料消耗量变动影响程度	□是□否
		能依据计算结果进行分析	□是□否
3	材料价格变动影响分析	能正确计算材料价格变动影响程度	□是□否
		能依据计算结果进行分析	□是□否
4	材料消耗量和材料价格对单位成本的总影响	能对影响情况进行总体分析	□是□否
5	总评	"是"与"否"在本次评价中所占百分比	"是"占___%　"否"占___%

📝 **课后作业**

一、单项选择题

1. 某公司生产单一产品，每件产品的计划工时为 5 小时，直接人工的计划工资成本为 24 元/小时，本月公司直接人工的实际工资成本为 26 元/小时，实际工时为 6 小时。根据上述数据计算本月单位产品所耗工时变动的影响为（　　）元。

　　A. 10　　　　　　　　B. 12　　　　　　　　C. 24　　　　　　　　D. 26

2. 技术经济指标对产品成本的影响主要表现在对下列（　　）指标的影响。

　　A. 产品总成本　　　　　　　　　　B. 产品产量

　　C. 产品单位成本　　　　　　　　　D. 产品总成本和产品产量

3. A 企业甲产品的单位成本为 4 000 元，其中直接材料 2 320 元，直接人工 880 元，制造费用 800 元。则甲产品的直接材料成本比率为（　　）。

　　A. 20%　　　　　　B. 58%　　　　　　C. 50%　　　　　　D. 85%

4. 某公司生产单一产品，每件产品的计划材料消耗量为 200 千克，材料计划价格为 15 元/千克，本月公司的实际材料消耗量为 210 千克，材料实际价格为 16 元/千克。根据上述数据计算材料消耗量变动的影响为（　　）元。

　　A. 160　　　　　　B. 150　　　　　　C. −150　　　　　　D. 260

二、多项选择题

1. 以下关于产品单位成本分析中，各主要项目分析的公式正确的有（　　）。

　　A. 材料消耗量变动的影响=（实际数量 − 计划数量）×计划价格

　　B. 材料价格变动的影响=计划数量×（实际价格 − 计划价格）

　　C. 单位产品所耗工时变动影响=（实际工时 − 计划工时）×计划每小时工资成本

　　D. 每小时工资成本变动的影响=实际工时×（实际每小时工资成本 − 计划每小时工资成本）

2. 对主要产品单位成本表的分析，主要可以采用的方法有（　　）。

　　A. 对比分析法　　　　　　　　　B. 相关指标比率分析法

　　C. 构成比率分析法　　　　　　　D. 趋势分析法

3. 在进行产品单位成本分析时，计算材料消耗总量变动对单位成本的影响时，需要使用的指标有（　　）。

　　A. 单位产品材料实际耗用总量　　　B. 单位产品材料计划耗用总量

　　C. 计划配比的材料平均计划单价　　　D. 实际配比的材料平均计划单价

三、案例分析题

某企业生产乙产品，材料消耗的有关资料如表 3-2-10 所示。

表 3-2-10　　　　　　　　　　　材料消耗的有关资料

金额单位：元

材料名称	单位耗用量/千克		材料单价		材料成本		差异
	计划	实际	计划	实际	计划	实际	
A 材料	100	95	10	8	1 000	760	−240
B 材料	200	210	20	22	4 000	4 620	620
C 材料	500	490	8	7	4 000	3 430	−570
合计	—	—	—	—	9 000	8 810	−190

要求：根据上述资料，计算材料单位耗用量和材料单价变动对材料费用的影响。